English-Hungarian
Hungarian-English

Word to Word® Bilingual Dictionary

Compiled by
C. Sesma, M.A.

Translated & Edited by:
Fenyvesi Gábor

Hungarian Word to Word® Bilingual Dictionary
1st Edition © Copyright 2022

All rights reserved. No part of this book may be reproduced or transmitted in any form or by any means.

Published in the United States by:

Bilingual Dictionaries, Inc.
PO Box 1154
Murrieta, CA 92564
T: (951) 296-2445 • F: (951) 296-9911
E: support@bilingualdictionaries.com
www.BilingualDictionaries.com

ISBN13: 978-0-933146-679

Table of Contents

Publisher	4
Word to Word®	5
List of Irregular Verbs	6 - 8
English - Hungarian	9 - 182
Hungarian - English	183 - 342
Order & Contact Us	343 - 346

Bilingual Dictionaries, Inc.

We are committed to providing schools, libraries and educators with a great selection of bilingual materials for students. Along with bilingual dictionaries we also publish ESL materials, children's bilingual stories and children's bilingual picture dictionaries.

Sesma's Hungarian Word to Word® Bilingual Dictionary was created specifically with students in mind to be used for reference and testing. This dictionary contains approximately 19,500 entries targeting common words used in the English language.

Word to Word® Series

Bilingual Dictionaries, Inc. is the publisher of the Word to Word® bilingual dictionary series with over 30 languages that are 100% Word to Word®. The Word to Word® series provides ELL students with standardized bilingual dictionaries approved for state testing. Students with different backgrounds can now use dictionaries from the same series that are specifically designed to create an equal resource that strictly adheres to the guidelines set by districts and states.

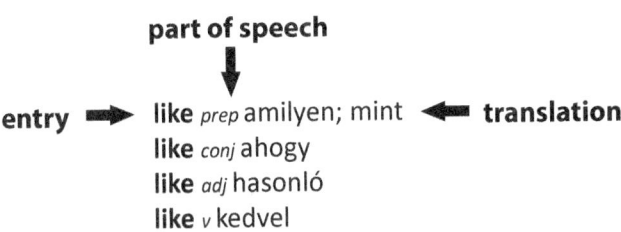

entry: our selection of English vocabulary includes common words found in school usage and everyday conversation.

part of speech: part of speech is necessary to ensure the translation is appropriate. Entries can be spelled the same but have different translations and meanings depending on the part of speech.

translation: our translation is Word to Word® meaning no definitions or explanations. Purely the most simple common accurate translation.

List of Irregular Verbs

present - past - past participle

arise - arose - arisen
awake - awoke - awoken, awaked
be - was - been
bear - bore - borne
beat - beat - beaten
become - became - become
begin - began - begun
behold - beheld - beheld
bend - bent - bent
beseech - besought - besought
bet - bet - betted
bid - bade (bid) - bidden (bid)
bind - bound - bound
bite - bit - bitten
bleed - bled - bled
blow - blew - blown
break - broke - broken
breed - bred - bred
bring - brought - brought
build - built - built
burn - burnt - burnt *
burst - burst - burst
buy - bought - bought
cast - cast - cast
catch - caught - caught
choose - chose - chosen
cling - clung - clung
come - came - come
cost - cost - cost

creep - crept - crept
cut - cut - cut
deal - dealt - dealt
dig - dug - dug
do - did - done
draw - drew - drawn
dream - dreamt - dreamed
drink - drank - drunk
drive - drove - driven
dwell - dwelt - dwelt
eat - ate - eaten
fall - fell - fallen
feed - fed - fed
feel - felt - felt
fight - fought - fought
find - found - found
flee - fled - fled
fling - flung - flung
fly - flew - flown
forebear - forbore - forborne
forbid - forbade - forbidden
forecast - forecast - forecast
forget - forgot - forgotten
forgive - forgave - forgiven
forego - forewent - foregone
foresee - foresaw - foreseen
foretell - foretold - foretold
forget - forgot - forgotten
forsake - forsook - forsaken
freeze - froze - frozen

List of Irregular Verbs

get - got - gotten
give - gave - given
go - went - gone
grind - ground - ground
grow - grew - grown
hang - hung * - hung *
have - had - had
hear - heard - heard
hide - hid - hidden
hit - hit - hit
hold - held - held
hurt - hurt - hurt
hit - hit - hit
hold - held - held
keep - kept - kept
kneel - knelt * - knelt *
know - knew - known
lay - laid - laid
lead - led - led
lean - leant * - leant *
leap - lept * - lept *
learn - learnt * - learnt *
leave - left - left
lend - lent - lent
let - let - let
lie - lay - lain
light - lit * - lit *
lose - lost - lost
make - made - made
mean - meant - meant

meet - met - met
mistake - mistook - mistaken
must - had to - had to
pay - paid - paid
plead - pleaded - pled
prove - proved - proven
put - put - put
quit - quit * - quit *
read - read - read
rid - rid - rid
ride - rode - ridden
ring - rang - rung
rise - rose - risen
run - ran - run
saw - sawed - sawn
say - said - said
see - saw - seen
seek - sought - sought
sell - sold - sold
send - sent - sent
set - set - set
sew - sewed - sewn
shake - shook - shaken
shear - sheared - shorn
shed - shed - shed
shine - shone - shone
shoot - shot - shot
show - showed - shown
shrink - shrank - shrunk
shut - shut - shut

List of Irregular Verbs

sing - sang - sung
sink - sank - sunk
sit - sat - sat
slay - slew - slain
sleep - sleep - slept
slide - slid - slid
sling - slung - slung
smell - smelt * - smelt *
sow - sowed - sown *
speak - spoke - spoken
speed - sped * - sped *
spell - spelt * - spelt *
spend - spent - spent
spill - spilt * - spilt *
spin - spun - spun
spit - spat - spat
split - split - split
spread - spread - spread
spring - sprang - sprung
stand - stood - stood
steal - stole - stolen
stick - stuck - stuck
sting - stung - stung
stink - stank - stunk
stride - strode - stridden
strike - struck - struck (stricken)

strive - strove - striven
swear - swore - sworn
sweep - swept - swept
swell - swelled - swollen *
swim - swam - swum
take - took - taken
teach - taught - taught
tear - tore - torn
tell - told - told
think - thought - thought
throw - threw - thrown
thrust - thrust - thrust
tread - trod - trodden
wake - woke - woken
wear - wore - worn
weave - wove * - woven *
wed - wed * - wed *
weep - wept - wept
win - won - won
wind - wound - wound
wring - wrung - wrung
write - wrote - written

Those tenses with an * also have regular forms.

English-Hungarian

Abbreviations

a - article - névelő
adj - adjective - melléknév
adv - adverb - határozószó
conj - conjunction - kötőszó
e - exclamation - felkiáltás
n - noun - főnév
prep - preposition - elöljárószó
pron - pronoun - névmás
v - verb - ige
pv - phrasal verb - vonzatos ige
idiom - idiom - szólás
auxillary v - auxillary verb - segédige
modal v - modal verb - módbeli segédige
abbr - abbreviation - rövidítés
phrase - phrase - kifejezés

A

a *a* egy
abandon *v* elhagy
abandonment *n* elhagyás
abbreviate *v* rövidít
abbreviation *n* rövidítés
abdomen *n* has
abduct *v* elrabol
abduction *n* emberrablás
aberration *n* eltérés
abhor *v* utál
abide by *v* ragaszkodik
ability *n* képesség
ablaze *adj* izgatott
able *adj* képes
abnormal *adj* abnormális
abnormality *n* rendellenesség
abnormally *adv* rendellenesen
aboard *adv* fedélzeten
abolish *v* eltöröl
abort *v* megszakít
abound *v* bővelkedik
about *prep* felől
about *adv* körülbelül; megközelítőleg; közelben
above *prep* felett
above *adv* fent
abridge *v* rövidre fog
abroad *adv* külföldön
abrogate *v* megszüntet
abruptly *adv* váratlanul
absence *n* távollét
absent *adj* hiányzó
absolute *adj* teljes
absolutely *adv* teljesen
absolve *v* feloldoz
absorb *v* elnyel
absorbent *adj* felszívóképes
abstain *v* tartózkodik
abstinence *n* tartózkodás
abstract *adj* elvont
absurd *adj* képtelen
abundance *n* bőség
abundant *adj* bőséges
abuse *v* visszaél
abuse *n* visszaélés
abusive *adj* sértő
abysmal *adj* feneketlen
abyss *n* mélység
academic *adj* tudományos
academy *n* akadémia
accelerate *v* gyorsul
accelerator *n* gyorsító
accent *n* kiejtésmód
accept *v* elfogad
acceptable *adj* elfogadható
acceptance *n* elfogadás
access *v* hozzáfér
access *n* hozzáférés
accessible *adj* hozzáférhető
accident *n* baleset
accidental *adj* véletlen

acclaim

acclaim v hangosan üdvözöl
acclimatize v akklimatizál
accommodate v elszállásol
accompany v kísér
accomplice n bűnrészes
accomplish v teljesít
accomplishment n teljesítmény
according to prep szerint
accordion n harmonika
account n elbeszélés; számla
account for v igazol
accountable adj felelős
accountant n könyvelő
accumulate v felhalmoz
accumulation n felhalmozódás
accuracy n pontosság
accurate adj pontos
accurately adv pontosan
accusation n vád
accuse v vádol
accustom v hozzászoktat
ache n fájdalom
achieve v véghezvisz
achievement n eredmény
acid n sav
acknowledge v elismer
acknowledgment n elismerés
acorn n makk
acoustic adj akusztikus
acquaintance n ismerős
acquire v megszerez
acquisition n megszerzés

acquit v felment
acquittal n felmentés
acre n angol hold
acrobat n akrobata
across prep keresztbe
across adv keresztben
act n cselekedet; felvonás; törvény
act v cselekedik; szerepet játszik
action n cselekvés
activate v aktivál
active adj aktív
activity n tevékenység
actor n színész
actress n színésznő
actual adj valódi, jelenlegi
actually adv valójában
acute adj hegyes
adamant adj hajthatatlan
adapt v alkalmazkodik
adaptable adj alkalmazható
adaptation n adaptáció
adapter n illesztődarab
add v hozzáad
addicted adj függő
addiction n függőség
addictive adj addiktív
addition n hozzáadás
additional adj további
address v címez; megszólít
address n cím

affordable

adequate *adj* megfelelő
adequately *adv* megfelelően
adhere *v* tapad
adhesive *adj* tapadó
adjacent *adj* határos
adjective *n* melléknév
adjoin *v* csatlakozik
adjoining *adj* szomszédos
adjust *v* igazít
adjustable *adj* szabályozható
adjustment *n* beállítás
administer *v* intéz
administration *n* ügyintézés
administrative *adj* adminisztratív
administrator *n* ügyintéző
admirable *adj* csodálatra méltó
admiral *n* admirális
admiration *n* csodálat
admire *v* csodál
admirer *n* csodáló
admission *n* belépés; elismerés
admit *v* elismer
admittance *n* beengedés
adolescence *n* serdülőkor
adolescent *n* serdülő
adopt *v* befogad
adorable *adj* bájos
adore *v* rajong
adorn *v* szépít
adulation *n* hízelgés
adult *n* felnőtt
adulthood *n* felnőttkor

advance *v* fejleszt; előlegez
advance *n* előrelépés; előleg
advanced *adj* fejlett
advantage *n* előny
adventure *n* kaland
adverb *n* határozószó
adversary *n* ellenfél
adverse *adj* ellenséges
adversity *n* viszontagság
advertise *v* hirdet
advertisement *n* hirdetés
advice *n* tanács
advise *v* tanácsol
adviser *n* tanácsadó
advocate *v* támogat
aesthetic *adj* esztétikus
afar *adv* távol
affable *adj* megnyerő
affair *n* ügy
affect *v* hatással van
affection *n* vonzalom
affectionate *adj* gyengéd
affiliate *v* kapcsolatot felvesz
affiliation *n* kapcsolat
affirm *v* megerősít
affirmative *adj* megerősítő
affix *v* csatol
afflict *v* szomorít
affliction *n* szenvedés
affluent *adj* bőséges
afford *v* megtehet
affordable *adj* megfizethető

affront

affront *n* sértés
afloat *adv* lebegve
afraid *adj* riadt
after *prep* azután; mögött; vmit üldözve
after *conj* miután
afternoon *n* délután
afterward *adv* utána
again *adv* újra
against *prep* ellen, szemben
age *n* kor
aged *adj* koros
agency *n* ügynökség
agenda *n* napirend
agent *n* ügynök
aggravate *v* súlyosbít
aggression *n* agresszió
aggressive *adj* agresszív
aggressor *n* támadó
agile *adj* fürge
ago *adv* előtt
agonize *v* kínlódik
agonizing *adj* kínzó
agony *n* gyötrelem
agree *v* egyetért
agreeable *adj* kellemes
agreement *n* egyezség
agricultural *adj* mezőgazdasági
agriculture *n* mezőgazdaság
ahead *adv* előre
aid *n* segély
aid *v* segít

aide *n* segéd
ailing *adj* fájó
ailment *n* gyengélkedés
aim *n* célkitűzés
aim *v* céloz
aimless *adj* céltalan
air *v* levegőztet; közzétesz
air *n* levegő
aircraft *n* repülő
airfare *n* repülőjegy-ár
airfield *n* repülőtér
airline *n* légitársaság
airmail *n* légiposta
airplane *n* repülőgép
airport *n* repülőtér
airtight *adj* légmentes
aisle *n* folyosó
ajar *adj* félig nyitott
akin *adj* rokon
alarm *n* riasztás
alarm clock *n* ébresztőóra
alarming *adj* aggasztó
alcohol *n* alkohol
alcoholic *adj* szeszes
alert *adj* éber
alert *n* készenlét
alert *v* riaszt
alien *n* idegen
align *v* sorba állít
alignment *n* sorbaállás
alike *adj* hasonló
alive *adj* élő

all *adj* mind
all *adv* teljesen
all right *adj* minden rendben
all right *adv* teljesen rendben
allege *v* állít
allegedly *adv* állítólag
allegiance *n* hűség
allergic *adj* allergiás
allergy *n* allergia
alleviate *v* enyhít
alley *n* átjáró
alliance *n* szövetség
alligator *n* aligátor
allocate *v* kioszt
allocation *n* kiosztás
allot *v* juttat
allow *v* megenged
allowance *n* juttatás
allure *n* egyéni vonzerő
ally *v* szövetkezik
ally *n* szövetséges
almighty *adj* mindenható
almond *n* mandula
almost *adv* majdnem
alone *adj* csakis
alone *adv* egyedül
along *prep* mentén
along *adv* tovább
alongside *prep* hosszában
aloof *adj* zárkózott
aloud *adv* fennhangon
alphabet *n* ábécé

already *adv* már
alright *adv* rendben
also *adv* szintén
altar *n* oltár
alter *v* változtat
alteration *n* változtatás
altercation *n* veszekedés
alternate *adj* helyettes
alternate *v* váltogat
alternative *adj* vagylagos
alternative *n* választás
alternatively *adv* vagylagosan
although *conj* habár
altitude *n* tenger feletti magasság
altogether *adv* együttes
aluminum *n* alumínium
always *adv* mindig
amass *v* felhalmoz
amateur *adj* amatőr
amaze *v* ámulatba ejt
amazement *n* ámulat
amazing *adj* bámulatos
ambassador *n* nagykövet
ambiguous *adj* félreérthető
ambition *n* ambíció
ambitious *adj* ambíciózus
ambivalent *adj* ambivalens
ambulance *n* mentőautó
ambush *v* lesre állít
amend *v* módosít
amendment *n* változtatás

amenities *n* szórakozási lehetőségek
American *adj* amerikai
amicable *adj* jóindulatú
amid *prep* közepette
ammunition *n* ammuníció
amnesia *n* amnézia
among *prep* között
amount *n* mennyiség
amount to *v* jár vmivel
amphibious *adj* kétéltű
ample *adj* tágas
amplifier *n* erősítő
amplify *v* felerősít
amputate *v* amputál
amuse *v* szórakoztat
amusement *n* szórakozás
amusement park *n* vidámpark
amusing *adj* szórakoztató
an *a* egy
analogy *n* analógia
analysis *n* elemzés
analyst *n* elemző
analytic *adj* analitikai
analyze *v* elemez
anatomy *n* anatómia
ancestor *n* ős
anchor *n* horgony
ancient *adj* ősi
and *conj* és
anecdote *n* anekdota
anesthesia *n* érzéstelenítés
anew *adv* újból
angel *n* angyal
angelic *adj* angyali
anger *n* harag
angle *n* szög
angry *adj* dühös
anguish *n* gyötrelem
animal *n* állat
animate *v* animál
animation *n* animáció
animosity *n* ellenségeskedés
ankle *n* boka
annihilate *v* megsemmisít
anniversary *n* évforduló
annotate *v* jegyzetel
annotation *n* jegyzet
announce *v* bejelent
announcement *n* bejelentés
announcer *n* bemondó
annoy *v* idegesít
annoying *adj* idegesítő
annual *adj* éves
annually *adv* évenként
anonymity *n* névtelenség
anonymous *adj* névtelen
another *adj* egy másik
another *pron* még egy
answer *n* válasz
answer *v* válaszol
ant *n* hangya
antagonize *v* ellenszegül
antelope *n* antilop

antenna *n* antenna
antibiotic *n* antibiotikum
anticipate *v* előre lát
anticipation *n* előrelátás
antidote *n* ellenméreg
antiquated *adj* elavult
antique *n* antik
anvil *n* üllő
anxiety *n* aggódás
anxious *adj* aggódó
any *pron* valami
any *adj* valamilyen
any *adv* valamivel
anybody *pron* valaki
anymore *adv* többé
anyone *pron* bárki
anything *pron* bármi
anyway *adv* bárhogy
anywhere *adv* bármerre
apart *adv* szét
apartment *n* apartman
apathy *n* apátia
ape *n* emberszabású majom
apiece *adv* darabonként
apologize *v* bocsánatot kér
apology *n* bocsánatkérés
apostrophe *n* idézőjel
appall *v* meghökkent
appalling *adj* ijesztő
apparel *n* ruházat
apparent *adj* nyilvánvaló
apparently *adv* látszólag

appeal *v* segítséget kér; tetszik vkinek
appeal *n* segítségkérés; vonzerő
appealing *adj* vonzó
appear *v* megjelenik
appearance *n* megjelenés; látszat
appetite *n* étvágy
appetizer *n* előétel
applaud *v* tapsol
applause *n* taps
apple *n* alma
appliance *n* készülék
applicable *adj* alkalmazható
applicant *n* jelentkező
application *n* jelentkezés; alkalmazás
apply *v* alkalmaz; jelentkezik
appoint *v* kijelöl
appointment *n* időpont
appraisal *n* becslés
appraise *v* felbecsül
appreciate *v* méltányol
appreciation *n* megbecsülés
apprehend *v* felfog
apprehensive *adj* nyugtalan
apprentice *n* tanonc
approach *v* megközelít
approach *n* megközelítés
appropriate *adj* megfelelő
appropriately *adv* megfelelően

approval

approval *n* jóváhagyás
approve *v* jóváhagy
approximate *adj* hozzávetőleges
approximately *adv* hozzávetőlegesen
apricot *n* sárgabarack
April *n* április
apron *n* kötény
aptitude *n* adottság
aquarium *n* akvárium
aquatic *adj* vízi
aqueduct *n* vízvezeték
Arabic *adj* arab
arbitrary *adj* tetszőleges
arcade *n* játékterem
arch *n* boltív
archaeology *n* régészet
archaic *adj* régies
architect *n* építész
architecture *n* építészet
archive *n* archív
ardent *adj* heves
area *n* terület
arena *n* aréna
argue *v* vitatkozik
argument *n* vita
arise *v* felkel
arithmetic *n* számtan
ark *n* bárka
arm *v* felfegyverez
arm *n* kar
armchair *n* karosszék
armed *adj* felfegyverzett
armor *n* páncél
armpit *n* hónalj
arms *n* fegyver
army *n* hadsereg
aromatic *adj* fűszeres
around *prep* körül; közel
around *adv* körbe; körülbelül
arrange *v* intéz
arrangement *n* egyezség; elrendezés
arrest *v* letartóztat
arrival *n* érkezés
arrive *v* megérkezik
arrogance *n* önteltség
arrogant *adj* öntelt
arrow *n* nyíl
arson *n* gyújtogatás
arsonist *n* gyújtogató
art *n* művészet
artery *n* artéria
arthritis *n* ízületi gyulladás
artichoke *n* articsóka
article *n* újságcikk; névelő
articulate *v* artikulál
artificial *adj* mesterséges
artillery *n* tüzérség
artist *n* művész
artistic *adj* művészi
artwork *n* műalkotás
as *conj* ahogy
as *adv* amint

atone

as *prep* mint
ascend *v* emelkedik
ash *n* hamu
ashamed *adj* megszégyenülve
ashore *adv* parton
ashtray *n* hamutartó
aside *adv* oldalt
ask *v* kérdez
asleep *adj* álomban
asparagus *n* spárga
aspect *n* aspektus
asphalt *n* aszfalt
aspiration *n* törekvés
aspire *v* törekszik
aspirin *n* aszpirin
assassin *n* merénylő
assassinate *v* orvul megöl
assault *v* támadás
assemble *v* összegyűlik
assembly *n* gyűlés
assert *v* követel
assertion *n* követelés
assertive *adj* rámenős
assess *v* értékel
assessment *n* értékelés
asset *n* vagyon
assign *v* kijelöl
assignment *n* megbízás
assimilate *v* hasonul
assist *v* segít
assistance *n* segítség
assistant *n* segítő

associate *v* társul
association *n* egyesület
assorted *adj* válogatott
assortment *n* válogatás
assume *v* feltételez
assumption *n* feltételezés
assurance *n* ígéret
assure *v* biztosít
asterisk *n* csillagocska
asteroid *n* kisbolygó
asthma *n* asztma
asthmatic *adj* asztmás
astonish *v* bámulatba ejt
astonishing *adj* bámulatba ejtő
astound *v* meglep
astounding *adj* meglepő
astray *adv* téves irányba
astrologer *n* csillagjós
astrology *n* csillagjóslás
astronaut *n* űrhajós
astronomer *n* csillagász
astronomic *adj* csillagászati
astronomy *n* csillagászat
astute *adj* ügyes
asunder *adv* szét
asylum *n* menedékhely
at *prep* -on, -en, -on, -kor, -ön, -nél, -nál
athlete *n* atléta
athletic *adj* atlétikai
atom *n* atom
atone *v* jóvátesz

atonement *n* jóvátétel
atrocious *adj* kegyetlen
atrocity *n* kegyetlenség
atrophy *v* elsorvad
attach *v* csatol
attached *adj* csatolt
attachment *n* csatolmány
attack *v* támad
attack *n* támadás
attacker *n* támadó
attain *v* elér
attainable *adj* elérhető
attempt *v* megkísérel
attend *v* részt vesz
attendance *n* részvétel
attendant *n* résztvevő
attention *n* figyelem
attentive *adj* figyelmes
attest *v* tanúsít
attic *n* tetőtér
attitude *n* hozzáállás
attorney *n* ügyvéd
attract *v* vonz
attraction *n* vonzás
attractive *adj* vonzó
attribute *v* tulajdonít
auction *n* árverés
auction *v* elárverez
auctioneer *n* árverésvezető
audacious *adj* vakmerő
audacity *n* vakmerőség
audible *adj* hallható

audience *n* hallgatóság
audio *adj* hang-
audit *v* vizsgál
audition *n* meghallgatás
auditorium *n* nézőtér
augment *v* növekszik
August *n* augusztus
aunt *n* nagynéni
austere *adj* szigorú
austerity *n* szigorúság
authentic *adj* hiteles
authenticate *v* hitelesít
authenticity *n* hitelesség
author *n* szerző
authoritarian *adj* tekintélyelvű
authoritative *adj*
  ellentmondást nem tűrő
authority *n* tekintély;
  szaktekintély
authorization *n* felhatalmazás
authorize *v* felhatalmaz
auto *n* ön-
auto shop *n* autósbolt
autograph *n* autogram
automated *adj* automatizált
automatic *adj* automata
automatically *adv* automatikusan
automobile *n* személygépkocsi
autumn *n* ősz
auxiliary *adj* segéd
availability *n* elérhetőség
available *adj* elérhető

avalanche *n* lavina
avenge *v* bosszút áll
avenue *n* sugárút
average *n* átlag
average *adj* átlagos
aviation *n* repülés
aviator *n* repülő
avid *adj* mohó
avocado *n* avokádó
avoid *v* elkerül
avoidable *adj* elkerülhető
await *v* várakozik
awake *adj* éber
award *n* díj
award *v* odaítél
aware *adj* tudatos
awareness *n* tudatosság
away *adv* távol
awe *n* félelemmel vegyes bámulat
awesome *adj* döbbenetes
awful *adj* rettenetes
awkward *adj* ügyetlen
awning *n* ponyvatető
axe *n* fejsze
axis *n* tengely
axle *n* tengely

B

baby *n* csecsemő
babysit *v* gyermeket őriz
babysitter *n* gyermekörző
bachelor *n* agglegény
back *n* hát; hátsó rész
back *v* hátrál; támogat
back *adj* hátsó
back *adv* régen
back away *v* eltávolodik
back down *v* meghátrál
back out *v* kihátrál
back up *pv* támogat; visszakozik; elment
backbone *n* hátgerinc
backdoor *n* hátsó ajtó
backfire *v* visszasül
background *n* háttér
backing *n* támogatás
backlash *n* ellenreakció
backlog *n* lemaradás
backpack *n* hátizsák
backstage *adv* kulisszák mögött
backup *n* erősítés; biztonsági mentés
backward *adv* hátra
backward *adj* hátrafelé irányuló
backyard *n* udvar
bacon *n* szalonna
bacteria *n* baktérium

bad

bad *adj* rossz
badge *n* jelvény
badly *adv* rosszul
baffle *v* összezavar
bag *n* táska
baggage *n* poggyász
baggy *adj* bő
bail *n* biztosíték
bail out *pv* kisegít; kihátrál
bait *n* csalétek
bake *v* süt
baker *n* pék
bakery *n* pékség
balance *n* egyensúly; egyenleg
balance *v* egyensúlyoz
balanced *adj* kiegyensúlyozott
balcony *n* erkély
bald *adj* kopasz
bale *n* bála
ball *n* labda; táncest
ballerina *n* balett-táncosnő
ballet *n* balett
balloon *n* ballon
ballot *n* szavazócédula
ballroom *n* bálterem
balm *n* balzsam
bamboo *n* bambusz
ban *v* betilt
ban *n* tilalom
banana *n* banán
band *n* szalag; banda
bandage *v* bekötöz

bandage *n* kötés
bandit *n* bandita
bang *v* becsap
bangs *n* frufru
banish *v* száműz
bank *n* bank; folyópart
bank account *n* bankszámla
bankrupt *adj* csődbe jutott
banner *n* transzparens
banquet *n* díszvacsora
bar *n* kocsma; rúd
bar *v* elzár
barbarian *n* barbár
barbaric *adj* vad
barbecue *n* grillsütő
barbecue sauce *n* barbecue szósz
barber *n* borbély
barcode *n* vonalkód
bare *adj* meztelen
barefoot *adj* mezítlábas
barely *adv* éppen hogy
bargain *n* alku
bargain *v* alkudoz
barge *n* bárka
bark *n* fakéreg; ugatás
bark *v* ugat
barley *n* árpa
barn *n* csűr
barracks *n* laktanya
barrel *n* hordó
barren *adj* puszta

bedspread

barricade *n* torlasz
barrier *n* akadály
bartender *n* csapos
barter *v* elcserél
base *n* alap; támaszpont
base *v* alapoz
baseball *n* baseball
baseball cap *n* baseball sapka
baseless *adj* alaptalan
basement *n* alagsor
bashful *adj* szégyenlős
basic *adj* alapvető
basically *adv* alapvetően
basics *n* alapismeretek
basin *n* medence
basis *n* alap
bask *v* sütkérezik
basket *n* kosár
basketball *n* kosárlabda
bass *adj* basszus
bat *n* ütő; denevér
batch *n* halom
bath *n* fürdő
bathe *v* fürdik
bathing suit *n* fürdőruha
bathrobe *n* fürdőköpeny
bathroom *n* fürdőszoba
bathtub *n* fürdőkád
baton *n* pálca
battalion *n* zászlóalj
batter *v* ütlegel
battery *n* elem

battle *v* hadakozik
battle *n* ütközet
battleship *n* csatahajó
bay *n* öböl
be *v* lenni
beach *n* tengerpart
beacon *n* jeladó
beak *n* csőr
beam *n* fénysugár; gerenda
beans *n* bab
bear *n* medve
bear *v* visel
bearable *adj* tűrhető
beard *n* szakáll
bearded *adj* szakállas
bearer *n* viselő
beast *n* bestia
beat *v* ver; legyőz
beat *n* ütem
beaten *adj* legyőzött
beating *n* verés
beautiful *adj* gyönyörű
beautify *v* szépít
beauty *n* szépség
beaver *n* hód
because *conj* mert
because of *prep* azért
beckon *v* int
become *v* válik vmivé
bed *n* ágy
bedroom *n* hálószoba
bedspread *n* ágytakaró

bee *n* méh
beef *n* marha
beehive *n* méhkaptár
beep *v* pittyeg
beer *n* sör
beetle *n* bogár
beetroot *n* cékla
before *adv* előbb
before *prep* előtt
before *conj* mielőtt
beforehand *adv* előre
befriend *v* barátkozik
beg *v* könyörög
beggar *n* koldus
begin *v* kezd
beginner *n* kezdő
beginning *n* kezdeti
behalf *n* nevében
behave *v* viselkedik
behavior *n* viselkedés
behind *adv* hátra
behind *prep* mögött
behold *v* meglát
beige *n* bézs
being *n* létezés
belated *adj* elkésett
belch *v* böfög
belief *n* hit
believable *adj* hihető
believe *v* hisz
believer *n* hívő
belittle *v* lekicsinyel

bell *n* csengő
bell pepper *n* kaliforniai paprika
belligerent *adj* harcias
belly *n* has
belly button *n* köldök
belong *v* tartozik valahova
belongings *n* holmi
beloved *adj* szeretett
below *adv* alá
below *prep* alatt
belt *n* öv
bench *n* pad
bend *v* hajlik
bend down *v* lehajol
beneath *prep* alatt
benefactor *n* jótevő
beneficial *adj* előnyös
beneficiary *n* kedvezményezett
benefit *n* előny
benefit *v* hasznot húz
benevolence *n* jóindulat
benevolent *adj* jóindulatú
benign *adj* üdvös
bent *adj* elhajlított
berry *n* bogyó
beside *prep* vmi mellett
besides *prep* vmin kívül
besiege *v* ostromol
best *n* a legjobb
best *adj* legjobb
best *adv* legjobban

best man *n* esküvői tanú
bestow *v* helyez
bet *v* fogad
bet *n* fogadás
betray *v* elárul
betrayal *n* árulás
better *adj* jobb
better *adv* jobban
between *adv* közben
between *prep* között
beverage *n* ital
beware *v* óvakodik
bewilder *v* megrémít
bewitch *v* megbabonáz
beyond *adv* kívül vmin
beyond *prep* vmin túl
bias *n* részrehajlás
biased *adj* részrehajló
bible *n* biblia
biblical *adj* bibliai
bibliography *n* bibliográfia
bicycle *n* kerékpár
bid *v* ajánl
bid *n* ajánlat
big *adj* nagy
bike *n* kerékpár
bikini *n* bikini
bile *n* epe
bilingual *adj* kétnyelvű
bill *n* számla; pénzjegy; csőr
bill *v* kiszámláz
billboard *n* hirdetőtábla

billiards *n* biliárd
billion *n* milliárd
billionaire *n* milliárdos
bin *n* tartó
bind *v* kötelez
binding *adj* kötelező
binoculars *n* távcső
biography *n* életrajz
bird *n* madár
birth *n* születés
birthday *n* születésnap
biscuit *n* keksz
bison *n* bölény
bit *n* darabka
bite *v* harap
bite *n* harapás
bitter *adj* elkeseredett; keserű
bitterly *adv* keservesen
bitterness *n* keserűség
bizarre *adj* bizarr
black *n* fekete szín
black *adj* fekete színű
blackboard *n* iskolatábla
blackmail *n* zsarolás
blackout *n* áramszünet
blacksmith *n* kovács
bladder *n* húgyhólyag
blade *n* penge
blame *v* hibáztat
blame *n* szemrehányás
blameless *adj* vétlen

bland *adj* visszafogott; fűszerezetlen
blank *adj* üres
blanket *n* takaró
blast *n* robbanás
blaze *v* ragyog
bleach *v* fehérít
bleach *n* fehérítő
bleak *adj* kopár
bleed *v* vérzik
blemish *n* folt
blend *v* keveredik
blend *n* keverék
blender *n* keverőgép
bless *v* áld
blessed *adj* áldott
blessing *n* áldás
blind *n* roló
blind *v* vakít
blind *adj* vak
blindfold *v* beköti a szemét
blindfold *n* szembekötő
blindness *n* vakság
blink *v* pislog; villan
bliss *n* boldogság
blissful *adj* boldog
blister *n* hólyag
blizzard *n* hóvihar
bloat *v* dagad
bloated *adj* felfuvalkodott
block *n* tömb; háztömb; torlasz
block *v* lezár
blockade *n* blokád
blockage *n* dugulás
blog *n* blog
blogger *n* blogger
blonde *adj* szőke
blonde *n* szőke nő
blood *n* vér
bloodthirsty *adj* vérszomjas
bloody *adj* véres
bloom *v* kivirágzik
blossom *v* virágzik
blot *v* bepiszkol
blouse *n* blúz
blow *v* fúj
blow *n* fújás
blow up *v* felrobban
bludgeon *v* megbotoz
blue *adj* kék; bús
blue *n* kék szín
blueberry *n* áfonya
blueprint *n* tervrajz
bluff *n* hegyfok
bluff *v* rászed
blunder *n* baklövés
blunt *adj* tompa; közvetlen
blur *v* elhomályosít
blurred *adj* homályos
blush *v* elpirul
boar *n* vaddisznó
board *n* deszka; játéktábla
board *v* fedélzetre felszáll
board game *n* társasjáték

boast v dicsekszik
boastful adj dicsekvő
boat n hajó
bodily adj testi
body n test
bodyguard n testőr
boil v forr
boiler n forraló
boiling adj forrásban lévő
boisterous adj heves
bold adj bátor
boldness n bátorság
bolster v kipárnáz
bolt n csavar; villám
bolt v bereteszel
bomb n bomba
bomb v bombáz
bond n kötelék
bondage n rabszolgaság
bone n csont
bonfire n örömtűz
bonus n bónusz
book v foglal
book n könyv
book report n könyvbeszámoló
bookcase n könyvszekrény
bookkeeper n könyvelő
booklet n füzet
bookstore n könyvesbolt
boom n dörgés
boom v dörög
boost v fokoz

boot n bakancs
booth n fülke
border n határ
borderline adj határvonal
bore v fúr
bored adj unatkozó
boredom n unalom
boring adj unalmas
born adj született
borough n kerület
borrow v kölcsönvesz
boss n főnök
boss around v főnökösködik
bossy adj főnökösködő
botany n növénytan
botch v kontárkodik
both adj mindkét
both pron mindketten
bother v törődik
bothersome adj bosszantó
bottle n palack
bottle v palackoz
bottleneck n palacknyak
bottom n alj
bottom adj alsó
bottomless adj feneketlen
boulder n szikladarab
boulevard n sugárút
bounce v pattan
bouncy adj goromba
bound adj kötött
bound v ugrál

boundary n határ
boundless adj határtalan
bounty n nagylelkűség
bow n íj; hajóorr
bow v hajol
bow out pv eltávozik
bowel n bél
bowl v gurít
bowl n tál
bowling n teke
box v bokszol
box n doboz
box office n jegypénztár
boxer n bokszoló
boxing n boksz
boy n fiú
boycott v bojkottál
boyfriend n udvarló
boyhood n gyermekkor
bra n melltartó
bracelet n karkötő
braces n fogszabályzó
bracket n zárójel; sáv
brag v henceg
braid n fonat
brain n agy
brainwash v ideológiailag átnevel
brake n fék
brake v fékez
branch n faág
branch office n fiókiroda
branch out v kiterjed
brand n márka
brand v megbélyeg
brand new adj teljesen új
brat n vásott kölyök
brave adj bátor
bravely adv bátran
bravery n bátorság
brawl n civakodás
breach n megszegés
bread n kenyér
breadth n szélesség
break n törés
break v törik
break away v szakít
break down v letör
break free v elmenekül
break in v betör
break off v abbahagy
break open v feltör
break out v kitör vhonnan
break up v darabokra tör
breakable adj törékeny
breakdown n meghibásodás
breakfast n reggeli
breakthrough n áttörés
breast n mell
breath n lehelet
breathe v lélegzik
breathtaking adj lélegzetelállító
breed n fajta
breed v tenyészt

breeze *n* szellő
brevity *n* rövidség
brew *v* kifőz
brewery *n* sörfőzde
bribe *n* kenőpénz
bribe *v* megveszteget
bribery *n* vesztegetés
brick *n* tégla
bricklayer *n* kőműves
bride *n* menyasszony
bridegroom *n* vőlegény
bridesmaid *n* koszorúslány
bridge *n* híd
brief *v* tájékoztat
brief *adj* tömör
briefcase *n* aktatáska
briefing *n* ismertetés
briefly *adv* tömören
bright *adj* fényes; éleselméjű
brighten *v* felderül
brightness *n* világosság
brilliant *adj* ragyogó; zseniális
brim *n* karima
bring *v* hoz
bring back *v* visszahoz
bring down *v* lehoz
bring up *v* felnevel
brisk *adj* fürge
brittle *adj* törékeny
broad *adj* terjedelmes
broadcast *v* közvetít
broadcast *n* közvetítés

broadcaster *n* közvetítő
broaden *v* tágul
broadly *adv* tágan
broadminded *adj* elfogadó
broccoli *n* brokkoli
brochure *n* kiadvány
broil *v* roston süt
broiler *n* grillsütő
broke *adj* pénztelen
broken *adj* törött
bronze *n* bronz
broom *n* seprű
broth *n* húsleves
brother *n* fiútestvér
brother-in-law *n* sógor
brotherly *adj* testvéries
brow *n* homlok
brown *adj* barna
brown *n* barna szín
browse *v* böngészik
browser *n* böngésző
bruise *v* horzsol
bruise *n* zúzódás
brunch *n* villásreggeli
brunette *adj* barna nő
brush *n* kefe
brush *v* kefél
brush aside *v* félresöpör
brush up *v* felfrissít
brutal *adj* brutális
brutality *n* brutalitás
brutalize *v* kegyetlenkedik

bubble n buborék
bubble gum n rágógumi
bucket n vödör
buckle n csat
buckle up v becsatolja magát
bud n rügy
Buddhism n buddhizmus
Buddhist n buddhista
buddy n haver
budge v moccan
budget n költségvetés
buffalo n bivaly
buffet n büfé
bug n bogár
build v épít
builder n építő
building n épület
built-in adj beépített
bulb n hagyma; villanykörte
bulge n kidudorodás
bulk n nagy mennyiség
bulky adj terjedelmes
bull n bika
bulldoze v lerombol
bulldozer n buldózer
bullet n golyó
bulletin n értesítő
bulletproof adj golyóálló
bully n zsarnok
bump v beleütközik
bump n ütődés
bumper n lökhárító
bumpy adj hepehupás
bun n zsemle; konty
bunch n csomó
bundle n köteg
bunk bed n emeletes ágy
bunker n óvóhely
buoy n bója
burden n teher
burdensome adj terhes
burger n hamburger
burglar n betörő
burglarize v betör
burglary n betörés
burial n temetés
burly adj termetes
burn v ég
burn n égés
burp v böfög
burp n böfögés
burrito n burrito
burrow n odu
burst v szétreped
bury v elás
bus n busz
bus station n autóbusz-állomás
bus stop n buszmegálló
bush n bokor
busily adv serényen
business n ügylet
businessman n üzletember
businesswoman n üzletasszony
bustle v nyüzsög

busy *adj* elfoglalt; foglalt
but *conj* de
butcher *n* hentes
butler *n* komornyik
butter *n* vaj
butterfly *n* pillangó
button *n* gomb; kapcsológomb
buttonhole *n* gomblyuk
buy *v* vesz
buy off *v* kifizet
buyer *n* vásárló
buzz *v* zúg
buzz *n* zúgás
buzzard *n* hélya
buzzer *n* berregő
by *prep* - nál, -nél, -val, -vel, -ra, re, által, mellett, keresztül, alapján
bye *e* Viszontlátásra!
bypass *v* megkerül
bypass *n* megkerülés
bystander *n* szemlélő
byte *n* bájt

C

cab *n* taxi
cabbage *n* káposzta
cabin *n* kabin
cabinet *n* szekrény
cable *n* kábel
cable television *n* kábeltelevízió
cactus *n* kaktusz
café *n* kávé
cafeteria *n* önkiszolgáló étterem
caffeine *n* koffein
cage *n* ketrec
cake *n* sütemény
calamity *n* csapás
calculate *v* kiszámít
calculation *n* kiszámítás
calculator *n* számológép
calendar *n* naptár
calf *n* vádli; borjú
caliber *n* képesség, rátermettség; belső átmérő
calibrate *v* hitelesít
call *n* hívás
call *v* hív
call off *v* lemond
call on *v* kérelmez; meglátogat
call out *v* felkiált
calling *n* hívás
callous *adj* érzéketlen
calm *adj* nyugodt
calm down *v* lenyugszik
calorie *n* kalória
camel *n* teve
camera *n* kamera
camouflage *n* álca
camouflage *v* álcáz
camp *n* tábor

camp *v* táborozik
campaign *n* kampány
campaign *v* kampányol
campfire *n* tábortűz
campus *n* egyetemváros
can *n* konzerv
can *modal v* tud
can opener *n* konzervnyitó
canal *n* csatorna
canary *n* kanári
cancel *v* lemond
cancellation *n* lemondás
cancer *n* rákbetegség
cancerous *adj* rákos
candid *adj* őszinte
candidate *n* jelölt
candle *n* gyertya
candlestick *n* gyertyatartó
candor *n* őszinteség
candy *n* cukorka
cane *n* nád
canister *n* bádogdoboz
canned *adj* konzervált
cannibal *n* kannibál
cannon *n* ágyú
cannot *v* nem tud
canoe *n* kenu
cantaloupe *n* sárgadinnye
canteen *n* kulacs
canvas *n* vászon
canyon *n* kanyon
cap *n* fedő; sapka

cap *v* sapkával ellát
capability *n* képesség
capable *adj* képes
capacity *n* kapacitás
cape *n* földfok; köpeny
capital *n* főváros; tőke
capital letter *n* nagybetű
capitulate *v* megadja magát
capsize *v* felborul
capsule *n* kapszula
captain *n* kapitány
captivate *v* rabul ejt
captive *n* fogoly
captivity *n* fogság
capture *v* elfog
car *n* autó
caramel *n* karamell
caravan *n* karaván
carcass *n* tetem
card *n* kártya
cardboard *n* kartonpapír
care *n* törődés
care *v* törődik
care about *v* törődik vele
care for *pv* törődik
career *n* karrier
carefree *adj* gondtalan
careful *adj* óvatos
carefully *adv* óvatosan
careless *adj* óvatlan
carelessly *adv* óvatlanul
carelessness *n* óvatlanság

celestial

caress *v* cirógat
caretaker *n* gondnok
cargo *n* rakomány
caricature *n* karikatúra
caring *adj* gondoskodó
carnation *n* szegfű
carpenter *n* asztalos
carpentry *n* ácsmesterség
carpet *n* szőnyeg
carriage *n* szekér
carrot *n* répa
carry *v* cipel
carry on *v* folytat
carry out *v* kivitelez
cart *n* talicska
cartoon *n* rajzfilm
cartridge *n* tároló kazetta
carve *v* vés
cascade *n* vízesés
case *n* doboz; eset; bírósági ügy
cash *n* készpénz
cashier *n* pénztáros
casino *n* kaszinó
casket *n* ékszerdoboz
casserole *n* lábas
cast *n* öntvény
cast *v* vet
castaway *n* hajótörött
caste *n* kaszt
castle *n* kastély
casual *adj* hétköznapi; kényelmes

casualty *n* sérülés
cat *n* macska
catalog *v* katalogizál
catalog *n* katalógus
cataract *n* zuhatag; szürkehályog
catastrophe *n* katasztrófa
catch *v* elkap
catch on *v* terjed
catch up *v* utolér
categorize *v* kategorizál
category *n* kategória
cater *v* ellát
caterpillar *n* hernyó
cathedral *n* katedrális
cattle *n* jószág
cauliflower *n* karfiol
cause *n* indok
cause *v* okoz
caution *n* óvatosság
cautious *adj* óvatos
cave *n* barlang
cave in *v* beomlik
cavern *n* üreg
cavity *n* lyuk
cease *v* abbahagy
ceiling *n* mennyezet
celebrate *v* ünnepel
celebration *n* ünneplés
celebrity *n* híresség
celery *n* zeller
celestial *adj* mennyei

cell *n* cella; sejt
cell phone *n* mobiltelefon
cellar *n* pince
cello *n* cselló
cement *n* cement
cemetery *n* temető
censorship *n* cenzúra
censure *v* cenzúráz
census *n* népszámlálás
cent *n* cent
center *n* középpont; központ
center *v* összpontosul
centimeter *n* centiméter
central *adj* központi
centralize *v* központosít
century *n* évszázad
ceramic *n* kerámia
cereal *n* gabona
ceremony *n* szertartás
certain *adj* bizonyos
certainly *adv* bizonyosan
certainty *n* bizonyosság
certificate *n* bizonyítvány
certify *v* bizonyítványt kiállít
chain *n* lánc
chain *v* rögzít
chainsaw *n* láncfűrész
chair *n* szék
chairman *n* elnök
chalk *n* kréta
chalkboard *n* iskolatábla
challenge *v* kihív

challenge *n* kihívás
challenger *n* kihívó
challenging *adj* kihívó
chamber *n* kamra
champ *n* zajos rágcsálás
champion *n* bajnok
chance *n* lehetőség; esély
chancellor *n* kancellár
chandelier *n* csillár
change *n* változás; aprópénz; visszajáró
change *v* változtat
channel *n* tv csatorna; csatorna
channel *v* csatornáz
chant *n* kántálás
chaos *n* káosz
chaotic *adj* kaotikus
chapel *n* kápolna
chapter *n* fejezet
char *v* elszenesít
character *n* jellem; karakter
characteristic *adj* jellemző
charade *n* kitalálósdi
charbroil *v* grillez
charcoal *n* faszén
charge *n* díj; töltés
charge *v* felszámít költséget; vádol; tölt
charisma *n* személyes varázs
charismatic *adj* karizmatikus
charitable *adj* jószívű
charity *n* jótékonyság

charm n vonzerő; amulett
charm v elbűvöl
charming adj elbűvölő
chart n táblázat
charter n alapszabály
charter v kibérel
chase v üldöz
chase away v elüldöz
chasm n szakadék
chastise v büntet
chastisement n büntetés
chat v cseveg
chauffeur n söfőr
cheap adj olcsó
cheat v csal
cheater n csaló
check n csekk; ellenőrzés
check v ellenőriz; kijelöl; meggátol
check in pv bejelentkezik
check out pv kijelentkezik
checkbook n csekkfüzet
checkers n dámajáték
checkmark n pipa
checkup n kivizsgálás
cheek n arc
cheekbone n arccsont
cheeky adj szemtelen
cheer v éljenez
cheer up v felvidul
cheerful adj vidám
cheerleader n pompomlány

cheese n sajt
chef n séf
chemical adj kémiai
chemical n vegyszer
chemist n vegyész
chemistry n kémia
cherish v dédelget
cherry n cseresznye
chess n sakk
chest n mellkas; láda
chestnut n gesztenye
chew v rág
chick n csibe
chicken n csirke
chicken nugget n csirkefalatok
chicken out v gyáván viselkedik
chicken pox n bárányhimlő
chief adj legfőbb
chief n vezető
chiefly adv főleg
child n gyerek
childcare n gyermekgondozó
childhood n gyerekkor
childish adj gyerekes
children n gyerekek
chili n apró csípőspaprika
chill v hűt
chill n hűvösség
chill out v lenyugszik
chilly adj hideg
chimney n kémény
chimpanzee n csimpánz

chin *n* áll
chip *n* burgonyaszirom; számítógépes chip; szilánk
chisel *n* véső
chocolate *n* csokoládé
choice *n* választás
choir *n* énekkar
choke *v* fojtogat
choose *v* választ
choosy *adj* válogatós
chop *v* aprít
chopsticks *n* evőpálcikák
chore *n* házimunka
chorus *n* kórus
Christian *adj* keresztény
Christianity *n* Kereszténység
Christmas *n* Karácsony
chronic *adj* krónikus
chronological *adj* időrendi
chubby *adj* pufók
chuckle *v* kuncog
chunk *n* jókora darab
church *n* templom
chute *n* csúszda
cider *n* almabor
cigar *n* szivar
cigarette *n* cigaretta
cinder *n* salak
cinema *n* mozi
cinnamon *n* fahéj
circle *n* kör
circle *v* köröz
circuit *n* áramkör
circular *adj* kör alakú
circulate *v* keringtet
circulation *n* keringés
circumstance *n* körülmény
circumstantial *adj* körülményes
circus *n* cirkusz
cistern *n* víztároló
cite *v* idéz
citizen *n* állampolgár
citizenship *n* állampolgárság
citrus *n* citrusfélék
city *n* város
city hall *n* városháza
civic *adj* városi
civil *adj* polgári; udvarias
civilization *n* civilizáció
civilize *v* civilizál
claim *v* követel; kijelent
claim *n* kijelentés
clam *n* kagyló
clamor *v* zajong
clamp *n* fogó
clandestine *adj* titkos
clap *v* taps
clarification *n* tisztázás
clarify *v* tisztáz
clarinet *n* klarinét
clarity *n* nyilvánvalóság
clash *n* csattanás; összeütközés
clash *v* összecsap; ellentmond
class *n* osztály; kategória; rang

classic *n* klasszikus mű
classic *adj* remekmű
classical *adj* klasszikus
classify *v* rangsorol
classmate *n* osztálytárs
classroom *n* osztályterem
classy *adj* klassz
claw *n* karom
clay *n* agyag
clean *adj* tiszta
clean *v* tisztít
cleaner *n* takarító
cleanliness *n* tisztaság
cleanser *n* tisztítószer
clear *adj* tiszta; érthető
clear *v* szabaddá tesz
clearance *n* szabaddá tétel
clear-cut *adj* egyértelmű
clearly *adv* érthetően; nyilvánvalóan
cleats *n* stopli
clemency *n* kegyelem
clench *v* összeszorít
clergy *n* papság
clergyman *n* lelkész
clerical *adj* papi
clerk *n* írnok
clever *adj* okos
click *v* kattint
client *n* ügyfél
clientele *n* ügyfélkör
cliff *n* szikla
climate *n* klíma
climax *n* tetőpont
climb *v* mászik
climbing *n* mászás
clinch *v* megköt
cling *v* csüng
clinic *n* klinika
clip *v* csíptet
clip *n* kapocs
clipping *n* kivágás
cloak *n* köpeny
clock *n* óra
clockwise *adv* óramutató járásával megegyezően
clog *v* eltömődik
clone *v* klónoz
cloning *n* klónozás
close *adj* közeli; tartózkodó
close *v* bezár
close *adv* szorosan
closed *adj* zárt
closely *adv* közelről; szorosan
closet *n* beépített szekrény
closure *n* bezárás
clot *n* rög
cloth *n* rongy
clothe *v* felruház
clothes *n* ruha
clothing *n* ruházat
cloud *n* felhő
cloudy *adj* felhős
clown *n* bohóc

club *n* klub; bunkósbot
club *v* megver (bottal)
clue *n* nyom
clumsy *adj* ügyetlen
cluster *n* klaszter
clutch *n* kuplung
clutch *v* megragad
clutter *n* zűrzavar
coach *v* edz
coach *n* edző
coal *n* szén
coarse *adj* érdes
coast *n* tengerpart
coastal *adj* tengerparti
coastline *n* partvonal
coat *v* bevon
coat *n* kabát
coat hanger *n* fogas
coax *v* csalogat
cobweb *n* pókháló
cockpit *n* pilótafülke
cockroach *n* csótány
cocky *adj* öntelt
cocoa *n* kakaó
coconut *n* kókusz
cod *n* tőkehal
code *n* rejtjel; kód
coerce *v* kényszerít
coercion *n* kényszerítés
coexist *v* egyidejűleg létezik
coffee *n* kávé
coffee table *n* dohányzóasztal

coffin *n* koporsó
coherent *adj* összefüggő
coherently *adv* összefüggően
coil *n* tekercs
coin *n* érme
coincide *v* egybevág vmivel
coincidence *n* egybeesés
coincidental *adj* véletlenül egybeeső
cold *n* hideg; megfázás
cold *adj* hideg
collaborate *v* együttműködik
collaboration *n* együttműködés
collaborator *n* együttműködő
collage *n* kollázs
collapse *v* összeomlik
collar *n* gallér; nyakörv
collateral *adj* párhuzamos
colleague *n* kolléga
collect *v* gyűjt
collection *n* gyűjtemény
collector *n* gyűjtő
college *n* főiskola
collide *v* összeütközik
collision *n* összeütközés
cologne *n* kölni
colon *n* kettőspont; vastagbél
colonel *n* ezredes
colonization *n* gyarmatosítás
colonize *v* gyarmatosít
colony *n* kolónia
color *n* szín

communist

color *v* színez
colorful *adj* színes
colorless *adj* színtelen
colossal *adj* kolosszális
colt *n* csikó
column *n* oszlop; hasáb
coma *n* kóma
comb *n* fésű
comb *v* fésül
combat *v* küzd
combat *n* küzdelem
combatant *n* küzdő fél
combination *n* kombináció
combine *v* kombinál
combustible *n* gyúlékony
combustion *n* égés
come *v* jön
come about *v* bekövetkezik
come across *v* ráakad
come apart *v* szétesik
come back *v* visszajön
come down *v* ledől
come forward *v* jelentkezik
come from *v* jön vhonnan
come in *v* bejön
come out *v* kijön
come over *v* átjön
come up *v* felmerül
comeback *n* visszatérés
comedian *n* humorista
comedy *n* vígjáték
comet *n* üstökös

comfort *n* kényelem
comfortable *adj* kényelmes
comforter *n* vígasztaló
comical *adj* tréfás
coming *adj* közeledő
comma *n* vessző
command *n* parancs
command *v* parancsol
commander *n* parancsnok
commemorate *v* megemlékezik
commence *v* megkezd
commend *v* dicsér
commendation *n* dicséret
comment *v* megjegyzést tesz
comment *n* megjegyzés
commentary *n* kommentár
commentator *n* kommentátor
commerce *n* kereskedelem
commercial *adj* kereskedelmi
commercial *n* reklám
commit *v* elkövet; elkötelez
commitment *n* elkötelezettség
committed *adj* elkötelezett
committee *n* bizottság
common *adj* közös
common sense *n* józan ész
commotion *n* nyugtalanság
communicate *v* kommunikál
communication *n* kommunikáció
communism *n* kommunizmus
communist *adj* kommunista

community n közösség
commute v ingázik
compact adj kompakt
compact v összetömörít
companion n társ
companionship n társaság
company n cég; társaság
comparable adj hasonló
compare v összehasonlít
comparison n összehasonlítás
compartment n rekesz
compass n iránytű
compassion n szánalom
compassionate adj könyörületes
compatibility n kompatibilitás
compatible adj kompatibilis
compel v kikényszerít
compelling adj kényszerítő
compensate v kompenzál
compensation n kompenzáció
compete v versenyez
competence n hozzáértés
competent adj hozzáértő
competition n verseny
competitive adj versenyképes
competitor n versenyző
complain v panaszkodik
complaint n panasz
complement n dicséret
complete adj teljes; befejezett
complete v befejez

completely adv teljesen
complex adj összetett
complexion n jelleg
complexity n bonyolultság
compliance n teljesítés
compliant adj engedékeny
complicate v bonyolít
complicated adj bonyolult
complication n bonyodalom
compliment n bók
complimentary adj tiszteleti
comply v engedelmeskedik
component n összetevő
compose v összeállít
composed adj nyugodt
composer n zeneszerző
composition n kompozíció
compost n komposzt
composure n nyugalom
compound n keverék
comprehend v megért
comprehensive adj átfogó
compress v sűrít
compression n tömörítés
comprise v áll vmiből
compromise n kiegyezés
compromise v kiegyezik
compulsion n kényszer
compulsive adj kényszerítő erejű
compulsory adj kötelező
compute v kiszámít

computer n számítógép
con v rászed
con man n szélhámos
conceal v elrejt
concede v elismer
conceited adj beképzelt
conceive v vél
concentrate v koncentrál
concentration n koncentráció
concept n koncepció
conception n fogamzás
concern n vonatkozás
concern v vonatkozik
concerned adj nyugtalan
concerning prep illetően
concert n koncert
concession n koncesszió
concise adj tömör
conclude v lezár; elintéz
conclusion n következtetés
conclusive adj végső
concoct v kotyvaszt
concoction n kotyvalék
concrete n beton
concrete adj kézzelfogható
concussion n agyrázkódás
condemn v elítél
condemnation n kárhoztatás
condensation n kondenzáció
condense v cseppfolyósít
condescend v leereszkedik
condiment n fűszer

condition n állapot; feltétel
conditional adj feltételes
conditioner n kondicionáló
condo n öröklakás
condolences n részvétnyílvánítás
condone v elnéz vmit
conducive adj elősegítő
conduct v vezényel; vezet
conduct n életmód
conductor n karmester; vezető
cone n kúp
conference n konferencia
confess v vall
confession n vallomás
confessor n gyóntató
confidant n bizalmas
confide v rábíz
confidence n bizalom
confident adj biztos
confidential adj bizalmas
confine v korlátoz
confinement n korlátozás
confirm v igazol
confirmation n jóváhagyás
confiscate v elkoboz
conflict n konfliktus
conflicting adj ellentétes
conform v alkalmazkodik
conformist adj alkalmazkodó
conformity n összhang
confound v összezavar
confront v szembesít

confrontation *n* összeütközés
confuse *v* összetéveszt
confused *adj* zavart
confusing *adj* zavarba ejtő
confusion *n* összetévesztés
congenial *adj* kellemes
congested *adj* tömött
congestion *n* torlódás
congratulate *v* gratulál
congratulations *n* gratuláció
congregate *v* összejön
congregation *n* gyülekezet
congress *n* kongresszus
conjecture *n* sejtés
conjunction *n* kötőszó
connect *v* kapcsolódik
connection *n* kapcsolat
conquer *v* meghódít
conqueror *n* hódító
conquest *n* hódítás
conscience *n* lelkiismeret
conscious *adj* tudatos
consciousness *n* tudat
conscript *n* újonc
consecutive *adj* folyamatos
consensus *n* konszenzus
consent *v* hozzájárul
consent *n* hozzájárulás
consequence *n* következmény
consequent *adj* következetes
consequently *adv* következetesen
conservation *n* konzerválás

conservative *adj* konzervatív
conserve *n* befőtt
conserve *v* konzervál
consider *v* megfontol
considerable *adj* figyelemre méltó
considerably *adv* meglehetősen
considerate *adj* tapintatos
consideration *n* megfontolás
consignment *n* küldemény
consist *v* áll vmiből
consistency *n* sűrűség; következetesség
consistent *adj* egyenletes
consistently *adv* egyenletesen
consolation *n* vigasz
console *n* konzol
console *v* vigasztal
consolidate *v* összeáll
consonant *n* mássalhangzó
conspicuous *adj* szembetűnő
conspiracy *n* összeesküvés
constant *adj* állandó
constantly *adv* allandóan
constellation *n* együttállás
constipated *adj* székrekedéses
constitution *n* alkotmány
constitutional *adj* alkotmányos
constrain *v* erőltet
constraint *n* kényszer
construct *v* felépít
construction *n* építkezés

constructive *adj* építő
consult *v* tanácskozik
consultant *n* szaktanácsadó
consultation *n* konzultáció
consume *v* fogyaszt
consumer *n* fogyasztó
consumption *n* fogyasztás
contact *n* érintkezés
contact *v* érintkezésbe lép
contagious *adj* fertőző
contain *v* tartalmaz
container *n* tartály
contaminate *v* fertőz
contamination *n* fertőzés
contemplate *v* tervez
contemporary *adj* kortárs; modern
contemporary *n* kortárs
contempt *n* megvetés
contend *v* küzd
contender *n* versengő
content *adj* elégedett
content *n* tartalom
contentious *adj* vitás
contest *n* verseny
contestant *n* versenyző
context *n* kontextus
continent *n* kontinens
continental *adj* kontinentális
contingency *n* eshetőség
contingent *adj* esetleges
continuation *n* folytatás

continue *v* folytat
continuity *n* folytonosság
continuous *adj* folytonos
contour *n* körvonal
contract *v* összehúzódik; szerződik
contract *n* szerződés
contraction *n* összehúzódás
contradict *v* ellentmond
contradiction *n* ellentmondás
contradictory *adj* ellentmondó
contrary *adj* ellenkező
contrast *n* ellentét
contrast *v* szembeállít
contribute *v* hozzájárul
contribution *n* hozzájárulás
contributor *n* külső munkatárs
control *n* ellenőrzés
control *v* szabályoz
controller *n* vezérlő
controversial *adj* vitatott
controversy *n* vita
convalescent *adj* lábadozó
convene *v* egybehív
convenience *n* kényelem
convenient *adj* kényelmes
convention *n* gyülekezet; szokás
conventional *adj* hagyományos
converge *v* összetart
conversation *n* beszélgetés
converse *v* beszélget

converse *n* érintkezés
conversely *adv* kölcsönösen
conversion *n* konverzió
convert *v* átvált
convertible *n* átváltható
convey *v* visz
convict *v* elítél
conviction *n* meggyőződés; elítélés
convince *v* meggyőz
convinced *adj* meggyőződött
convincing *adj* meggyőző
convulse *v* megráz
convulsion *n* megrázkódtatás
cook *v* főz
cook *n* szakács
cooked *adj* főtt
cookie *n* süti
cooking *n* főzés
cool *adj* hűvös; nyugodt
cool *v* hűt
cool down *v* lehűt
cooler *n* hűtő
cooperate *v* együttműködik
cooperation *n* együttműködés
cooperative *adj* együttműködő
coordinate *v* koordinál
coordinate *n* koordináta
coordination *n* egyeztetés, koordináció; mozgáskoordináció
coordinator *n* koordinátor

cop *n* zsaru
cope *v* megbirkózik vmivel
copier *n* másológép
copper *n* réz
copy *n* másolat; példány
copy *v* másol
copyright *n* szerzői jog
coral *n* korall
cord *n* zsinór
cordial *adj* szívélyes
cordless *adj* vezeték nélküli
core *n* mag
cork *n* parafa
corkscrew *n* dugóhúzó
corn *n* kukorica
corndog *n* corndog
corner *n* sarok
corner *v* sarokba szorít
coronation *n* koronázás
corporate *adj* vállalati
corporation *n* vállalat
corpse *n* holttest
correct *adj* helyes
correct *v* helyesbít
correction *n* helyesbítés
correctly *adv* helyesen
correlate *v* viszonyít
correspond *v* megfelel
correspondence *n* levelezés
correspondent *n* tudósító
corresponding *adj* hasonlító
corridor *n* folyosó

crack

corroborate *v* igazol
corrode *v* korrodál
corrupt *adj* korrupt
corrupt *v* megveszteget
corruption *n* vesztegetés
cosmetic *n* kozmetikus
cosmic *adj* kozmikus
cost *v* kerül vmibe
cost *n* költség
costly *adj* költséges
costume *n* kosztüm
cottage *n* kunyhó
cotton *n* pamut
couch *n* kanapé
cough *v* köhög
cough *n* köhögés
could *modal v* tudna
council *n* tanács
counsel *v* tanácsos
counseling *n* tanácsadás
counselor *n* bizalmas
count *v* számol
count *n* számolás
countdown *n* visszaszámlálás
counter *n* pult
counteract *v* ellenszegül
counterfeit *adj* hamisított
counterpart *n* hasonmás
countless *adj* számtalan
country *n* ország
countryside *n* vidék
county *n* megye

coup *n* államcsíny
couple *n* pár
coupon *n* kupon
courage *n* bátorság
courageous *adj* bátor
courier *n* futár
course *n* kurzus; irány; pálya
court *n* bíróság; sportpálya
court *v* udvarol
court house *n* bíróság
courteous *adj* udvarias
courtesy *n* udvariasság
courthouse *n* törvényszék
courtship *n* udvarlás
courtyard *n* udvar
cousin *n* unokatestvér
cove *n* tengeröböl
cover *v* betakar
cover *n* takaró
coverage *n* terjedelem
covering *n* takarás
covert *adj* rejtett
cover-up *n* álcázás
cow *n* tehén
coward *n* gyáva
cowardly *adv* gyáván
cowboy *n* cowboy
cowboy hat *n* cowboy kalap
cozy *adj* lakályos
crab *n* tarisznyarák
crack *n* repedés; reccsenés
crack *v* reped

cracker *n* keksz
cradle *n* bölcső
craft *n* jártasság
craftsman *n* mester
cram *v* töm
cramp *n* görcs
cramped *adj* görcsös
crane *n* daru; emelődaru
crank *n* kurbli
cranky *adj* házsártos
crash *n* ütközés
crash *v* ütközik
crass *adj* durva
crate *n* láda
crater *n* kráter
crave *v* sóvárog
craving *n* sóvárgás
crawl *v* kúszik
crayon *n* rajzkréta
crazy *adj* őrült
creak *n* csikorgás
creak *v* csikorog
cream *n* krém
cream *adj* krémszínű
creamy *adj* krémes
crease *n* ránc
crease *v* ráncosodik
create *v* létrehoz
creation *n* alkotás
creative *adj* kreatív
creativity *n* kreativitás
creator *n* alkotó

creature *n* teremtmény
credibility *n* hitelesség
credible *adj* hiteles
credit *n* hitel; tekintély
credit *v* hitelt ad vminek
credit card *n* hitelkártya
creditor *n* hitelező
creek *n* patak
creep *v* lopódzik
creepy *adj* hátborzongató
cremate *v* hamvaszt
crest *n* taréj
crevice *n* rés
crew *n* legénység
crib *n* gyerekágy
cricket *n* tücsök; krikett
crime *n* bűncselekmény
criminal *n* bűnöző
criminal *adj* bűnügyi
cringe *v* megalázkodik
cripple *adj* béna
cripple *v* megbénít
crisis *n* krízis
crisp *adj* ropogós
crispy *adj* ropogós
criteria *n* ismérv
critic *n* kritikus
critical *adj* kritikus; bíráló
criticism *n* kritika
criticize *v* kritizál
crocodile *n* krokodil
crony *n* cimbora

curator

crook *n* pásztorbot
crooked *adj* görbe; tisztességtelen
crop *v* arat
crop *n* termés
cross *n* kereszt
cross *v* keresztez
cross *adj* metsző
cross out *v* kihúz
crossing *n* keresztezés
crossing guard *n* gyalogosátkelő-őr
crossroads *n* útkereszteződés
crosswalk *n* gyalogátkelő
crossword puzzle *n* keresztrejtvény
crouch *v* lekuporodik
crow *v* gügyög
crow *n* varjú
crowbar *n* feszítővas
crowd *v* tolong
crowd *n* tömeg
crowded *adj* zsúfolt
crown *n* korona
crown *v* megkoronáz
crucial *adj* kritikus
crude *adj* feldolgozatlan
cruel *adj* kegyetlen
cruelty *n* kegyetlenség
cruise *v* hajókázik; cirkál
crumb *n* morzsa
crumble *v* morzsolódik

crunchy *adj* ropogós
crush *v* szétzúz
crust *n* kéreg
crusty *adj* kérges
crutch *n* mankó
cry *v* sír
cry *n* sírás
crystal *n* kristály
cub *n* kölyök
cube *n* kocka
cubic *adj* kocka alakú
cubicle *n* hálófülke
cucumber *n* uborka
cuddle *v* megölel
cuddly *adj* ölelnivaló
cuff *n* mandzsetta
cuisine *n* konyha
culminate *v* tetőz
culpability *n* vétkesség
culprit *n* vádlott
cult *n* kultusz
cultivate *v* művel
cultivation *n* megművelés
cultural *adj* kulturális
culture *n* kultúra
cumbersome *adj* nehézkes
cunning *adj* ravasz
cup *n* csésze
cupboard *n* szekrény
cupcake *n* minitorta
curable *adj* gyógyítható
curator *n* gondnok

curb *n* járdaszegély
curb *v* megfékez
curdle *v* megalvad
cure *v* gyógyít
cure *n* gyógymód
curfew *n* kijárási tilalom
curiosity *n* kíváncsiság
curious *adj* kíváncsi
curl *v* csavarodik
curl *n* fodor
curly *adj* göndör
currency *n* valuta
current *n* áramlat; áram
current *adj* jelenlegi, aktuális
currently *adv* jelenleg
curriculum *n* tanterv
curse *n* átok
curse *v* megátkoz
cursor *n* mutató
curtail *v* megfoszt
curtain *n* függöny
curve *n* kanyar
curved *adj* hajlított
cushion *v* kipárnáz
cushion *n* párna
cuss *v* átkoz
custard *n* tejsodó
custodian *n* felügyelő
custody *n* őrizet
custom *n* szokás
customary *adj* szokásos
customer *n* vásárló
customize *v* testre szab
custom-made *adj* méretre szabott
cut *n* vágás; csökkentés
cut *v* vág
cut back *pv* visszavág
cut down *pv* csökkent
cut off *pv* levág
cut out *pv* kivág
cute *adj* helyes
cutlery *n* evőeszköz
cyan *n* cián
cycle *v* biciklizik
cycle *n* ciklus
cyclical *adj* periódikus
cycling *n* kerékpározás
cyclist *n* kerékpáros
cyclone *n* ciklon
cylinder *n* henger
cymbal *n* cintányér
cynic *n* cinikus
cyst *n* ciszta

D

dad *n* apu
dagger *n* tőr
daily *adv* naponta
dairy *n* tejüzem
dairy farm *n* tejgazdaság

daisy *n* százszorszép
dam *n* gát
damage *n* kár
damage *v* sérül
damaging *adj* káros
damp *adj* nyirkos
dampen *v* tompít
dance *n* bál
dance *v* táncol
dancer *n* táncos
dancing *n* tánc
dandruff *n* hajkorpa
danger *n* veszély
dangerous *adj* veszélyes
dangle *v* lóg
dare *v* merészel
dare *n* vakmerőség
daring *adj* merész
dark *adj* sötét
dark *n* sötétség
darken *v* sötétedik
darkness *n* sötétség
darling *adj* kedves
dart *n* dárda
dart *v* hajít
dash *v* robog
dashing *adj* lendületes
data *n* adat
database *n* adatbázis
date *n* dátum; datolya; randevú
date *v* keltez

daughter *n* lánya vkinek
daughter-in-law *n* meny
daunt *v* megfélemlít
daunting *adj* ijesztő
dawn *n* hajnal
day *n* nap
daycare *n* óvoda
daydream *v* álmodozik
daylight *n* napfény
daytime *n* nappal
daze *v* szédít
dazed *adj* kábult
dazzle *v* elkápráztat
dead *adj* halott
dead end *n* zsákutca
deadline *n* határidő
deadly *adj* halálos
deaf *adj* süket
deafen *v* süketít
deafening *adj* süketítő
deal *v* foglalkozik vmivel; ad
deal *n* alku
dealer *n* kereskedő
dean *n* dékán
dear *adj* kedves
death *n* halál
deathbed *n* halálos ágy
debase *v* leront
debatable *adj* vitatható
debate *n* vita
debate *v* vitatkozik
debit *n* tartozás

debit card *n* betéti kártya
debrief *v* kikérdez
debris *n* roncs
debt *n* adósság
debtor *n* adós
debunk *v* leleplez
debut *n* bemutatkozás
decade *n* évtized
decadence *n* dekadencia
decaffeinated *adj* koffeinmentes
decay *n* romlás
decay *v* romlik
deceased *adj* elhunyt
deceit *n* csalás
deceitful *adj* álnok
deceive *v* megtéveszt
December *n* december
decency *n* tisztesség
decent *adj* tisztes
deception *n* megtévesztés
deceptive *adj* megtévesztő
decide *v* eldönt
deciding *adj* döntő
decimal *adj* tizedes
decimate *v* tizedel
decipher *v* megfejt
decision *n* döntés
decisive *adj* meghatározó
deck *n* fedélzet; kártyacsomag
declaration *n* deklaráció
declare *v* deklarál
decline *v* visszautasít; hanyatlik
decline *n* hanyatlás
decompose *v* elbomlik
décor *n* lakberendezés
decorate *v* dekorál
decoration *n* dekoráció
decorative *adj* dekoratív
decorum *n* illem
decrease *v* csökken
decree *n* rendelet
decrepit *adj* elaggott
dedicate *v* szentel
dedicated *adj* elszánt
dedication *n* dedikáció
deduce *v* következtet
deduct *v* kivon
deductible *adj* kivonható
deduction *n* levonás
deed *n* tett
deem *v* vélekedik
deep *adj* mély
deepen *v* mélyül
deeply *adv* mélyen
deer *n* szarvas
deface *v* letép
defame *v* rágalmaz
defeat *v* legyőz
defect *v* disszidál
defect *n* hiányosság
defective *adj* hiányos
defend *v* védekezik
defendant *n* alperes
defender *n* védő

defense *n* védelem
defenseless *adj* védtelen
defer *v* halaszt
defiance *n* ellenszegülés
defiant *adj* dacos
deficiency *n* hiány
deficient *adj* elégtelen
deficit *n* deficit
define *v* értelmez
definite *adj* határozott
definitely *adv* pontosan
definition *n* meghatározás
definitive *adj* végleges
deflate *v* kienged
deform *v* eltorzít
deformity *n* deformáció
defraud *v* csal
defray *v* fedez költséget
defrost *v* kiolvaszt
deft *adj* fürge
defuse *v* hatástalanít
defy *v* szembeszáll
degenerate *adj* elfajzott
degenerate *v* elkorcsosul
degradation *n* lealacsonyítás
degrade *v* lealacsonyít
degrading *adj* lealacsonyító
degree *n* diploma; fok
dehydrate *v* aszal
dehydrated *adj* dehidratált
dejected *adj* levert
delay *n* késés

delay *v* késik
delegate *n* képviselő
delegate *v* megbíz
delegation *n* delegáció
delete *v* töröl
deli *n* csemegebolt
deliberate *v* fontolgat
deliberate *adj* szándékos
deliberately *adv* szándékosan
delicacy *n* finomság
delicate *adj* finom
delicious *adj* finom
delight *v* gyönyörködtet
delight *n* gyönyörűség
delighted *v* elragadtatva
delightful *adj* elbűvölő
delinquent *adj* elmulasztott; kötelességmulasztó
deliver *v* kézbesít
delivery *n* kézbesítés
delude *v* becsap
deluge *n* özönvíz
delusion *n* csalódás
deluxe *adj* luxus
demand *n* igény
demand *v* igényel
demanding *adj* nagy igényeket támasztó
demean *v* viselkedik
demeaning *adj* lealacsonyító
demeanor *n* modor
demented *adj* háborodott

demise *n* haszonbérbe adás
demo *n* bemutató példány
democracy *n* demokrácia
democratic *adj* demokratikus
demolish *v* elpusztít
demolition *n* pusztítás
demonstrate *v* szemléltet
demonstration *n* demonstráció
demonstrative *adj* kifejező
demoralize *v* megront
demote *v* lefokoz
den *n* odú
denial *n* tagadás
denigrate *v* rágalmaz
denim *n* farmer
denote *v* jelöl
denounce *v* vádol
dense *adj* sűrű
density *n* sűrűség
dent *n* horpadás
dent *v* horpaszt
dental *adj* fogászati
dentist *n* fogorvos
dentures *n* műfogsor
deny *v* tagad
deodorant *n* dezodor
depart *v* indul
department *n* részleg
departure *n* indulás
depend *v* függ vmitől
dependable *adj* megbízható
dependence *n* függőség

dependent *adj* függő
depict *v* leír
deplete *v* felél
deplorable *adj* siralmas
deplore *v* sajnál
deploy *v* telepít
deployment *n* telepítés
deport *v* deportál
deportation *n* elhurcolás
depose *v* tesz
deposit *n* betét; letét
deposit *v* befizet; letétbe helyez
depot *n* depó; lerakat
deprave *v* elront
depravity *n* romlottság
depreciate *v* leértékel
depreciation *n* értékcsökkenés
depress *v* lenyom
depressing *adj* nyomasztó
depression *n* depresszió
deprivation *n* hiány
deprive *v* megfoszt
deprived *adj* elnyomott helyzetben lévő
depth *n* mélység
derail *v* kisiklik
deranged *adj* rendetlen
derelict *adj* elhagyott
derivative *adj* leszármaztatott
derive *v* származik
derogatory *adj* méltatlan

detour

descend v leereszkedik; származik
descendant n leszármazott
descent n leereszkedés
describe v leír
description n leírás
descriptive adj leíró
desecrate v meggyaláz
desegregate v megkülönböztetést abbahagy
desert v elhagy
desert n sivatag
deserted adj elhagyatott
deserter n dezertőr
deserve v érdemel
deserving adj érdemes
design v tervez
design n tervezés
designate v kijelöl
designer n tervező
desirable adj kívánatos
desire n vágy
desire v vágyik
desist v eláll
desk n íróasztal
desolate adj magányos
desolation n elnéptelenedés
despair n kétségbeesés
desperate adj kétségbeesett
despicable adj megvetendő
despise v megvet
despite prep ellenére
despondent adj csüggedt
despot n zsarnok
despotic adj zsarnoki
dessert n desszert
destination n cél
destiny n végzet
destitute adj nincstelen
destroy v elpusztít
destruction n rombolás
destructive adj romboló
detach v elválaszt
detachable adj levehető
detail n részlet
detail v részletez
detailed adj részletes
detain v visszatart
detect v észlel
detective n nyomozó
detector n érzékelő
detention n fogvatartás
deter v elriaszt
detergent n mosószer
deteriorate v romlik
deterioration n romlás
determination n eltökéltség
determine v elhatároz
determined adj eltökélt
detest v utál
detestable adj utálatos
detonate v robban
detonator n detonátor
detour n kerülőút

detriment n hátrány
detrimental adj hátrányos
devaluation n leértékelés
devalue v leértékel
devastate v letarol
devastating adj pusztító
devastation n pusztulás
develop v fejlődik
development n fejlődés
deviate v letér
deviation n letérés
device n berendezés
devious adj fondorlatos
devise v kieszel
devoid adj mentes
devote v odaadja magát
devotion n odaadás
devour v felfal
devout adj buzgó
dew n harmat
diabetes n cukorbetegség
diabetic adj cukorbeteg
diagnose v megállapít
diagnosis n diagnózis
diagonal adj átlós
diagram n ábra
dial n számlap
dial v tárcsáz
dial tone n tárcsahang
dialect n dialektus
dialog n párbeszéd
diameter n átmérő

diamond n gyémánt; rombusz
diaper n pelenka
diarrhea n hasmenés
diary n napló
dice n dobókocka
dice v kockára vág
dictate v diktál
dictator n diktátor
dictatorial adj diktatórikus
dictatorship n diktatúra
dictionary n szótár
die v meghal
die out v kihal
diesel n dízel
diet n étrend; diéta
diet v diétázik
differ v különbözik
difference n különbség
different adj különböző
differentiate v megkülönböztet
differently adv eltérően
difficult adj nehéz
difficulty n nehézség
diffuse v szétterjed
dig v ás
digest v megemészt
digestion n emésztés
digit n számjegy
digital adj digitális
dignified adj méltóságteljes
dignify v megtisztel
dignity n méltóság

digress *v* elkalandozik
dilemma *n* dilemma
diligent *adj* szorgalmas
dilute *v* hígít
dim *adj* homályos
dim *v* homályosít
dime *n* tízcentes
dimension *n* kiterjedés
dimensional *adj* kiterjedésű
diminish *v* fogy
dine *v* étkezik
diner *n* bisztró
dining room *n* ebédlő
dinner *n* vacsora
dinosaur *n* dinoszaurusz
dip *v* bemárt
dip *n* mártás; leereszkedés
diploma *n* oklevél
diplomacy *n* diplomácia
diplomat *n* diplomata
diplomatic *adj* diplomatikus
dire *adj* irtózatos
direct *v* irányít
direct *adj* közvetlen
direct *adv* közvetlenül
direction *n* irány
directions *n* utasítás
directly *adv* egyenesen
director *n* igazgató
directory *n* címjegyzék
dirt *n* piszok
dirty *adj* piszkos

disability *n* fogyatékosság
disabled *adj* rokkant
disadvantage *n* hátrány
disagree *v* ellentmond
disagreement *n* nézeteltérés
disappear *v* eltűnik
disappearance *n* eltűnés
disappoint *v* csalódást okoz
disappointing *adj* kiábrándító
disappointment *n* csalódás
disapproval *n* helytelenítés
disapprove *v* helytelenít
disarm *v* lefegyverez
disaster *n* szerencsétlenség
disastrous *adj* végzetes
disband *v* elbocsát
disbelief *n* hitetlenség
disburse *v* kifizet
disc *n* korong
disc jockey (DJ) *n* lemezlovas
discard *v* elvet
discern *v* észlel
discharge *v* elbocsát
discharge *n* elbocsátás
disciple *n* tanítvány
discipline *n* fegyelem
disclose *v* elárul
discomfort *n* kényelmetlenség
disconnect *v* szétkapcsol
discontinue *v* abbahagy
discount *n* kedvezmény
discount *v* leáraz; leszámít

discourage v ellenez
discouragement n ellenzés
discouraging adj elkedvetlenítő
discover v felfedez
discovery n felfedezés
discredit v rossz hírbe hoz
discreet adj diszkrét
discrepancy n eltérés
discretion n belátás; diszkréció
discriminate v diszkriminál
discrimination n diszrkimináció
discuss v megbeszél
discussion n megbeszélés
disdain n megvetés
disease n betegség
disembark v partra száll
disenchanted adj kiábrándult
disentangle v megszabadít
disfigure v torzít
disgrace n szégyen
disgraceful adj szégyenletes
disgruntled adj elégedetlen
disguise n álruha
disguise v elrejt
disgust n undor
disgusted adj undorodó
disgusting adj undorító
dish n tál
dishearten v elcsüggeszt
dishonest adj becstelen, tisztességtelen
dishonesty n becstelenség

dishonor n gyalázat
dishonorable adj gyalázatos
dishwasher n mosogatógép
disillusion n kiábrándulás
disinfect v fertőtlenít
disinfectant n fertőtlenítő
disintegrate v szétesik
disintegration n szétesés
disinterested adj közömbös
disk n tárcsa
disk drive n lemezmeghajtó
dislike n ellenszenv
dislike v rosszall
dislocate v kificamít
dislodge v kiűz
disloyal adj hűtlen
dismal adj gyászos
dismantle v lebont
dismay v megrémít
dismay n rémület
dismiss v elvet
dismissal n elbocsátás
dismount v leszáll vmiről
disobedience n engedetlenség
disobedient adj engedetlen
disobey v nem engedelmeskedik
disorder n rendetlenség
disorganized adj szétszórt
disoriented adj dezorientált
disown v tagad
disparity n egyenlőtlenség
dispatch v elküld

dispense *v* szétoszt
dispenser *n* adagoló
disperse *v* szór
displace *v* elmozdít
displacement *n* elmozdulás
display *v* bemutat
display *n* kijelző
displease *v* bosszant
displeasing *adj* visszatetsző
disposable *adj* eldobható
dispose *v* megszabadul
disprove *v* megcáfol
dispute *v* megvitat
dispute *n* vita
disqualify *v* kizár
disregard *v* figyelmen kívül hagy
disrespect *n* tiszteletlenség
disrespectful *adj* tiszteletlen
disrupt *v* félbeszakít
disruption *n* szakadás
disruptive *adj* bomlasztó
dissatisfied *adj* elégedetlen
disseminate *v* elterjeszt
dissent *v* eltér a véleménye
dissident *adj* disszidens
dissipate *v* eloszlat
dissolve *v* feloldódik
dissuade *v* lebeszél
distance *n* távolság
distant *adj* távoli
distaste *n* ellenszenv

distasteful *adj* undorító
distill *v* lepárol
distinct *adj* világos; megkülönböztethető
distinction *n* megkülönböztetés
distinctive *adj* jellegzetes
distinctly *adv* jellegzetesen
distinguish *v* különbséget tesz
distinguished *adj* kiváló
distort *v* torzít
distortion *n* torzítás
distract *v* megzavar
distraction *n* zaklatottság
distraught *adj* zavarodott
distress *n* baj
distressing *adj* lesújtó
distribute *v* szétoszt
distribution *n* szétosztás
district *n* kerület
distrust *v* bizalmatlankodik
distrust *n* bizalmatlanság
distrustful *adj* bizalmatlan
disturb *v* háborgat
disturbance *n* háborgatás
disturbing *adj* zavaró
ditch *n* árok
dive *v* fejest ugrik; alábukik
diver *n* búvár
diverse *adj* változatos
diversify *v* variál
diversion *n* elterelés
diversity *n* változatosság

divert v elterel
divide v szétválaszt; eloszt
divine adj isteni
divinity n istenség
divisible adj osztható
division n szétválasztás; osztás
divorce v elválik
divorce n válás
divulge v kifecseg
dizzy adj kába
do v tesz, cselekszik
docile adj tanulékony
dock v kiköt
dock n kikötő
doctor n orvos
document n dokumentum
documentary n dokumentumfilm
documentation n dokumentáció
dodge v kitér vmi elől
dog n kutya
dog house n kutyaól
doll n baba
dollar n dollár
dolphin n delfin
domain n tárgykör; domain
dome n dóm
domestic adj családi; hazai; házi
domesticate v háziasít
domesticated adj háziasított
dominant adj domináns
dominate v uralkodik
domination n uralom

domineering adj hatalmaskodó
donate v adományoz
donation n adomány
done adj elkészített
donkey n szamár
donor n donor
donut n fánk
doom n végzet
doomed adj halálra ítélt
door n ajtó
doorbell n ajtócsengő
doorknob n kilincs
doormat n lábtörlő
doorstep n küszöb
doorway n kapualj
dormitory n hálóterem
dosage n adagolás
dot n pont
double adj dupla
double v megdupláz
double-check v duplán ellenőriz
double-click v duplán kattint
double-cross v kijátszik
doubt v kételkedik
doubt n kétely
doubtful adj kételkedő
dough n kelt tészta
dove n galamb
down adj alsó; szomorú
down prep irányában
down adv lefele
down payment n előleg

drop

downfall *n* bukás
downhill *adv* lefele
download *v* letölt
downpour *n* zápor
downsize *v* méretet csökkent
downstairs *adv* alul
downstairs *adj* lenti
down-to-earth *adj* reális
downtown *n* belváros
downturn *n* visszaesés
downward *adv* lefelé
doze *v* bóbiskol
dozen *n* tucat
draft *n* vázlat; huzat
draft *v* vázol; besoroz
drag *v* húz
dragon *n* sárkány
drain *v* kiszárít
drainage *n* csatornázás
drainpipe *n* esőcsatorna
drama *n* dráma
dramatic *adj* drámai
dramatically *adv* drámaian
dramatize *v* dramatizál
drapes *n* függöny
drastic *adj* drasztikus
draw *v* rajzol; húz; elvon
draw *n* döntetlen
drawback *n* hátrány
drawer *n* rajzoló
drawing *n* rajz; tombola
dread *v* retteg

dreadful *adj* félelmetes
dream *v* álmodik; elábrándozik
dream *n* álom; ábránd
drench *v* átitat
dress *v* öltöztet
dress *n* ruha
dress up *pv* felöltözik
dresser *n* öltöztető
dressing *n* öntet; kötszer
dribble *v* csorgat; cselez
dried *adj* szárított
drift *v* sodródik
drift apart *pv* elhidegül
drill *n* fúró; gyakorlat
drill *v* fúr
drink *v* iszik
drink *n* ital
drinkable *adj* iható
drip *v* csöpög
drive *n* autózás; ösztönző; meghajtó
drive *v* vezet
driver *n* sofőr
driver's license *n* vezetői engedély
drive-through *n* autós kiszolgálás
driveway *n* autófelhajtó
drizzle *v* szitál
drizzle *n* szitálás
drool *v* nyáladzik
drop *n* csepp

drop v esik
drop in pv beugrik
drop off pv lehull
drop out pv kiesik
dropout n korai iskolaelhagyó
drought n aszály
drown v megfullad
drowsy adj álmos
drug n gyógyszer; kábítószer
drug addict n kábítószerfüggő
drugstore n gyógyszertár
drum n dob
drum set n dobfelszerelés
drunk adj részeg
dry adj száraz
dry v szárít
dry-clean v vegytisztít
dryer n szárító
dual adj kettős
dubious adj kétes
duck n kacsa
duck v lemerül
duct n cső
due adj esedékes
duel n párbaj
dues n adó
duet n duett
dull adj tompa; unalmas
dull v elfakul
duly adv megfelelően
dumb adj néma
dummy n báb

dump v lerak
dump n szemétlerakó
dung n trágya
dungeon n várbörtön
dunk v tunkol
dupe v rászed
duplicate v másol
duplication n másolás
durable adj tartós
duration n időtartam
during prep közben
dusk n alkonyat
dust v leporol
dust n por
duster n poroló
dustpan n szemétlapát
dusty adj poros
duty n kötelesség
DVD n DVD lemez
DVD player n DVD-lejátszó
dwarf n törpe
dwell v lakik
dwelling n lakóhely
dwindle v apad
dye n festék
dye v kiszínez
dying adj haldokló; pusztuló
dynamic adj dinamikus
dynamite n dinamit
dynasty n dinasztia

E

each *adj* mindegyik
each *pron* minden egyes
each other *pron* egymást
eager *adj* lelkes
eagerness *n* lelkesedés
eagle *n* sas
ear *n* fül
earache *n* fülfájás
early *adj* korai
early *adv* korán
earn *v* keres
earnestly *adv* komolyan
earnings *n* kereset
earphones *n* fülhallgató
earring *n* fülbevaló
Earth *n* Föld
earthquake *n* földrengés
earwax *n* fülváladék
ease *v* enyhít
ease *n* könnyedség
easily *adv* könnyen; könnyedén
east *n* kelet
east *adv* keleten
east *adj* keleti
eastbound *adj* keletre tartó
Easter *n* Húsvét
eastern *adj* keleti
easy *adj* egyszerű
easygoing *adj* lezser

eat *v* eszik
eavesdrop *v* hallgatózik
ebb *v* leapad
e-book *n* e-könyv
eccentric *adj* különc
echo *n* visszhang
eclipse *n* napfogyatkozás
ecology *n* ökológia
economic *adj* gazdasági
economical *adj* gazdaságos
economically *adv* gazdaságosan
economics *n* közgazdaságtan
economist *n* közgazdász
economize *v* takarékoskodik
economy *n* gazdaság
ecstatic *adj* elragadtatott
edge *n* perem
edgy *adj* ingerült
edible *adj* ehető
edit *v* szerkeszt
edition *n* kiadás
editor *n* szerkesztő
editorial *n* vezércikk
educate *v* oktat
educated *adj* tanult
education *n* oktatás
educational *adj* oktatási
eerie *adj* kísérteties
effect *n* hatás
effective *adj* hatásos
effectiveness *n* hatásosság
efficiency *n* hatékonyság

efficient *adj* hatékony
effort *n* erőfeszítés
egg *n* tojás
egg white *n* tojásfehérje
ego *n* ego
eight *n* nyolc
eighteen *n* tizennyolc
eighteenth *adj* tizennyolcadik
eighth *adj* nyolcadik
eighty *n* nyolcvan
either *pron* bármelyik
either *adj* mindkét
either *adv* vagy
eject *v* kilövell
elapse *v* telik
elastic *adj* elasztikus
elated *adj* emelkedett
elbow *n* könyök
elder *n* vén
elderly *adj* idős
elect *v* választ
election *n* választás
electric *adj* elektromos
electrical *adj* elektromos
electrician *n* villanyszerelő
electricity *n* elektromosság
electrify *v* felvillanyoz
electrocute *v* villamosszékkel kivégez
electronic *adj* elektronikus
elegance *n* elegancia
elegant *adj* elegáns

element *n* alkotóelem
elementary *adj* alapfokú
elementary school *n* általános iskola
elephant *n* elefánt
elevate *v* felemel
elevation *n* magasság
elevator *n* lift
eleven *n* tizenegy
eleventh *adj* tizenegyedik
elf *n* manó
eligible *adj* megfelelő
eliminate *v* felszámol
eloquence *n* ékesszólás
else *adv* más
elsewhere *adv* máshová
elude *v* kitér vmi elől
elusive *adj* nehezen megfogható
e-mail (email) *n* email
e-mail (email) *v* emailt küld
emancipate *v* emancipál
embalm *v* bebalzsamoz
embark *v* behajóz
embarrass *v* zavarba hoz
embarrassed *adj* feszélyezett
embarrassing *adj* kínos
embarrassment *n* szégyenkezés
embassy *n* nagykövetség
embellish *v* díszít
embers *n* parázs
embezzle *v* sikkaszt

enhance

emblem *n* jelkép
embody *v* megtestesít
emboss *v* dombornyomással ellát
embrace *v* ölel
embroider *v* hímez
embroidery *n* hímzés
emerald *n* smaragd
emerge *v* előbukkan
emergency *n* vészhelyzet
emigrant *n* emigráns
emigrate *v* kivándorol
emission *n* kibocsátás
emit *v* kibocsát
emotion *n* érzelem
emotional *adj* érzelmes
empathy *n* empátia
emperor *n* uralkodó
emphasis *n* hangsúly
emphasize *v* hangsúlyoz
empire *n* birodalom
employ *v* alkalmaz
employee *n* alkalmazott
employer *n* munkaadó
employment *n* alkalmazás
empress *n* császárnő
emptiness *n* üresség
empty *v* kiürít
empty *adj* üres
enable *v* felhatalmaz
enchant *v* elbájol
enchanting *adj* elbájoló

encircle *v* övez
enclose *v* bekerít
enclosure *n* bekerítés
encounter *n* találkozás
encounter *v* találkozik
encourage *v* bíztat
encouraging *adj* bíztató
encroach *v* betolakodik
encyclopedia *n* enciklopédia
end *v* befejez
end *n* vég
end up *pv* bevégez
endanger *v* veszélyeztet
endangered *adj* veszélyeztetett
ending *n* befejezés
endless *adj* végtelen
endorse *v* hozzájárul
endorsement *n* hozzájárulás
endure *v* elvisel
enemy *n* ellenség
energetic *adj* energikus
energy *n* energia
enforce *v* megerősít
engage *v* leköt
engaged *adj* elkötelezett
engagement *n* eljegyzés
engine *n* motor
engineer *n* mérnök
English *n* angol
engrave *v* vés
engraving *n* metszet
enhance *v* fokoz

enjoy *v* élvez
enjoyable *adj* élvezetes
enjoyment *n* élvezet
enlarge *v* felnagyít
enlighten *v* felvilágosít
enlist *v* toboroz
enormous *adj* roppant nagy
enormously *adv* roppantul
enough *adj* elegendő
enough *adv* eléggé
enough *pron* meglehetősen
enrage *v* felbőszít
enrich *v* gazdagít
enroll *v* beiratkozik
ensure *v* biztosít
entail *v* maga után von
entangle *v* összekuszál
enter *v* belép
enterprise *n* cég
entertain *v* szórakoztat
entertainer *n* szórakoztató
entertaining *adj* szórakoztató
entertainment *n* szórakozás
enthusiasm *n* lelkesedés
enthusiastic *adj* buzgó
entice *v* elcsal
enticement *n* csábítás
enticing *adj* csábító
entire *adj* teljes
entirely *adv* teljesen
entrance *n* bejárat
entree *n* belépés

entrenched *adj* körülárkolt
entrepreneur *n* vállalkozó
entrust *v* rábíz
entry *n* belépés; beírás
envelope *n* boríték
envious *adj* irigy
environment *n* környezet
environmental *adj* környezeti
environmentalist *n* környezetvédő
envy *v* irigyel
envy *n* irigység
epidemic *n* járvány
episode *n* epizód
equal *adj* egyenlő
equality *n* egyenlőség
equate *v* kiegyenlít
equation *n* egyenlet
equator *n* egyenlítő
equilibrium *n* egyensúly
equip *v* felszerel
equipment *n* felszerelés
equivalent *adj* azonos értékű
era *n* korszak
eradicate *v* kiírt
erase *v* kitöröl
eraser *n* radír
erect *adj* felálló
erect *v* felállít
erode *v* erodál
erosion *n* erózió
errand *n* megbízás
erroneous *adj* téves

error *n* hiba
erupt *v* kitör
eruption *n* kitörés
escalate *v* fokoz
escalator *n* mozgólépcső
escape *v* megszökik
esophagus *n* nyelőcső
especially *adv* különösképpen; rendkívül
espionage *n* kémkedés
espresso *n* eszpresszó
essay *n* esszé
essence *n* tömény kivonat
essential *adj* létfontosságú
establish *v* létesít
establishment *n* alapítás
estate *n* birtok
esteem *v* megbecsül
estimate *n* becslés
estimate *v* felbecsül
estranged *adj* elidegenedett
etcetera *adv* satöbbi
eternity *n* örökkévalóság
ethical *adj* etikus
ethics *n* etika
ethnic *adj* etnikai
etiquette *n* etikett
euphoria *n* eufória
euro *n* euró
Europe *n* Európa
European *adj* európai
evacuate *v* evakuál

evade *v* kikerül
evaluate *v* értékel
evaluation *n* értékelés
evaporate *v* párolog
evasive *adj* kitérő
eve *n* előest
even *adj* egyenletes; egyenlő; páros
even *adv* akár
even if *adv* még akkor is, ha
even though *adv* annak ellenére
evening *n* este
evenly *adv* egyenletesen
event *n* esemény; rendezvény
eventual *adj* végleges
eventually *adv* végül
ever *adv* valaha
everlasting *adj* örökkévaló
every *adj* mindegyik
everybody *pron* mindenki
everyday *adj* mindennapi
everyone *pron* mindenki
everything *pron* minden
everywhere *adv* mindenhol
evict *v* kilakoltat
evidence *n* bizonyíték
evident *adj* nyilvánvaló
evidently *adv* nyilvánvalóan
evil *adj* gonosz
evil *n* gonoszság
evoke *v* kivált

evolution *n* evolúció
evolutionary *adj* evolúciós
evolve *v* fejlődik
exact *adj* pontos
exactly *adv* pontosan
exaggerate *v* túloz
exam *n* vizsga
examination *n* vizsgálat
examine *v* vizsgál
example *n* példa
exasperate *v* felbőszít
excavate *v* kiás
exceed *v* túllép
exceedingly *adv* rendkívülien
excel *v* túltesz
excellence *n* kiválóság
excellent *adj* kiváló
except *prep* kivéve
exception *n* kivétel
exceptional *adj* kivételes
excerpt *n* kivonat
excess *n* többlet
excessive *adj* túlságos
exchange *v* cserél
excite *v* felizgat
excited *adj* izgatott
excitement *n* izgalom
exciting *adj* izgalmas
exclaim *v* felkiált
exclamation *n* felkiáltás
exclude *v* kihagy
excluding *prep* kivéve

excruciating *adj* kínzó
excursion *n* kirándulás
excuse *n* elnézés
excuse *v* megbocsát; elnéz
execute *v* végrehajt
executive *n* vezető
exemplary *adj* példás
exemplify *v* példáz
exempt *adj* felmentett
exemption *n* felmentés
exercise *n* gyakorlat; gyakorlás
exercise *v* gyakorol
exert *v* hatást gyakorol
exertion *n* erőfeszítés
exhale *n* kilehel
exhaust *v* kimerít
exhaust *n* kipufogó
exhausting *adj* kimerítő
exhaustion *n* kimerültség
exhibit *v* kiállít
exhibition *n* kiállítás
exhilarating *adj* üdítő
exile *v* száműz
exile *n* száműzetés
exist *v* létezik
existence *n* létezés
exit *n* kijárat
exotic *adj* exotikus
expand *v* kiterjed
expansion *n* terjeszkedés
expect *v* elvár
expectancy *n* kilátás

expectation *n* elvárás
expedient *adj* hasznos
expedition *n* expedíció
expel *v* elkerget
expenditure *n* kiadás
expense *n* költés
expensive *adj* drága
experience *v* tapasztal
experience *n* tapasztalat
experienced *adj* tapasztalt
experiment *n* kísérlet
expert *adj* járatos
expert *n* szakértő
expertise *n* szakértelem
expiration *n* lejárati idő
expire *v* lejár
explain *v* magyaráz
explanation *n* magyarázat
explicit *adj* kifejezett
explicitly *adv* kifejezetten
explode *v* felrobban
exploit *v* kiaknáz
exploration *n* felfedező út
explore *v* felderít; megvizsgál
explorer *n* felfedező
explosion *n* robbanás
explosive *adj* robbanó
export *v* exportál
exporter *n* exportőr
expose *v* felfed
exposed *adj* kitett
exposure *n* kitettség

express *adj* határozott; expressz
express *v* kifejez
expression *n* arckifejezés; kifejezés
expressly *adv* kifejezetten
expulsion *n* kiutasítás
exquisite *adj* rendkívüli
extend *v* kiterjeszt
extended family *n* nagycsalád
extension *n* kiterjesztés; mellék
extensive *adj* kiterjedt
extent *n* terjedelem
exterior *adj* külsőleges
exterminate *v* kiírt
external *adj* külső
extinct *adj* kihalt
extinguish *v* kiöl
extort *v* zsarol
extortion *n* zsarolás
extra *adj* többlet-
extra *adv* pót-
extract *v* kivon
extract *n* kivonat
extra-large *adj* extra nagy
extraordinary *adj* rendkívüli
extravagant *adj* extravagáns
extreme *adj* extrém
extremely *adv* szélsőségesen
extremist *adj* szélsőséges
extroverted *adj* extrovertált
exult *v* ujjong

eye *n* szem
eyebrow *n* szemöldök
eye-catching *adj* szembetűnő
eyeglasses *n* szemüveg
eyelash *n* szempilla
eyelid *n* szemhéj
eyeshadow *n* szemhéjfesték
eyesight *n* látás
eyewitness *n* szemtanú

F

fable *n* mese
fabric *n* anyag
fabricate *v* gyárt; kohol
fabulous *adj* bámulatos
face *n* arc
face *v* szembenéz
facet *n* oldal
facial *adj* arci
facilitate *v* elősegít
facilities *n* létesítmények
facility *n* készség
fact *n* tény
factor *n* tényező
factory *n* gyár
factual *adj* tárgyi
faculty *n* adottság; tantestület
fad *n* hóbort
fade *v* halványul

faded *adj* halvány
fail *v* kudarcot vall
failure *n* kudarc
faint *adj* bágyadt
faint *v* elájul
fair *adj* igazságos; világos
fair *n* vásár
fairly *adv* korrektül
fairness *n* igazságosság
fairy *n* tündér
fairy tale *n* tündérmese
faith *n* hit
faithful *adj* hűséges
fake *v* hamisít
fake *adj* hamisított
fake *n* hamisítvány
fall *n* ősz; esés
fall *v* esik
fall apart *pv* szétesik
fall asleep *pv* elalszik
fall back *pv* visszaesik
fall behind *pv* lemarad
fall down *pv* leesik
fall through *pv* meghiúsul
fallacy *n* tévedés
fallout *n* atomcsapadék
false *adj* téves
falsify *v* hamisít
falter *v* botladozik
fame *n* hírnév
familiar *adj* ismerős
family *n* család

feeble

famine *n* éhínség
famous *adj* híres
fan *n* rajongó; ventilátor
fanatic *adj* fanatikus
fancy *adj* díszes
fang *n* tépőfog
fantastic *adj* fantasztikus
fantasy *n* képzelet
far *adv* messze
far *adj* messzi
faraway *adj* távoli
farce *n* komédia
fare *n* viteldíj
farewell *n* búcsú
farm *n* gazdaság
farmer *n* gazdálkodó
farming *n* gazdálkodás
farmyard *n* tanyaudvar
farther *adv* messzebb
fascinate *v* elkápráztat
fashion *n* divat
fashionable *adj* divatos
fast *v* böjtöl
fast *adj* gyors
fast *adv* gyorsan
fast food *n* gyorséttermi étel
fast forward *v* gyorsan előreteker
fasten *v* becsatol
fat *adj* kövér
fat *n* zsír
fatal *adj* halálos

fate *n* sors
fateful *adj* végzetes
father *n* apa
fatherhood *n* apaság
father-in-law *n* após
fatherly *adj* atyai
fatigue *n* fáradtság
fatten *v* hízlal
fatty *adj* zsíros
faucet *n* csap
fault *n* hiba
faulty *adj* hibás
favor *n* szívesség
favorable *adj* kedvező
favorite *n* favorit
favorite *adj* kedvenc
fear *v* fél
fear *n* félelem
fearful *adj* félelmetes
fearless *adj* rettenthetetlen
feasible *adj* megvalósítható
feast *n* lakoma
feat *n* mutatvány
feather *n* madártoll
feature *v* jelleget kölcsönöz
feature *n* tulajdonság; attrakció
February *n* február
fed up *adj* elege van
federal *adj* szövetségi
federation *n* államszövetség
fee *n* díj
feeble *adj* gyarló

feed v táplál
feedback n visszacsatolás
feel v érez
feeling n érzelem; érzékelés, érzés
feelings n érzelmek
feet n láb
feign v tettet
fellow adj egyenrangú
fellow n társ
fellowship n közösség
felon n bűntettes
felony n bűncselekmény
felt n filc
female n nő
female adj nőnemű
feminine adj nőies
fence n kerítés
fencing n kerítés; vívás
fend v megvéd
fender n lökhárító
ferocious adj vad
ferry n komp
fertile adj termékeny
fertility n termékenység
fertilize v termékenyít
fertilizer n trágya
fervent adj heves
fester v gennyesedik
festival n fesztivál
festive adj ünnepies
festivity n ünnepség

fetch v felvesz és elhoz
feud n viszály
fever n láz
few pron egynéhány
few adj kevés
fewer adj kevesebb
fiancé n jegyes
fib n füllentés
fiber n rost
fickle adj ingatag
fiction n fikció
fictitious adj fiktív
fiddle n hegedű
fidelity n hűség
field n mező; sportpálya; szakterület
field trip n tanulmányi kirándulás
fierce adj tüzes
fiery adj szenvedélyes
fifteen n tizenöt
fifteenth adj tizenötödik
fifth adj ötödik
fiftieth adj ötvenedik
fifty n ötven
fifty-fifty adv ötven-ötven
fig n füge
fight n harc
fight v harcol
fighter n harcos
figure n alak; számjegy
figure v alakít

figure of speech *n* szólásmondás
figure out *pv* kitalál
figure skating *n* műkorcsolyázás
file *n* fájl; akta; reszelő
file *v* iktat; reszel
fill *v* tölt
filling *n* tömés; töltelék
film *n* film
film *v* filmez
filter *v* szűr
filter *n* szűrő
filth *n* szenny
filthy *adj* mocskos
fin *n* uszony
final *n* záróvizsga; döntő
final *adj* végleges
finalist *n* döntős versenyző
finalize *v* véglegesít
finally *adv* végül
finance *v* finanszíroz
finance *n* pénzügy
financial *adj* pénzügyi
financially *adv* pénzügyileg
find *v* megtalál
find out *pv* kitalál
fine *adj* jó; kiváló; vékony
fine *n* bírság
fine print *n* kisalakos nyomtatás
finger *n* ujj
fingernail *n* köröm
fingerprint *n* ujjlenyomat
fingertip *n* ujjhegy

finish *v* befejez
finished *adj* kidolgozott
finite *adj* véges
fire *v* tüzel; elbocsát
fire *n* tűz
fire alarm *n* tűzjelző
fire department *n* tűzoltóság
fire extinguisher *n* tűzoltó készülék
fire hydrant *n* tűzcsap
fire station *n* tűzoltóállomás
fire truck *n* tűzoltóautó
firearm *n* lőfegyver
firecracker *n* petárda
firefighter *n* tűzoltó
fireplace *n* kandalló
fireproof *adj* tűzálló
firewood *n* tűzifa
fireworks *n* tűzijáték
firm *n* cég
firm *adj* kemény
firmly *adv* szilárdan
first *adj* első
first *adv* elsőként
first class *adj* első osztályú
first name *n* keresztnév
fish *n* hal
fish *v* horgászik
fish stick *n* halrúd
fisherman *n* halász
fishy *adj* gyanús
fist *n* ököl

fit *adj* fitt
fit *v* illik rá
fitness *n* fitnesz
fitting *adj* megfelelő
fitting room *n* próbafülke
five *n* öt
fix *v* rendbe hoz
fixed *adj* rögzített; állandó
flag *n* zászló
flagpole *n* zászlórúd
flamboyant *adj* rikító
flame *n* láng
flammable *adj* gyúlékony
flap *n* csappantyú
flare *n* fellobbanás
flare up *pv* fellobban
flash *v* felvillan
flash *n* felvillanás
flash drive *n* flashmemória
flashlight *n* vaku
flashy *adj* feltűnő
flat *adj* sima; lapos; félhanggal leszállított
flatten *v* lapít
flatter *v* hízeleg
flattery *n* hízelgés
flaunt *v* kérkedik
flavor *n* íz
flaw *n* tévedés
flawed *adj* hibás
flawless *adj* hibátlan
flea *n* bolha

flee *v* menekül
fleece *n* báránybunda
fleet *n* flotta
fleeting *adj* múlandó
flesh *n* hús
flex *v* hajlik
flexibility *n* hajlékonyság
flexible *adj* hajlékony
flick *v* lefricskáz
flicker *v* villog
flier *n* pilóta
flight *n* repülőút
flight attendant *n* légikísérő
flimsy *adj* gyatra
flip *v* megfordít
flirt *v* kacérkodik
float *v* lebeg
flock *n* falka
flood *n* árvíz
flood *v* eláraszt
floor *n* padló; emelet
florist *n* virágárus
floss *n* hernyóselyem
flour *n* liszt
flourish *v* gyarapszik
flow *n* áramlás
flow *v* áramlik
flower *n* virág
flowerpot *n* virágcserép
flu *n* influenza
fluctuate *v* ingadozik
fluent *adj* folyékony

fluently *adv* folyékonyan
fluffy *adj* bolyhos
fluid *n* folyadék
flush *v* öblít
flute *n* fuvola
flutter *v* lebegtet
fly *n* légy
fly *v* repül
foam *n* hab
focus *v* összpontosít; fókuszál
focus *n* fókusz
fog *n* köd
foggy *adj* ködös
foil *n* fólia
foil *v* meghiúsít
fold *v* összehajt
folder *n* tartó
folks *n* népek
folksy *adj* népies
follow *v* követ
follower *n* követő
following *adj* következő
fond *adj* szerető
fondness *n* gyengédség
food *n* élelmiszer
fool *v* becsap
fool *n* ostoba ember
foolish *adj* ostoba
foolproof *adj* üzembiztos
foot *n* lábfej; láb
football *n* amerikai futball; labdarúgás

footnote *n* lábjegyzet
footprint *n* lábnyom
footstep *n* lépés
footwear *n* lábbeli
for *prep* -ért, -ra, -re, miatt, felé, helyett
forbid *v* megtilt
force *n* erő; haderő
force *v* erőltet
forceful *adj* erős
forcibly *adv* erőltetetten
forearm *n* alkar
forecast *v* előre jelez
foreground *n* előtér
forehead *n* homlok
foreign *adj* külföldi
foreigner *n* külföldi
foreman *n* művezető
foremost *adj* elsőként
foresee *v* előre lát
foreshadow *v* előre sejtet
foresight *n* előrelátás
forest *n* erdő
foretell *v* megjósol
forever *adv* örökre
forewarn *v* figyelmeztet
foreword *n* előszó
forfeit *v* elveszít
forge *v* kovácsol
forgery *n* hamisítás
forget *v* elfelejt
forgetful *adj* feledékeny

forgivable *adj* megbocsátható
forgive *v* megbocsát
forgiveness *n* megbocsátás
fork *n* villa
form *n* típus; alak; űrlap
form *v* alakít
formal *adj* szabályszerű; hivatalos
formality *n* formalitás
formally *adv* formálisan
format *n* formátum
formation *n* képződés
former *adj* korábbi
formerly *adv* korábban
formidable *adj* rettentő
formula *n* képlet
forsake *v* elhagy
fort *n* erőd
forthcoming *adj* közeledő
forthright *adj* egyenes
fortify *v* megerősít
fortitude *n* állhatatosság
fortress *n* erődítmény
fortunate *adj* szerencsés
fortune *n* vagyon; szerencse
forty *n* negyven
forward *adv* előre
forward *v* továbbít
fossil *n* kövület
foster *v* elősegít; felnevel
foul *adj* aljas
foul *n* szabálytalanság

foundation *n* alap; alapzat
founder *n* alapító
fountain *n* szökőkút
four *n* négy
fourteen *n* tizennégy
fourth *adj* negyedik
fox *n* róka
fraction *n* töredék
fracture *n* törés
fragile *adj* törékeny
fragment *n* repesz
fragrance *n* illat
fragrant *adj* illatos
frail *adj* rozoga
frailty *n* gyengeség
frame *v* bekeretez
frame *n* keret
framework *n* váz
frank *adj* őszinte
frankly *adv* nyíltan
frantic *adj* őrjöngő
fraternity *n* testvériesség
fraud *n* szélhámos; csalás
fraudulent *adj* csalárd
freckle *n* folt
freckled *adj* szeplős
free *adj* ingyenes; kötetlen; szabad
free *v* szabaddá tesz
freedom *n* szabadság
freely *adv* szabadon; nyíltan
freeway *n* autópálya

freeze *v* megfagy
freezer *n* fagyasztó
freezing *adj* fagyos
freight *n* rakomány
frenzy *n* őrület
frequency *n* frekvencia
frequent *adj* gyakori
frequent *v* jár vhova
fresh *adj* friss
freshen *v* frissít
freshman *n* gólya
freshwater *adj* édesvíz
friction *n* dörzsölés; súrlódás
Friday *n* péntek
fried *adj* sült
friend *n* barát
friendly *adj* barátságos
friendship *n* barátság
fries *n* sültek, hasábburgonya
fright *n* ijedség
frighten *v* megijeszt
frightened *adj* ijedt
frightening *adj* ijesztő
frigid *adj* rideg
fringe *n* rojt; szegély
frivolous *adj* léha
frog *n* béka
from *prep* -ról, ről, -tól, -től, -ból, -ből, alapján
front *adj* elülső; homlokzati
front *n* front
frontier *n* határ
frost *n* dér
frostbite *n* fagyás
frosting *n* cukormáz
frosty *adj* fagyos
frown *v* homlokát ráncolja
frozen *adj* fagyott
frugal *adj* takarékos
fruit *n* gyümölcs
fruitful *adj* gyümölcsöző
fruity *adj* gyümölcsös
frustrate *v* frusztrál
frustration *n* csalódottság
fry *v* süt
frying pan *n* serpenyő
fuel *n* üzemanyag
fugitive *n* szökevény
fulfill *v* eleget tesz
fulfillment *n* beteljesülés
full *adj* teli
fully *adv* teljesen
fumes *n* gőzök
fumigate *v* gőzöl
fun *n* móka
fun *adj* mulatságos
function *n* funkció; összejövetel
function *v* funkcionál
fund *v* pénzzel támogat
fund *n* pénzügyi alap
fundamental *adj* alapvető
funds *n* alaptőke
funeral *n* temetés
fungus *n* gomba

funny *adj* vicces
fur *n* szőr
furious *adj* ádáz
furiously *adv* őrjöngve
furnace *n* kemence
furnish *v* ellát
furniture *n* berendezés
furry *adj* szőrös
further *adv* távolabb
further *adj* távolabbi
furthermore *adv* továbbá
fury *n* düh
fuse *n* biztosíték
fusion *n* fúzió
fuss *n* zaj
fuss *v* zaklat
fussy *adj* fontoskodó
futile *adj* felületes
future *n* jövő
future *adj* jövőbeli
fuzzy *adj* borzas

G

gadget *n* készülék
gag *v* elhallgattat; fuldoklik
gag *n* szájpecek
gain *n* gyarapodás
gain *v* szerez
gal *n* lány
galaxy *n* galaxis
gallant *adj* lovagias
gallery *n* galéria
gallon *n* gallon
gallop *v* vágtázik
galvanize *v* galvanizál
gamble *v* hazardíroz
game *n* játék
gang *n* banda
gangster *n* gengszter
gap *n* rés
garage *n* garázs
garage door *n* garázsajtó
garbage *n* szemét
garbage can *n* szemetes
garbage truck *n* szemeteskocsi
garden *n* kert
gardener *n* kertész
garlic *n* fokhagyma
garment *n* öltözet
gas *n* gáz; üzemanyag
gas gauge *n* üzemanyagszint-visszajelző
gas station *n* benzinkút
gash *n* seb
gasoline *n* benzin
gasp *v* zihál
gate *n* kapu
gather *v* összegyűjt
gathering *n* gyűlés
gauge *v* mér; becsül
gauge *n* mérő

gauze *n* géz
gaze *v* bámul
gear *n* fogaskerék; felszerelés
gel *n* gél
gem *n* drágakő
gender *n* nem
gene *n* gén
general *adj* egyetemes; határozatlan
general *n* tábornok
generalize *v* általánosít
generally *adv* általánosan
generate *v* generál
generation *n* generáció
generator *n* generátor
generic *adj* faji
generosity *n* nagylelkűség
generous *adj* nagylelkű
genetic *adj* genetikai
genial *adj* derűs
genius *n* géniusz
gentle *adj* gyengéd
gentleman *n* úriember
gently *adv* gyengéden
genuine *adj* eredeti
geography *n* földrajz
geology *n* földtan
geometry *n* geometria
germ *n* baktérium
gesture *n* gesztus
get *v* megkap
get along *pv* boldogul
get away *pv* megszökik
get away with *pv* megússza vmivel
get back *pv* visszaér
get behind *pv* beáll mögé; háta mögé kerül
get by *pv* megél
get down *pv* leereszt
get down to *pv* rátér a lényegre
get in *pv* bejut
get off *pv* kiszáll
get on *v* fedélzetre felszáll
get out *pv* kimegy
get over *pv* túlteszi magát rajta
get together *pv* összegyűlik
get up *pv* feláll
geyser *n* gejzír
ghastly *adj* rettenetes
ghetto *n* gettó
ghost *n* szellem
giant *n* óriás
giant *adj* óriási
gift *n* ajándék
gifted *adj* tehetséges
gigantic *adj* gigantikus
giggle *v* kuncog
gill *n* kopoltyú
gimmick *n* cseles dolog
ginger *n* gyömbér
gingerly *adv* óvatosan
giraffe *n* zsiráf
girl *n* lány

girlfriend n barátnő
give v ad
give away pv odaad
give back pv visszaad
give in pv enged
give out pv kiad
give up pv felad
glacier n gleccser
glad adj örvendő
gladiator n gladiátor
glamorous adj pompás
glance n pillantás
glance v pillantást vet
glare n ragyogás; dühös pillantás
glass n pohár; üveg
glasses n szemüveg
gleam n felcsillanás
glide v siklik
glimmer n pislákolás
glimpse n futó pillantás
glitch n hiba
glitter v csillámlik
global adj globális
globalization n globalizáció
globally adv globálisan
globe n földgömb
gloom n homály; mélabú
gloomy adj komor
glorify v magasztal
glorious adj dicsőséges
glory n dicsőség

gloss n fényesség
glossary n szójegyzék
glossy adj fényes
glove n kesztyű
glow v izzás
glowing adj izzó
glue v ragaszt
glue n ragasztó
gnaw v rágcsál
go v megy
go ahead pv előremegy
go around pv megkerül
go away pv elmegy
go back pv visszamegy
go down pv lemegy
go in pv bemegy
go on pv folytatódik
go out pv kimegy
go over pv átmegy
go through pv keresztülmegy
go under pv alámerül
go up pv felmegy
goal n célkitűzés; gól
goalkeeper n kapus
goat n kecske
gobble v zabál
God n Isten
goddess n istennő
godless adj istentelen
goggles n védőszemüveg
gold n arany
gold adj aranyszínű

golden adj arany
golf n golfjáték
golf course n golfpálya
golfer n golfjátékos
good adj jó; helyes; derék
good n jó
good night e Jó éjszakát!
goodbye e Viszontlátásra!
good-looking adj szemrevaló
goodness n jóság
goods n áruk
goodwill n jószándék
goof v hülyéskedik
goof n tökfilkó
goose n liba
gorge n gége
gorgeous adj káprázatos
gorilla n gorilla
gory adj véres
gossip n pletyka
gossip v pletykál
govern v kormányoz
government n kormányzat
governor n kormányzó
gown n köntös
grab v megragad
grace n kecsesség
graceful adj kecses
gracefully adv kecsesen
gracious adj szívélyes
grade n osztályzat; fokozat
grade v osztályoz

gradual adj fokozatos
graduate v diplomázik
graduation n egyetemi diplomaosztás
graffiti n falfirka
grain n gabona
gram n gramm
grammar n nyelvtan
grand adj nagy
grandchild n unoka
granddaughter n lány unoka
grandfather n nagyapa
grandmother n nagyanya
grandparents n nagyszülők
grandson n fiú unoka
grandstand n lelátó
granite n gránit
granola n müzli
grant v engedélyez
grant n engedményezés
grape n szőlő
grapefruit n grapefruit
grapevine n szőlőtőke
graph n ábra
graphic adj grafikus; élénk
grasp v megmarkol; felfog
grass n pázsit
grasshopper n szöcske
grassroots adj fundamentális
grateful adj hálás
gratefully adv hálásan
gratifying adj örömteli

gratitude n hála
gratuity n borravaló
grave adj súlyos
grave n sír
gravel n sóder
gravestone n sírkő
graveyard n temető
gravitate v vonzódik
gravity n gravitáció; súlyosság
gravy n szaft
gray adj szürke
gray n szürkület
graze v legel; lehorzsol
grease n zsíradék
grease v zsíroz
greasy adj zsíros
great adj hatalmas; nagyszerű; kiváló
greatness n nagyság
greed n kapzsiság
greedy adj kapzsi
green adj zöld; zöldfülű; zöld
green n zöld szín
green bean n zöldbab
greenhouse n üvegház
greet v üdvözöl
greeting n üdvözlés
gregarious adj társas
grenade n gránát
grief n gyász
grievance n sérelem
grieve v szomorkodik

grill n rostély
grill v roston sül
grim adj zord; szörnyű
grimace n grimasz
grime n piszok
grin n vigyor
grin v vigyorog
grind v őröl, darál
grip v tapad
grip n tapadás
gripping adj lebilincselő
grisly adj hátborzongató
groan n nyöszörgés
groan v nyöszörög
groceries n élelmiszer
grocery store n élelmiszerbolt
groin n lágyék
groom n lovász
groom v vakar
groove n barázda
gross adj durva; goromba
grotesque adj groteszk
grouch v morog
grouchy adj morgó
ground n föld
ground floor n földszint
group n csoport
grow v növekszik
grow up pv felnő
growl v dörmög
grown adj növekedett
grown-up n felnőtt

grudge n neheztelés
grueling adj döglesztő
gruesome adj rémisztő
grumble v morog
grumpy adj mogorva
grunt v röfög
guacamole n guacamole
guarantee n garancia
guarantee v garantál
guarantor n jótálló
guard n őr
guard v őriz
guardian n oltalmazó
guess v találgat
guess n találgatás
guest n vendég
guidance n útmutatás
guidance counselor n tanácsadó
guide v vezet
guide n vezető
guidebook n útikalauz
guidelines n irányelvek
guilt n bűnösség
guilty adj bűnös
guitar n gitár
gulf n öböl
gullible adj rászedhető
gulp n korty
gulp v nyel
gum n rágógumi; íny
gun n fegyver
gunfire n ágyútűz
gunman n fegyveres
gunpowder n puskapor
gunshot n puskalövés
gust n széllökés
gusto n gusztus
gut n bél
guts n belek
gutter n esőcsatorna
guy n fickó
guzzle v fal
gymnasium (gym) n tornaterem
gymnast n tornász
gymnastics n torna
gypsy n cigány

H

habit n szokás
habitable adj lakható
habitual adj szokásos
hack v csapkod; hekkel
hacker v hekker
haggle v alkudozik
hair n haj
hairbrush n hajkefe
haircut n frizura
hairdresser n fodrász
hairstyle n hajviselet
hairy adj hajas
half adj fél

half *adv* félig
half *n* vminek a fele
half-hearted *adj* bátortalan
halftime *n* félidő
hall *n* terem
Halloween *n* halloween
hallucinate *v* halucinál
hallway *n* előcsarnok
halt *v* megáll
halve *v* megfelez
ham *n* sonka
hamburger *n* hamburger
hammer *n* kalapács
hammer *v* kalapál
hammock *n* függőágy
hamper *n* piaci kosár
hand *n* kéz
hand down *pv* lead
hand in *pv* bead
hand out *pv* kiad
hand over *pv* átad
handbag *n* kézitáska
handbook *n* kézikönyv
handcuff *v* megbilincsel
handcuffs *n* bilincs
handful *n* marék
handgun *n* kézifegyver
handicap *n* hátrány
handicapped *adj* hátrányos helyzetű
handkerchief *n* zsebkendő
handle *n* fogantyú
handle *v* kezel; irányít
handmade *adj* kézzel készített
handout *n* alamizsna; röplap
handrail *n* korlát
handshake *n* kézfogás
handsome *adj* jóképű
handwriting *n* kézírás
handy *adj* kényelmes
hang *v* függ
hang around *pv* cselleng
hang on *pv* kitart
hang up *pv* befejezi a telefonhívást
hanger *n* akasztó
hang-up *n* csalódás
happen *v* történik
happening *n* történés
happiness *n* boldogság
happy *adj* boldog
harass *v* zaklat
harassment *n* molesztálás
harbor *n* kikötő
hard *adv* eléggé; keményen
hard *adj* kemény; nehéz
harden *v* keményít
hardly *adv* alig
hardship *n* nehézség
hardware *n* hardver; szerszám
hard-working *adj* szorgalmas
hardy *adj* edzett
hare *n* vadnyúl
harm *v* árt

harm *n* ártalom
harmful *adj* ártalmas
harmless *adj* ártalmatlan
harmonize *v* összehangol
harmony *n* harmónia; hangrendi illeszkedés
harp *n* hárfa
harpoon *n* szigony
harrowing *adj* szívszaggató
harsh *adj* durva
harshly *adv* durván
harvest *v* arat
harvest *n* aratás
hash browns *n* krumplilepény
hassle *n* kellemetlenség
hassle *v* vitatkozik
haste *n* sietség
hasten *v* siet
hastily *adv* sietősen
hasty *adj* elhamarkodott
hat *n* kalap
hatch *v* kikel
hatchet *n* szekerce
hate *v* gyűlöl
hate *n* utál
hateful *adj* utálatos
hatred *n* gyűlölet
haul *v* húz
haunt *v* kísért
haunted *adj* kísértetjárta
have *v* birtokol
haven *n* rév

havoc *n* pusztítás
hawk *n* sólyom
hay *n* széna
haystack *n* szénaboglya
hazard *n* veszély
hazardous *adj* veszélyes
haze *n* köd
hazelnut *n* mogyoró
hazy *adj* ködös; homályos
he *pron* fiú
head *n* fej
head for *pv* tart vhová
headache *n* fejfájás
heading *n* fejléc
headlight *n* fényszóró
headphones *n* fejhallgató
headquarters *n* főhadiszállás
headset *n* mikrofonos fejhallgató
heal *v* gyógyul
health *n* egészség
healthcare *n* egészségügy
healthy *adj* egészséges
heap *n* halom
heap *v* halomba rak
hear *v* hall
hearing *n* hallás
hearsay *n* hallomás
heart *n* szív
heartbeat *n* szívverés
heartbreak *n* szívfájdalom
heartbroken *adj* összetört szívű

heartfelt *adj* szívből jövő
heartless *adj* szívtelen
hearty *adj* szívélyes
heat *v* fűt
heat *n* hő
heater *n* fűtő
heating *n* fűtés
heatstroke *n* hőguta
heaven *n* mennyország
heavenly *adj* mennyei
heaviness *n* súly
heavy *adj* súlyos
hectic *adj* mozgalmas
heed *v* figyel
heel *n* sarok
height *n* magasság
heighten *v* növel
heinous *adj* förtelmes
heir *n* örökös
heiress *n* örökösnő
heist *n* rablás
helicopter *n* helikopter
hell *n* pokol
hello *e* Helló!
helmet *n* sisak
help *v* segít
help *n* segítség
helper *n* segítő
helpful *adj* segítőkész
helpless *adj* tehetetlen
hem *n* szegés
hen *n* tyúk

hence *adv* ennélfogva
her *adj* ő
her *pron* őt
herb *n* növény
herd *n* csorda
herd *v* összeterel
here *adv* itt
hereafter *adv* ezentúl
hereby *adv* ezennel
hereditary *adj* örökletes
heritage *n* örökség
hermit *n* remete
hero *n* hős
heroic *adj* hősies
heroism *n* hősiesség
hers *pron* övé
herself *pron* önmaga
hesitant *adj* tétova
hesitate *v* tétováz
hesitation *n* tétovázás
hey *e* Hé!
heyday *n* virágkor
hi *e* Szia!
hibernate *v* hibernál
hiccup *n* csuklás
hidden *adj* rejtett
hide *v* elrejt
hideaway *n* rejtekhely
hideous *adj* ocsmány
hierarchy *n* hierarchia
high *adj* magas; emelkedett
high *adv* magasan

high school *n* középiskola
highlight *v* megjelöl; kihangsúlyoz
highlight *n* fénypont
highly *adv* magasan
high-tech *adj* csúcstechnológia
highway *n* autópálya
hijack *v* eltérít
hijacker *n* géprabló
hike *n* túra
hike *v* túrázik
hilarious *adj* vidám
hill *n* domb
hillside *n* domboldal
hilltop *n* dombtető
hilly *adj* dombos
him *pron* ő, őt
himself *pron* önmaga
hinder *v* meggátol
hindrance *n* akadályozás
hindsight *n* utólagos bölcsesség
hinge *n* zsanér
hint *v* céloz vmire
hint *n* célzás
hip *n* csípő
hire *v* felfogad
his *pron* az övé
his *adj* övé
hiss *v* réshang
historian *n* történész
historical *adj* történelmi
history *n* történelem
hit *n* ütés; sláger
hit *v* üt
hitch *v* beleakad
hitch *n* probléma
hitchhike *n* stoppolás
hive *n* kaptár
hoard *v* felhalmoz
hoarse *adj* rekedt
hoax *n* álhír
hobby *n* hobbi
hockey *n* jégkorong
hog *n* disznó
hoist *v* felvon
hold *n* megtartás
hold *v* tart
hold back *pv* visszatart
hold on to *pv* ragaszkodik
hold out *pv* kitart
hold up *pv* felemel
hold-up *n* útonállás; feltartás
hole *n* lyuk
holiday *n* nyaralás
hollow *adj* üreges
holy *adj* szent
homage *n* hódolat
home *adv* haza
home *n* otthon
home *adj* otthoni
homeland *n* szülőföld
homeless *adj* hajléktalan
homely *adj* jelentéktelen külsejű

homemade *adj* házilag készített
homesick *adj* hazavágyódó
hometown *n* szülőváros
homework *n* házifeladat
homicide *n* gyilkosság
honest *adj* őszinte
honestly *adv* őszintén
honesty *n* őszinteség
honey *n* méz
honeymoon *n* nászút
honk *v* dudál
honor *n* becsület
hood *n* kapucni; motorháztető
hoodlum *n* csavargó
hoof *n* pata
hook *n* kampó
hoop *n* karika
hop *v* ugrál
hope *v* remél
hope *n* remény
hopeful *adj* reményteli
hopefully *adv* remélhetően
hopeless *adj* reménytelen
horizon *n* horizont
horizontal *adj* horizontális
horn *n* kürt; szarv; duda, kürt
horrendous *adj* iszonyú
horrible *adj* borzasztó
horrific *adj* rettentő
horrify *v* elborzad
horror *n* borzalom
horse *n* ló

hose *n* víztömlő
hospital *n* kórház
hospitality *n* vendégszeretet
hospitalize *v* kórházba szállít
host *n* házigazda
hostage *n* túsz
hostess *n* háziasszony
hostile *adj* ellenséges
hostility *n* ellenséges érzelem
hot *adj* forró; csípős
hotdog *n* hotdog
hotel *n* hotel
hour *n* óra
hourly *adv* óránként
house *n* ház
household *n* háztartás
housekeeper *n* házvezető
housewife *n* háziasszony
housework *n* házimunka
hover *v* lebeg
how *adv* hogyan
however *adv* ám
however *conj* azonban
howl *v* ordít
howl *n* üvöltés
hub *n* kerékagy
huddle *v* összebújik
hug *v* megölel
hug *n* ölelés
huge *adj* hatalmas
hull *n* hajótest; hüvely
hum *v* zümmög

human *n* ember
human *adj* emberi
humane *adj* humánus
humankind *n* emberiség
humble *adj* alázatos; szerény
humbly *adv* alázatosan
humid *adj* nedves
humidity *n* páratartalom
humiliate *v* megaláz
humility *n* alázatosság
humor *n* humor
humorous *adj* humoros
hump *n* púp
hunch *n* előérzet
hunchback *n* púp
hunched *adj* görnyedt
hundred *n* száz
hundredth *adj* századik
hunger *n* éhség
hungry *adj* éhes
hunt *v* vadászik
hunter *n* vadász
hunting *n* űzés
hurdle *n* gát
hurl *v* hajít
hurricane *n* forgószél
hurriedly *adv* sebtében
hurry *v* siet
hurry *n* sietség
hurt *v* fáj
hurt *adj* sérült
hurtful *adj* bántó

husband *n* férj
hush *v* lecsendesít
husky *adj* rekedt
hustle *v* siet
hut *n* kunyhó
hyena *n* hiéna
hygiene *n* higiénia
hymn *n* egyházi ének
hyphen *n* kötőjel
hypnosis *n* hipnózis
hypnotize *v* hipnotizál
hypocrisy *n* képmutatás
hypocrite *n* hipokrata
hypothesis *n* hipotézis
hypothetical *adj* hipotetikus
hysteria *n* hisztéria
hysterical *adj* hisztérikus

I

I *pron* én
ice *n* jég
ice cream *n* jégkrém
ice cube *n* jégkocka
ice skate *v* jégkorcsolyázik
iceberg *n* jéghegy
icebox *n* jégszekrény
ice-cold *adj* jéghideg
icicle *n* jégcsap
icon *n* ikon

icy *adj* jeges
idea *n* ötlet
ideal *adj* ideális
identical *adj* megegyező
identification *n* azonosítás
identify *v* azonosít
identity *n* személyazonosság
ideology *n* ideológia
idiom *n* szólás
idiot *n* idióta
idiotic *adj* bolond
idol *n* bálvány
idolize *v* bálványoz
if *conj* ha
ignite *v* begyújt
ignition *n* gyújtás
ignorance *n* tudatlanság
ignorant *adj* tudatlan
ignore *v* semmibe vesz
ill *adj* beteg
illegal *adj* illegális
illegally *adv* illegálisan
illegible *adj* olvashatatlan
illicit *adj* tiltott
illiterate *adj* írástudatlan
illness *n* betegség
illogical *adj* logikátlan
illuminate *v* kisugároz
illusion *n* illúzió
illustrate *v* illusztrál; ábrázol
illustration *n* illusztráció

illustrious *adj* köztiszteletben álló
image *n* kép
imaginary *adj* képzeletbeli
imagination *n* képzelet
imagine *v* képzel
imbalance *n* egyensúlyhiány
imitate *v* imitál
imitation *n* imitáció
immaculate *adj* kifogástalan
immature *adj* éretlen
immaturity *n* éretlenség
immediate *adj* azonnali
immediately *adv* azonnal
immense *adj* óriási
immerse *v* elmerül
immersion *n* elmerülés; elmélyedés
immigrant *n* bevándorló
immigrate *v* bevándorol
immigration *n* bevándorlás
imminent *adj* közelgő
immobile *adj* mozdíthatatlan
immobilize *v* megbénít
immoral *adj* erkölcstelen
immortal *adj* halhatatlan
immune *adj* immúnis
immunity *n* védettség
immunize *v* védetté tesz
impact *n* behatás
impact *v* ütközik; hatással van
impair *v* rongál

incentive

impartial *adj* tárgyilagos
impatience *n* türelmetlenség
impatient *adj* türelmetlen
impeccable *adj* kifogástalan
impediment *n* gát
impending *adj* küszöbön álló
imperfection *n* tökéletlenség
impersonal *adj* személytelen
impersonate *v* megszemélyesít
impertinence *n* arcátlanság
impertinent *adj* arcátlan
impetuous *adj* heves
implant *v* beültet
implement *v* foganatosít
implicate *v* belekever
implication *n* belekeveredés
implicit *adj* hallgatólagos
implore *v* esedezik
imply *v* utal rá
impolite *adj* udvariatlan
import *v* importál
importance *n* jelentőség
important *adj* fontos
impose *v* rátesz
imposing *adj* impozáns
impossibility *n* lehetetlenség
impossible *adj* lehetetlen
impound *v* lefoglal
impoverished *adj* elszegényedett
impractical *adj* járhatatlan
imprecise *adj* pontatlan
impress *v* hatással van
impression *n* benyomás
impressive *adj* lenyűgöző
imprison *v* bebörtönöz
improbable *adj* valószínűtlen
improper *adj* helytelen
improve *v* javul
improvement *n* javulás
improvise *v* rögtönöz
impulse *n* impulzus
impulsive *adj* ösztönző
impure *adj* tisztátlan
in *prep* -ba, -be, -ban, -ben
in *adv* benn
in depth *adv* nagy alapossággal
inability *n* képtelenség
inaccessible *adj* hozzáférhetetlen
inaccurate *adj* pontatlan
inactive *adj* inaktív
inadequate *adj* elégtelen
inadequately *adv* elégtelenül
inappropriate *adj* helytelen
inappropriately *adv* helytelenül
inaugurate *v* felavat
inauguration *n* avatás
inbox *n* bejövő üzenetek
incalculable *adj* kiszámíthatatlan
incapable *adj* képtelen
incapacitate *v* képtelenné tesz
incarcerate *v* bezár
incense *n* tömjén
incentive *n* ösztönzőerő

inception *n* kezdet
incessant *adj* szüntelen
inch *n* hüvelyk
incident *n* incidens
incidentally *adv* véletlenül
incinerator *n* krematórium
incite *v* ingerel
incitement *n* izgatás
inclination *n* hajlam
incline *v* hajlik vmire
inclined *adj* hajlamos
include *v* beleért
including *prep* beleértve
inclusive *adv* inkluzíve
incoherent *adj* összefüggéstelen
incoherently *adv* összefüggéstelenül
income *n* bevétel
incoming *adj* bejövő
incompatibility *n* összeférhetetlenség
incompatible *adj* összeférhetetlen
incompetence *n* inkompetencia
incompetent *adj* inkompetens
incomplete *adj* befejezetlen
inconsiderate *adj* meggondolatlan
inconsistent *adj* inkonzisztens
inconvenient *adj* kényelmetlen
incorrect *adj* helytelen
increase *n* növekedés
increase *v* növekedik
increasing *adj* erősödő

incredible *adj* hihetetlen
increment *n* hozadék
incriminate *v* okol
incur *v* magára von
incurable *adj* gyógyíthatatlan
indecency *n* illetlenség
indecision *n* határozatlanság
indecisive *adj* határozatlan
indeed *adv* valóban
indefinite *adj* határozatlan
indefinitely *adv* határozatlanul
indent *v* bekezdéssel szed
independence *n* függetlenség
Independence Day *n* függetlenség napja
independent *adj* független
in-depth *adj* elmélyedő
index *n* index
indicate *v* jelez
indication *n* jelzés
indicator *n* jelző
indifference *n* közöny
indifferent *adj* közömbös
indigestion *n* gyomorrontás
indirect *adj* közvetett
indiscreet *adj* indiszkrét
indispensable *adj* nélkülözhetetlen
indisposed *adj* gyengélkedő
indisputable *adj* vitathatatlan
individual *n* egyén
individual *adj* egyéni

individually *adv* egyénileg
indivisible *adj* oszthatatlan
indoor *adj* beltéri
indoors *adv* beltérben
induce *v* okoz
indulge *v* belemerül
indulgent *adj* elnéző
industrious *adj* iparkodó
industry *n* ipar
ineffective *adj* hiábavaló
inefficient *adj* hatástalan
inequality *n* egyenlőtlenség
inevitable *adj* szükségszerű
inevitably *adv* szükségszerűen
inexcusable *adj* megbocsáthatatlan
inexpensive *adj* olcsó
inexperienced *adj* tapasztalatlan
inexplicable *adj* megmagyarázhatatlan
infallible *adj* tévedhetetlen
infamous *adj* hírhedt
infancy *n* csecsemőkor
infant *n* csecsemő
infect *v* fertőz
infected *adj* fertőzött
infection *n* fertőzés
infectious *adj* fertőző
infer *v* következtet
inferior *adj* alárendelt
infested *adj* elárasztott
infiltrate *v* beszivárog

infinite *adj* végtelen
infinitely *adv* végtelenül
inflammation *n* gyulladás
inflate *v* felfúj
inflation *n* infláció
inflexible *adj* rugalmatlan
inflict *v* okoz
influence *n* befolyás
influential *adj* befolyásos
inform *v* értesít
informal *adj* informális
informant *n* informátor
information *n* információ
informer *n* besúgó
infrequent *adj* ritka
infuriate *v* dühbe hoz
ingenious *adj* elmés
ingenuity *n* zsenialitás
ingest *v* bevesz
ingredient *n* hozzávaló
inhabit *v* lakik
inhabitable *adj* lakható
inhabitant *n* lakos
inhale *v* belélegez
inherit *v* örököl
inheritance *n* hagyaték
inhibit *v* tilt
inhuman *adj* embertelen
initial *adj* kezdeti
initial *n* kezdőbetű
initial *v* szignál
initially *adv* kezdetben

initiate v elindít
initiation n előidézés
initiative n kezdeményezés
inject v befecskendez
injection n injekció
injure v árt
injured adj sérült
injury n sérülés
injustice n igazságtalanság
ink n tinta
inland adv belföldre
inland adj szárazföldi
in-laws n házastársi rokon
inn n fogadó
inner adj belső
innocence n ártatlanság
innocent adj ártatlan
innovation n innováció
input n ráfordítás
inquire v érdeklődik
inquiry n érdeklődés
inquisitive adj kérdezősködő
insane adj elmebeteg
insanity n elmebaj
insatiable adj telhetetlen
inscription n felírás
insect n rovar
insecure adj veszélyes
insecurity n bizonytalanság
insensitive adj érzéketlen
inseparable adj elválaszthatatlan
insert v betesz

insertion n beszúrás
inside prep -ban, -ben
inside adj belső
inside adv belül
inside out adv kifordítva
insignificant adj jelentéktelen
insincere adj nem őszinte
insinuate v célozgat
insinuation n célozgatás
insist v ragaszkodik
insolent adj arcátlan
insomnia n álmatlanság
inspect v megvizsgál
inspection n vizsgálat
inspector n ellenőr
inspiration n inspiráció
inspire v inspirál
instability n instabilitás
install v felszerel, telepít
installation n telepítés
installment n részlet
instance n példa
instant n pillanat
instantly adv rögtön
instead adv helyette
instigate v uszít
instill v sugalmaz
instinct n ösztön
institute v alapít
institution n intézmény
instruct v oktat
instruction n oktatás

intolerance

instructor *n* oktató
instrument *n* műszer
instrumental *adj* hangszeres
insufficient *adj* elégtelen
insulate *v* szigetel
insulation *n* szigetelés
insult *v* megsért
insult *n* sértés
insurance *n* biztosítás
insure *v* biztosít
intact *adj* érintetlen
integrate *v* egyesít
integration *n* beilleszkedés
integrity *n* teljesség
intelligence *n* intelligencia
intelligent *adj* intelligens
intelligently *adv* értelmesen
intend *v* szándékozik
intense *adj* nagyfokú
intensely *adv* erősen
intensify *v* felerősít
intensity *n* intenzitás
intensive *adj* intenzív
intensively *adv* intenzíven
intention *n* szándék
intentional *adj* szándékos
interact *v* egymásra hat
interaction *n* kölcsönhatás
interactive *adj* interaktív
intercept *v* feltartóztat
interchange *v* kicserél
interest *n* kamat; érdeklődés
interest *v* érdeklődik
interested *adj* érdeklődő
interesting *adj* érdekes
interfere *v* zavar
interference *n* beavatkozás
interior *adj* belső
intermediate *adj* középső
intern *v* fogva tart
internal *adj* belső
internally *adv* belsőleg
international *adj* nemzetközi
internet *n* internet
interpret *v* tolmácsol
interpretation *n* értelmezés
interpreter *n* tolmács
interrogate *v* kikérdez
interrupt *v* félbeszakít
interruption *n* félbeszakítás
intersect *v* kereszteződik
intersection *n* kereszteződés
intertwine *v* egybefon
interval *n* időköz
intervene *v* közbelép
interview *n* interjú
interview *v* interjúzik
intestine *n* bél
intimacy *n* meghittség
intimate *adj* meghitt
intimidate *v* megijeszt
into *prep* bele
intolerable *adj* tűrhetetlen
intolerance *n* intolerancia

intrepid *adj* merész
intricate *adj* kusza
intrigue *n* áskálódás
intriguing *adj* áskálódó
introduce *v* bemutat
introduction *n* bemutatás; előszó
introvert *adj* befelé forduló
intrude *v* betolakodik
intruder *n* betolakodó
intrusion *n* behatolás
intuition *n* intuíció
inundate *v* elönt
invade *v* betör
invader *n* behatoló
invalid *adj* érvénytelen
invalid *n* rokkant
invalidate *v* érvénytelenít
invaluable *adj* értéktelen
invariably *adv* változatlanul
invasion *n* invázió
invent *v* feltalál
invention *n* találmány
inventory *n* leltár
invest *v* befektet
investigate *v* nyomoz
investigation *n* nyomozás
investment *n* befektetés
investor *n* befektető
invincible *adj* legyőzhetetlen
invisible *adj* láthatatlan
invitation *n* meghívó

invite *v* invitál
invoice *n* számla
invoke *v* idéz
involve *v* magába foglal
involved *adj* szóban forgó
involvement *n* részvétel
inward *adj* belsőséges
inwards *adv* belsőleg
irate *adj* ingerült
iron *n* vas; vasaló
iron *v* kivasal
ironic *adj* ironikus
ironing board *n* vasalódeszka
irony *n* gúny
irrational *adj* irracionális
irrationally *adv* irracionálisan
irrefutable *adj* visszautasíthatatlan
irregular *adj* rendszertelen
irrelevant *adj* lényegtelen
irresistible *adj* ellenálhatatlan
irresponsible *adj* felelőtlen
irreversible *adj* visszafordíthatatlan
irrigate *v* öntöz
irrigation *n* öntözés
irritate *v* irritál
irritating *adj* irritáló
Islam *n* iszlám
Islamic *adj* mohamedán
island *n* sziget
isle *n* sziget

isolate *v* elkülönít
isolation *n* elszigeteltség
issue *n* ügy; példány
issue *v* forgalomba hoz
it *pron* az
italic *adj* dőlt betű
itch *v* viszket
itchy *adj* viszketős
item *n* tétel
itemize *v* részletez
itinerary *n* útiterv
its *adj* övé
itself *pron* maga
ivory *n* elefántcsont
ivy *n* borostyán

J

jab *v* döf
jacket *n* zakó
jackpot *n* főnyeremény
jagged *adj* csorba
jaguar *n* jaguár
jail *v* bebörtönöz
jail *n* börtön
jam *n* dzsem; dugó; fennakadás
jam *v* elakad
janitor *n* gondnok
January *n* január
jar *n* befőttesüveg
jasmine *n* jázmin
jaw *n* állkapocs
jazz *n* dzsessz
jealous *adj* féltékeny
jealousy *n* féltékenység
jeans *n* farmer
jelly *n* zselé
jellyfish *n* medúza
jeopardize *v* veszélyeztet
jerk *n* rántás; bunkó ember
jerk *v* megránt
jersey *n* mez
jet *n* sugár
Jew *n* zsidó
jewel *n* ékkő
jeweler *n* ékszerész
jewelry *n* ékszer
jewelry store *n* ékszerüzlet
Jewish *adj* zsidó
jigsaw *n* mozaikjáték
job *n* állás
jobless *adj* munkanélküli
jog *v* kocog
join *v* csatlakozik
joint *n* illesztés
jointly *adv* együttesen
joke *n* vicc
joke *v* viccel
joker *n* dzsókerkártya
jokingly *adv* tréfásan
jolly *adj* jókedvű
jolt *v* ráz

jolt *n* rázás
journal *n* folyóirat; napló
journalist *n* újságíró
journey *n* utazás
jovial *adj* kedélyes
joy *n* öröm
joyful *adj* örömteli
joyfully *adv* vidáman
joystick *n* joystick
jubilant *adj* örvendező
Judaism *n* zsidó vallás
judge *n* bíró
judge *v* megítél
judgment *n* ítélet
jug *n* kancsó
juggle *v* zsonglőrködik
juggler *n* zsonglőr
juice *n* ivólé
juice box *n* italos kartondoboz
juicy *adj* lédús
July *n* július
jumbo *adj* óriás
jump *n* ugrás
jump *v* ugrik
jump rope *n* ugrókötél
jumpy *adj* ideges
junction *n* csomópont
June *n* június
jungle *n* dzsungel
jungle gym *n* mászóka
junior *adj* fiatalabb
junk *n* hulladék

junk *v* nagy darabokra vág
junk food *n* gyorsétel
Jupiter *n* Jupiter
jury *n* zsűri
just *adv* pontosan; éppen
just *adj* igazságos
justice *n* igazság
justification *n* indoklás
justify *v* igazol
justly *adv* igazságosan
juvenile *n* fiatalember
juvenile *adj* fiatalkori

K

kangaroo *n* kenguru
karate *n* karate
keep *v* megtart
keep on *pv* kitart
keep out *pv* távol marad
keep up *pv* folytat
kennel *n* kutyaól
ketchup *n* ketchup
kettle *n* vízforraló
key *n* kulcs; hangnem
key ring *n* kulcstartó
keyboard *n* billentyűzet
kick *v* rúg
kick *n* rúgás
kickback *n* hátrarúgás

lament

kickoff n kezdőrúgás
kid n kölyök
kid v tréfál
kidnap v elrabol
kidnapper n emberrabló
kidney n vese
kill v öl
killer n gyilkos
killing n ölés
kilogram (kilo) n kilogramm
kilometer n kilométer
kilowatt n kilowatt
kind n fajta
kind adj kedves
kindle v fellángol
kindly adv kedvesen
kindness n kedvesség
king n király
kingdom n királyság
kiss n csók
kiss v csókol
kitchen n konyha
kite n sárkány
kitten n cica
knead v gyúr
knee n térd
kneecap n térdkalács
kneel v térdel
knife n kés
knight n lovag
knit v összefűz
knob n bütyök

knock v kopog
knock n kopogás
knot n csomó
know v tud
know-how n szaktudás
knowingly adv tudatosan
knowledge n tudás
knuckle n bütyök

L

label n címke
label v címkéz
labor n munkaerő
laboratory n laboratórium
labyrinth n labirintus
lace n cipőfűző; csipke
lack n hiány
lack v hiányzik
lacrosse n lacrosse
ladder n létra
laden adj megterhelt
ladle n merítőkanál
lady n hölgy
ladylike adj nőies
lagoon n lagúna
lake n tó
lamb n bárány
lame adj béna; gyatra
lament v siránkozik

lamp *n* lámpa
lamppost *n* lámpaoszlop
lampshade *n* lámpaernyő
land *n* föld
land *v* leszáll
landfill *n* lerakó
landing *n* leszállás; leszálló
landlady *n* háziasszony
landlord *n* háziúr
landscape *n* táj
lane *n* sikátor; útsáv
language *n* nyelv
languish *v* elbágyad
lantern *n* lámpás
lap *n* öl; kör
lapse *n* kihagyás
laptop *n* laptop
larceny *n* lopás
lard *n* disznózsír
large *adj* terjedelmes
largely *adv* főleg
laser *n* lézer
lash *n* ostor
lash *v* ostorral ver
lash out *pv* kirohan ellene
lasso *n* lasszó
lasso *v* lasszóz
last *n* legutolsó
last *v* tart vmeddig
last *adv* utoljára
last *adj* utolsó
last name *n* vezetéknév
last night *adv* tegnap éjjel
lasting *adj* maradandó
lastly *adv* végül
latch *n* retesz
late *adj* késői
late *adv* későn
lately *adv* az utóbbi időben
later *adv* később
later *adj* későbbi
lateral *adj* oldalsó
latest *adj* legutóbbi
lather *n* szappanhab
latitude *n* szélességi fok
latter *adj* utóbbi
laugh *v* nevet
laugh *n* nevetés
laughable *adj* nevetséges
laughing stock *n* nevetség tárgya
laughter *n* kacagás
launch *v* kilövés
laundry *n* mosoda
laundry basket *n* szennyeskosár
lavatory *n* toalett
lavish *adj* pazar
law *n* jog
lawful *adj* törvényes
lawmaker *n* törvényhozó
lawn *n* gyep
lawn mower *n* fűnyíró
lawnmower *n* fűnyíró
lawsuit *n* per

lawyer *n* jogász
laxative *adj* hashajtó
lay *v* fektet
lay off *pv* lapátra tesz
layer *n* réteg
layout *n* alaprajz; elrendezés
laziness *n* lustaság
lazy *adj* lusta
lead *n* ólom; ceruzabél; nyom; vezető
lead *v* vezet
leader *n* vezér
leadership *n* vezetés
leading *adj* fő
leaf *n* növény levele
leaflet *n* röplap
league *n* liga; szövetség
leak *n* lék
leak *v* szivárog
leakage *n* szivárgás
lean *adj* sovány
lean *v* támaszt
lean back *pv* hátradől
lean on *pv* támaszkodik
leaning *n* támaszkodó
leap *n* ugrás
leap *v* ugrik
leap year *n* szökőév
learn *v* tanul
learner *n* tanuló
learning *n* tanulás
lease *n* bérlet

lease *v* kibérel
leash *n* póráz
least *pron* legkevésbé
least *adv* legkevésbé
least *adj* legkevesebb
leather *n* bőr
leave *v* távozik; hagy
leave out *pv* mellőz
leaves *n* lapok
lecture *v* előad
lecture *n* előadás
lecturer *n* előadó
ledge *n* párkány
ledger *n* főkönyv
leech *n* pióca
left *n* bal
left *adj* bal oldali
left *adv* balra
leftovers *n* maradék
leg *n* láb
legacy *n* hagyaték
legal *adj* legális
legalize *v* legalizál
legally *adv* legálisan
legend *n* legenda
legendary *adj* legendás
legible *adj* olvasható
legislate *v* törvényt alkot
legislation *n* törvényhozás
legislative *adj* törvényhozó
legislature *n* törvényhozás
legitimate *adj* törvényes

leisure *n* szabadidő
lemon *n* citrom
lemonade *n* limonádé
lend *v* kölcsönad
length *n* hossz
lengthen *v* hosszabbít
lengthy *adj* hosszadalmas
leniency *n* kegyesség
lenient *adj* kegyes
lens *n* lencse; objektív
lentil *n* lencse
leopard *n* leopárd
leper *n* lepra
leprosy *n* lepra
less *adv* kevésbé
less *adj* kevesebb
less *pron* mínusz
lessen *v* apad
lesser *adj* csekélyebb
lesson *n* lecke
let *v* enged
let down *pv* leereszt
let go *pv* elenged
let in *pv* beenged
let out *pv* kienged
lethal *adj* halálos
letter *n* levél; betű
lettuce *n* saláta
level *v* kiegyenlít
level *n* szint
lever *n* emelőkar
leverage *n* emelőhatás

levy *v* beszed
lewd *adj* züllött
liability *n* felelősség
liable *adj* felelős
liar *adj* hazug
libel *n* rágalmazás
liberal *adj* liberális
liberate *v* szabaddá tesz
liberty *n* szabadság
librarian *n* könyvtáros
library *n* könyvtár
library card *n* könyvtárjegy
lice *n* tetű
license *n* engedély
license *v* engedélyt ad
license plate *n* rendszámtábla
lick *v* nyal
lid *n* fedő
lie *v* fekszik; hazudik
lie *n* hazugság
lieutenant *n* hadnagy
life *n* élet
life jacket *n* mentőmellény
lifeguard *n* strandőr
lifeless *adj* élettelen
lifestyle *n* életmód
lifetime *adj* élettartam
lift *v* emel
lift-off *n* felemelkedés
ligament *n* ínszalag
light *adj* világos; könnyű
light *n* fény

light *v* megvilágít
light bulb *n* villanykörte
light switch *n* lámpakapcsoló
lighten *v* könnyít
lighter *n* öngyújtó
lighthouse *n* világítótorony
lighting *n* világítás
lightly *adv* könnyedén
lightning *n* villám
lightweight *n* könnyűsúly
likable *adj* rokonszenves
like *prep* amilyen; mint
like *conj* ahogy
like *adj* hasonló
like *v* kedvel
likelihood *n* valószínűség
likely *adv* valószínű
likeness *n* hasonlatosság
likewise *adv* hasonlóképpen
liking *n* vonzódás
limb *n* végtag
lime *n* lime
limit *n* korlát
limit *v* korlátoz
limitation *n* korlátozás
limp *v* sántít
limp *n* sántítás
line *n* vonal; sor;
line up *pv* felsorakozik
linen *n* vászon
linger *v* késlekedik
lingering *adj* késlekedő

lining *n* bélés
link *n* kapocs; kapcsolat
link *v* összeköt
lion *n* oroszlán
lip *n* ajak
lipstick *n* ajakrúzs
liquid *n* folyadék
liquid *adj* folyékony
liquor *n* szeszes ital
list *n* lista
list *v* listáz
listen *v* hallgat
listener *n* hallgató
liter *n* liter
literal *adj* szó szerinti
literally *adv* szó szerint
literate *adj* írástudó
literature *n* irodalom
litter *n* szemét; alom
little *adv* kevéssé
little *adj* kicsi
little *pron* kis
live *v* él; lakik
live *adj* élő
live off *pv* élősködik
livelihood *n* megélhetés
lively *adj* élénk
liver *n* máj
livestock *n* haszonállatok
livid *adj* elkékült a dühtől
living *adj* élő
living room *n* nappali szoba

lizard *n* gyík
load *v* megrak; betölt
load *n* rakomány
loaded *adj* töltött
loaf *n* cipó
loan *n* hitel
loan *v* kölcsönöz
loathe *v* undorodik
lobby *n* előcsarnok
lobby *v* lobbizik
lobster *n* homár
local *adj* helyi
locate *v* helyet meghatároz
located *adj* található
location *n* elhelyezkedés
lock *v* bezár
lock *n* zár
lock up *pv* bezár
locker *n* öltözőszekrény
locker room *n* öltöző
locksmith *n* lakatos
lofty *adj* magas
log *n* fatörzs; napló
log *v* felhasogat
log in *pv* bejelentkezik
log off *pv* kijelentkezik
logic *n* logika
logical *adj* logikus
logically *adv* logikusan
login *n* bejelentkezés
logo *n* cégembléma
loiter *v* ólálkodik

lollipop *n* nyalóka
loneliness *n* magány
lonely *adv* magányosan
lonesome *adj* magányos
long *adv* hosszan
long *adj* hosszú
long for *pv* vágyódik
long-distance *adj* távolsági
long-term *adj* hosszútávú
look *v* néz
look *n* nézés
look after *pv* gondoskodik
look at *pv* ránéz
look down *pv* lenéz
look for *pv* keres
look forward to *idiom* előre vár
look into *pv* belenéz
look out *pv* kinéz; résen van
look over *pv* átvizsgál
look through *pv* átnéz rajta
looking glass *n* tükör
looks *n* külső
loom *n* szövőszék
loophole *n* kémlelőnyílás
loose *adj* bő
loose *v* kioldoz
loosely *adv* lazán
loosen *v* meglazít
loot *v* fosztogat
loot *n* zsákmány
lose *v* elhagy; elveszít
loser *n* vesztes

loss *n* veszteség
lost *adj* elveszett
lot *n* rész; parcella
lot *adv* sokat
lotion *n* testápoló
lottery *n* lottó
loud *adj* hangos
loudly *adv* hangosan
loudspeaker *n* hangszóró
lounge *n* hall
louse *n* tetű
lousy *adj* pocsék
lovable *adj* szeretetre méltó
love *v* szeret
love *n* szeretet
lovely *adj* bájos
lover *n* szerető
loving *adj* szerető
low *adj* alacsony; csekély
low *adv* alacsonyan
lower *adj* alacsonyabb
lowercase *n* kisbetű
low-key *adj* mérsékelt
lowly *adj* szerény
loyal *adj* hűséges
loyalty *n* hűség
lubricate *v* ken
lubrication *n* kenés
lucid *adj* érthető
luck *n* szerencse
lucky *adj* szerencsés
lucrative *adj* nyerészkedő

ludicrous *adj* kacagtató
luggage *n* poggyász
lukewarm *adj* langyos
lull *n* szélcsend
lullaby *n* altatódal
lumber *n* fűrészáru
luminous *adj* világító
lump *n* rög
lunacy *n* bolondság
lunatic *adj* holdkóros
lunch *n* ebéd
lunch box *n* ételdoboz
lunchtime *n* ebédidő
lung *n* tüdő
lunge *v* nekilódul
lure *v* csábít
lurid *adj* ragyogó
lurk *v* leselkedik
lush *adj* buja
luxurious *adj* fényűző
luxury *n* fényűzés
lyrics *n* dalszöveg

M

macaroni *n* makaróni
machine *n* gép
machine gun *n* gépfegyver
mad *adj* őrült; őrjöngő
madam *n* hölgy

madden v megőrjít
madly adv őrülten
madman n őrült ember
madness n őrültség
magazine n magazin
magenta n magenta
magic n varázslat
magic adj varázslatos
magical adj mágikus
magician n varázsló
magistrate n előljáró
magnet n mágnes
magnetic adj mágneses
magnetism n mágnesesség
magnificent adj nagyszerű
magnify v nagyobbít
magnitude n nagyságrend
maid n szobalány
maiden n hajadon
maiden name n lánykori név
mail n posta
mail v postán elküld
mail carrier n postás
mail order n postai küldemény
mailbox n postaláda
maim v megcsonkít
main adj fő
main office n központi iroda
mainland n szárazföld
mainly adv főleg
mainstream n főáram
maintain v fenntart

maintenance n karbantartás
majestic adj felséges
majesty n felség
major n szak; őrnagy
major adj jelentős
major in pv szakosodik
majority n többség
make v csinál
make n kivitel
make up pv vitát elsimít
make up for pv kárpótol
maker n készítő
makeup n smink
make-up n smink
malaria n malária
male n hím
male adj hímnemű
malfunction n üzemzavar
malice n rosszindulat
mall n bevásárlóközpont
malnutrition n alultápláltság
mammal n emlős
man n ember
manage v vezet
manageable adj kezelhető
management n vezetőség
manager n vezető
mandate n megbízás
mandatory adj kötelező
maneuver n manőver
mangle v szétroncsol
mango n mangó

manhandle v kézi erővel mozgat
maniac adj mániákus
manicure n manikűr
manifest v kimutat
manipulate v manipulál
manipulation n manipuláció
mankind n emberiség
manliness n férfiasság
manly adj férfias
man-made adj mesterséges
manner n magatartás
mannerism n mesterkéltség
manners n modor
manpower n munkaerő
mansion n nemesi kúria
manual adj kézi
manual n kézikönyv
manually adv kézzel
manufacture v előállít
manure n trágya
manuscript n kézirat
many pron sokan
many adj számos
map n térkép
marble n márvány; üveggolyó
March n március
march v menetel
march n menetelés
mare n kanca
margin n perem
marginal adj mellékes
marinate v pácol
marine adj tengeri
mark n jelölés
mark v megjelöl
mark down pv feljegyez
marker n filctoll; jelzés
market n piac
market v piacra dob
marmalade n lekvár
maroon adj gesztenyebarna
marriage n házasság
married adj házas
marry v házasodik
Mars n Mars
marsh n láp
marshal n tábornagy
marvel n csodálatos dolog
marvelous adj csodálatos
mascara n szempillafesték
mascot n szerencsetárgy
masculine adj férfias
mash v összezúz
mask v álcáz
mask n maszk
masquerade v álarcosbál
mass n tömeg; halom
massacre n mészárlás
massage n masszázs
massage v masszíroz
masseuse n masszőz
massive adj masszív
mast n árbóc

master *n* gazda; mester
master *v* mesterien elsajátít
masterpiece *n* remekmű
mat *n* lábtörlő
match *n* gyufa; meccs
match *v* egyezik
matching *adj* összeillő
mate *n* társ
material *n* anyag
materialism *n* materializmus
maternal *adj* anyai
maternity *n* anyaság
math *n* matek
mathematics *n* matematika
matriculate *v* beiratkozik
matrimony *n* házasság
matter *v* számít
matter *n* anyag; ügy
mattress *n* matrac
mature *adj* érett
mature *v* megérik
maturity *n* érettség
maul *v* marcangol
maximum *adj* maximális
may *modal v* hat; lehet
May *n* május
maybe *adv* talán
mayhem *n* erőszakos káosz
mayonnaise *n* majonéz
mayor *n* polgármester
maze *n* labirintus
me *pron* én

meadow *n* rét
meager *adj* vézna
meal *n* étkezés
mean *v* ért vhogyan
mean *adj* gonosz
meaning *n* jelentés
meaningful *adj* jelentőségteljes
meaningless *adj* jelentéktelen
means *n* eszköz
meantime *adv* időközben
meanwhile *adv* ezalatt
measles *n* kanyaró
measure *n* intézkedés
measure *v* mér
measurement *n* mérés
meat *n* hús
meatball *n* húsgolyó
mechanic *n* szerelő
mechanism *n* szerkezet
medal *n* érem
meddle *v* babrál
media *n* média
mediate *v* közvetít
mediator *n* közvetítő
medical *adj* orvosi
medication *n* gyógyszer
medicinal *adj* gyógyhatású
medicine *n* orvostudomány
medieval *adj* középkori
mediocre *adj* középszerű
mediocrity *n* középszerűség
meditate *v* meditál

microphone

meditation *n* meditáció
medium *adj* közeg
meek *adj* béketűrő
meet *v* találkozik; megismerkedik
meeting *n* találkozó
melancholy *n* búskomorság
mellow *adj* lágy
mellow *v* meglágyul
melodic *adj* dallamos
melody *n* dallam
melon *n* dinnye
melt *v* megolvad
member *n* tag
membership *n* tagság
memento *n* emlékeztető
memo *n* feljegyzés
memoirs *n* emlékiratok
memorable *adj* emlékezetes
memorize *v* memorizál
memory *n* emlékezet; memória
men *n* emberek
menace *n* fenyegetés
mend *v* javít
mental *adj* szellemi
mentality *n* szellemiség
mentally *adv* szellemileg
mention *v* említ
mention *n* említés
menu *n* étlap; menü
merchandise *n* áru
merchant *n* árus

merciful *adj* irgalmas
merciless *adj* kegyetlen
Mercury *n* Merkúr
mercy *n* kegyelem
mere *adj* puszta
merely *adv* pusztán
merge *v* egybeolvad
merger *n* olvasztó
merit *n* érdem
mermaid *n* sellő
merry *adj* víg
mesh *n* háló
mesmerize *v* megbabonáz
mess *n* rendetlenség; zűrzavar
mess around *pv* elbabrál vmivel
mess up *pv* elront
message *n* üzenet
messenger *n* hírnök
messy *adj* rendetlen
metal *n* fém
metallic *adj* fémes
metaphor *n* metafóra
meteor *n* meteor
meter *n* méter; mérő
method *n* módszer
methodical *adj* módszeres
methodology *n* módszertan
meticulous *adj* pedáns
metric *adj* metrikus
microchip *n* mikrocsip
microphone *n* mikrofon

microscope n mikroszkóp
microwave n microhullámú sütő
midday n dél
middle n közép
middle adj középső
middle school n középiskola
middleman n közvetítő
midnight n éjfél
midwife n szülésznő
might n erő
might modal v talán
mighty adj hatalmas
migraine n migrén
migrant n migráns
migrate v vándorol
mild adj enyhe; szelíd
mile n mérföld
mileage n mérföldek száma
milestone n mérföldkő
military n katonai
milk n tej
milky adj tejes
mill n üzem
millennium n évezred
milligram n milligramm
millimeter n milliméter
million n millió
millionaire adj milliomos
mime n pantomim
mimic v utánoz
mince v darál
mind n elme
mind v figyelembe vesz
mind-boggling adj lenyűgöző
mindful adj figyelmes
mindless adj gondatlan
mine n akna; bánya
mine v bányászik
mine pron enyém
miner n bányász
mineral n ásvány
mingle v keveredik
miniature n miniatűr
minimal adj minimális
minimize v minimalizál
minimum n minimum
miniskirt n miniszoknya
minister v ellát
minister n lelkész; miniszter
ministry n lelkészség; minisztérium
minor n kiskorú; mellékszakirány
minor adj jelentéktelen
minor v mellékszakirányt végez
minority n kisebbség
mint n menta
minus adj kevesebb
minus n mínusz
minus prep nélkül
minute n perc
miracle n csoda
miraculous adj csodálatos

moisturize

mirage *n* délibáb
mirror *n* tükör
misbehave *v* illetlenkedik
miscalculate *v* elszámol
miscellaneous *adj* egyéb
mischief *n* baj
mischievous *adj* rossz
misconstrue *v* félremagyaráz
miserable *adj* nyomorult
misery *n* szenvedés
misfit *n* félresikerült
misfortune *n* balszerencse
misguided *adj* elhibázott
misinterpret *v* félreértelmez
misjudge *v* rosszul ítél meg
mislead *v* félrevezet
misleading *adj* félrevezető
mismanage *v* rosszul kezel
misplace *v* rossz helyre tesz
misprint *n* nyomdahiba
miss *v* elvét; hiányol
missile *n* rakéta
missing *adj* hiányzó
mission *n* küldetés
missionary *n* misszionárius
misspell *v* rosszul betűz
mist *n* köd
mistake *n* hiba
mistake *v* hibázik
mistaken *adj* téves
Mister *n* úr
mistreat *v* rosszul bánik

mistrust *v* bizalmatlankodik
mistrust *n* bizalmatlanság
misty *adj* ködös
misunderstand *v* félreért
misuse *n* visszaélés
mitigate *v* csillapít
mix *v* kever
mixer *n* mixer
mixture *n* keverék
mix-up *n* összekeveredés
moan *v* nyög; panaszkodik
mob *n* sokaság
mobile *adj* mozgó
mobile phone *n* mobiltelefon
mobilize *v* mozgósít
mock *v* gúnyol
mode *n* divat
model *adj* mintaszerű
model *v* mintáz
model *n* modell; minta
modem *n* modem
moderate *adj* mérsékelt
moderation *n* mértékletesség
modern *adj* modern
modernize *v* modernizál
modest *adj* szerény
modesty *n* szerénység
modification *n* módosítás
modify *v* módosít
moist *adj* nyirkos
moisture *n* nedvesség
moisturize *v* nedvesít

molar n örlőfog
mold n penész; öntőforma
mold v mintáz
moldy adj penészes
mole n vakond; anyajegy
mom n anya
moment n pillanat
momentarily adv pillanatnyilag
monarch n fejedelem
monarchy n monarchia
monastery n kolostor
monastic adj szerzetesi
Monday n hétfő
money n pénz
monitor v ellenőriz
monitor n monitor
monk n szerzetes
monkey n majom
monologue n monológ
monopoly n monopólium
monotonous adj egyhangú
monster n szörny
monstrous adj szörnyű
month n hónap
monthly adv havonta
monument n emlékmű
monumental adj nagyszabású
mood n hangulat
moody adj rosszkedvű
moon n hold
mop v felmos
mop n felmosó

moral n erkölcs
moral adj erkölcsi
morally adv erkölcsileg
more adv inkább
more adj nagyobb
more pron több
moreover adv azonfelül
morning n reggel
mortal adj halandó
mortality n halandóság
mortgage n jelzálog
mortify v lealáz
mortuary n halottasház
mosaic n mozaik
mosque n mecset
mosquito n szúnyog
moss n moha
most adj leg-
most adv legjobban
most pron többség
mostly adv leginkább
motel n autósszálló
moth n moly
mother n anya
motherhood n anyaság
mother-in-law n anyós
motion v int
motion n mozgás
motionless adj mozdulatlan
motivate v motivál
motivation n motiváció
motive n indíték

myopic

motor *n* motor
motorcycle *n* motorkerékpár
motto *n* mottó
mound *n* dombocska; kupac
mount *v* felmászik
mountain *n* hegy
mourn *v* gyászol
mourning *n* gyász
mouse *n* egér
mouth *n* száj
move *v* mozgat; elköltözik; meghat vkit
move *n* mozdulat
move back *pv* hátrál
move forward *pv* előrehalad
move out *pv* kimozdul
move up *pv* felköltözik
movement *n* mozgalom
movie *n* film
movie theater *n* mozi
mow *v* kaszál
much *pron* nagyon
much *adj* sok
much *adv* sokkal
mud *n* sár
muddy *adj* sáros
muffle *v* bebugyolál
muffler *n* kipufogódob
mug *n* bögre
mug *v* magol
mugging *n* rablás
mule *n* öszvér
multimedia *adj* multimédiás
multiple *adj* többszörös
multiplication *n* sokszorosítás
multiply *v* sokszorosít
multitude *n* sokaság
mumble *v* motyog
mummy *n* múmia
mumps *n* mumpsz
munch *v* csámcsog
murder *n* gyilkosság
murder *v* meggyilkol
murderer *n* gyilkos
murky *adj* borongós
murmur *n* morajlás
murmur *v* morajlik
muscle *n* izom
museum *n* múzeum
mushroom *n* gomba
music *n* zene
musical *adj* zenei
musician *n* zenész
Muslim *adj* muzulmán
must *modal v* kell
mustache *n* bajusz
mustard *n* mustár
muster *v* megszemlél
mute *adj* néma
mutual *adj* kölcsönös
mutually *adv* kölcsönösen
muzzle *n* pofa
my *adj* enyém
myopic *adj* rövidlátó

myself *pron* magam
mysterious *adj* rejtélyes
mystery *n* rejtély
mystic *adj* misztikus
mystify *v* misztifikál
myth *n* mítosz

N

nag *v* piszkálódik
nagging *adj* zsörtölődő; akadékoskodó;
nail *n* köröm; szög
nail *v* odaszegez
naive *adj* naív
naked *adj* meztelen
name *v* elnevez
name *n* név
namely *adv* azaz
nanny *n* dajka
nap *n* szundikálás
nap *v* szunyókál
napkin *n* szalvéta
narrate *v* elmond
narrow *adj* keskeny
nasty *adj* csúnya
nation *n* nemzet
national *adj* nemzeti
nationality *n* állampolgárság
native *adj* őslakó

natural *adj* természetes; természetszerű
naturally *adv* természetesen; természetszerűen
nature *n* természet
naughty *adj* csintalan
nausea *n* hányinger
navel *n* köldök
navigate *v* navigál
navigation *n* navigáció
navy *n* haditengerészet
navy blue *n* tengerkék
near *adj* közeli
near *adv* majdnem
near *prep* mellett
nearby *adv* közel
nearby *adj* közeli
nearly *adv* majdnem
nearsighted *adj* közellátó
neat *adj* rendes
neatly *adv* rendesen
necessary *adj* szükséges
necessity *n* szükség
neck *n* nyak
necklace *n* nyaklánc
necktie *n* nyakkendő
need *n* igény
need *v* igényel
needle *n* tű
needless *adj* szükségtelen
needy *adj* rászoruló
negative *adj* negatív

negative *n* negatívum
neglect *v* elhanyagol
neglect *n* elhanyagolás
neglected *adj* elhanyagolt
negotiate *v* egyezkedik
negotiation *n* egyezkedés
neighbor *n* szomszéd
neighborhood *n* környék
neither *adj* egyik sem
neither *adv* egyik sem
neither *pron* sem
nephew *n* unokaöccs
Neptune *n* Neptunusz
nerve *n* ideg; bátorság; vakmerőség
nervous *adj* ideges
nest *n* fészek
net *n* háló
network *n* hálózat
neutral *adj* semleges
neutral *n* üresjárat
never *adv* soha
nevertheless *adv* mindazonáltal
new *adj* új
New Year's *n* újév
newborn *n* újszülött
newcomer *n* újonc
newly *adv* újonnan
newlywed *n* újdonsült pár
news *n* hírek
newspaper *n* újság
newsstand *n* újságos

next *adv* azután
next *adj* következő
next door *adj* szomszédos
next to *adj* melletti
nibble *v* majszol
nice *adj* szép
nicely *adv* szépen
nickel *n* ötcentes; nikkel
nickname *n* becenév
niece *n* unokahúg
night *n* éj
nightgown *n* hálóköntös
night-light *n* éjjelilámpa
nightly *adj* éjjeli
nightmare *n* rémálom
nightstand *n* éjjeliszekrény
nighttime *n* éjszaka
nine *n* kilenc
nineteen *n* tizenkilenc
ninety *n* kilencven
ninth *adj* kilencedik
nipple *n* mellbimbó
no *adv* egyáltalán nem
no *e* Nem!
no *adj* semmilyen
no one *pron* senki
nobility *n* nemesség
noble *adj* nagylelkű; nemes
nobody *pron* senki
nocturnal *adj* éjjeli
nod *v* bólint
noise *n* zaj

noisily *adv* zajongva
noisy *adj* zajos
nominate *v* jelöl
none *prep* egyik sem
nonetheless *adv* mindazonáltal
nonsense *n* szamárság
nonstop *adv* nonstop
noodles *n* tészta
noon *n* dél
nor *conj* se
norm *n* norma
normal *adj* normális
normally *adv* normálisan
north *n* észak
north *adj* északi
north *adv* északon
northeast *n* északkelet
northern *adj* északi
northerner *n* északi ember
nose *n* orr
nostalgia *n* nosztalgia
nostril *n* orrlyuk
nosy *adj* kíváncsi
not *adv* nem
notable *adj* észrevehető
notably *adv* észrevehetően
notary *n* jegyző
notation *n* jelölés
note *n* jegyzet; hangjegy
note *v* jegyzetel
notebook *n* notebook
notebook paper *n* jegyzetpapír
notepaper *n* levélpapír
noteworthy *adj* említésre méltó
nothing *n* semmi
nothing *pron* semmi
notice *n* értesítés
notice *v* észrevesz
noticeable *adj* észrevehető
notification *n* értesítés
notify *v* értesít
notion *n* fogalom
notorious *adj* hírhedt
notwithstanding *prep* ellenére
notwithstanding *adv* mégis
noun *n* főnév
nourish *v* táplál
nourishment *n* táplálék
novel *n* regény
novelist *n* regényíró
novelty *n* újdonság
November *n* november
novice *n* kezdő
now *adv* most
nowadays *adv* mostanában
nowhere *adv* sehol
noxious *adj* kártékony
nozzle *n* szórófej
nuance *n* árnyalat
nuclear *adj* nukleáris
nude *adj* meztelen
nuisance *n* nyűg
nullify *v* érvénytelenít

occupied

numb *adj* zsibbadt
number *n* szám
numbness *n* zsibbadtság
numerous *adj* számos
nun *n* apáca
nurse *v* ápol
nurse *n* nővér
nursery *n* óvoda; faiskola
nurture *v* gondoz
nut *n* dió; anyacsavar
nutrition *n* táplálkozás
nutritious *adj* tápláló
nylon *n* nejlon

O

o'clock *adv* órakor
oak *n* tölgy
oar *n* evező
oasis *n* oázis
oath *n* eskü
oatmeal *n* zabpehely
obedience *n* engedelmesség
obedient *adj* engedelmes
obese *adj* elhízott
obey *v* engedelmeskedik
object *n* tárgy
object *v* tiltakozik
objection *n* ellenvetés
objective *n* célkitűzés

objectively *adv* tárgyilagosan
obligate *v* kötelez
obligated *adj* lekötelezett
obligation *n* kötelezettség
obligatory *adj* köteleő
oblige *v* lekötelez
obliged *adj* lekötelezett
obliterate *v* kipusztít
oblivious *adj* hanyag
oblong *adj* hosszúkás
obnoxious *adj* visszataszító
obscene *adj* trágár
obscure *adj* homályos
observant *adj* figyelmes
observation *n* megfigyelés
observatory *n* obszervatórium
observe *v* megfigyel
obsess *v* rögészmével tölt el
obsession *n* rögeszme
obsolete *adj* elavult
obstacle *n* akadály
obstinate *adj* konok
obstruct *v* eltöm
obstruction *n* eltömődés
obtain *v* szerez
obvious *adj* nyilvánvaló
obviously *adv* nyilvánvalóan
occasion *n* alkalom
occasionally *adv* alkalomszerűen
occupant *n* lakó
occupation *n* foglalkozás
occupied *adj* elfoglalt; foglalt

occupy *v* elfoglal
occur *v* előfordul
occurrence *n* jelenség
ocean *n* óceán
October *n* október
octopus *n* polip
odd *adj* furcsa; páratlan
oddity *n* furcsaság
odious *adj* utálatos
odometer *n* útmérő
odor *n* illat
odorless *adj* szagtalan
odyssey *n* odüsszea
of *prep* -nak, -nek, -ról, -ről, -ból, -ből, -tól, -től, -nak a, -nek a, közül
off *prep* le
off *adv* távol
offend *v* megsért
offense *n* szabálysértés; támadó
offensive *adj* támadó
offer *v* ajánl
offer *n* ajánlat
office *n* iroda
officer *n* tisztviselő
official *n* hivatalnok
official *adj* hivatalos
officially *adv* hivatalosan
officiate *v* hivatalnokoskodik
offline *adj* offline
offset *v* ellensúlyoz

offspring *n* leszármazott
often *adv* gyakran
oh *e* Ó!
oil *n* olaj
oily *adj* olajos
ointment *n* kenőcs
okay *adv* rendben
okay *adj* rendbenlévő
old *adj* öreg
old age *n* öregkor
old-fashioned *adj* régimódi
olive *n* oliva
olive oil *n* olivaolaj
Olympics *n* olimpia
omelet *n* omlett
omen *n* ómen
ominous *adj* baljós
omission *n* kihagyás
omit *v* kihagy
on *prep* -on, -en, -ön, -ra, -re, vmi mellett
on *adv* fent
once *conj* mihelyt
once *adv* valaha
one *adj* azonos
one *n* egy
one *pron* egyik
oneself *pron* önmaga
ongoing *adj* folyamatban lévő
onion *n* hagyma
online *adj* online
onlooker *n* szemlélő

only *adv* csak
only *adj* egyedüli
onto *prep* -ra, -re
onward *adv* tovább
opaque *adj* átlátszatlan
open *adj* nyitott; nyitva
open *v* kinyit
opening *n* nyílás; nyitás
open-minded *adj* széles látókörű
openness *n* nyitottság
opera *n* opera
operate *v* üzemel; operál
operation *n* működés
opinion *n* vélemény
opinionated *adj* nagyképű
opponent *n* ellenfél
opportunity *n* lehetőség
oppose *v* ellenez
opposite *n* ellentét
opposite *adj* ellentétes
opposite *adv* szemben
opposite *prep* vmivel szemben
opposition *n* ellenzék
oppress *v* elnyom
oppressed *adj* elnyomott
oppression *n* elnyomás
optical *adj* optikai
optician *n* optikus
optimism *n* optimizmus
optimistic *adj* optimista
option *n* választás

optional *adj* választható
opulence *n* fényűzés
or *conj* vagy
oracle *n* jóslat
oral *adj* orális
orally *adv* orálisan
orange *n* narancs; narancssárga szín
orange *adj* narancssárga
orbit *n* keringési pálya
orchard *n* gyümölcsöskert
orchestra *n* zenekar
ordeal *n* megpróbáltatás
order *n* sorrend; utasítás; rendelés
order *v* utasít; rendel
ordinarily *adv* rendszerint
ordinary *adj* hétköznapi
ore *n* érc
organ *n* szerv; orgona
organic *adj* organikus; szerves
organization *n* szervezet
organize *v* szervez
organized *adj* szervezett
orientation *n* irány
oriented *adj* irányult
origin *n* eredet
original *adj* eredeti; egyedi
original *n* eredeti példány
originally *adv* eredetileg
originate *v* ered
ornament *n* dísz

ornamental adj díszítő
orphan n árva
orphanage n árvaház
orthodox adj ortodox
ostentatious adj hencegő
ostrich n strucc
other pron egyéb
other adj más
otherwise adv különben; másképpen
ought to modal v kellett volna
ounce n uncia
our adj miénk
ours pron a miénk
ourselves pron magunk
oust v elűz
out adj kifelé tartó; kiadott;
out adv kívül; távol otthonról
outbreak n felkelés
outburst n kitörés
outcast adj kiközösített
outcome n kimenetel
outcry n felháborodás
outdated adj elavult
outdo v felülmúl
outdoor adv kint
outdoors adv szabadban
outer adj külső
outfit n öltözék
outgoing adj kimenő; társaságot kedvelő
outgrow v túlnő

outing n levegőzés
outlast v túlél
outlaw n törvényen kívüli
outlet n kivezetés
outline n körvonal; vázlat
outline v körvonalaz; vázol
outlive v túlél
outlook n remény
outnumber v túlerőben van
outpatient n járóbeteg
outperform v túltesz rajta
outpouring n kiáradás
output n kimenet
outrage n gyalázat
outrageous adj gyalázatos
outright adj nyílt
outrun v lehagy
outset n kezdet
outshine v felülmúl
outside adv kívül
outside adj külső
outside n külső oldal
outside prep vmin kívül
outsider n kívülálló
outskirts n külváros
outspoken adj szókimondó
outstanding adj kiemelkedő
outward adj kifelé tartó
outweigh v túlsúlyban van
oval adj ovális
ovation n ováció
oven n sütő

over *adv* felett; túlságosan
over *prep* fölé; végig; át; több mint
overall *adv* általában
overall *adj* általános
overbearing *adj* hatalmaskodó
overboard *adv* hajóból ki
overcast *adj* borult
overcharge *v* túlterhel
overcoat *n* nagykabát
overcome *v* úrrá lesz rajta
overdo *v* túlzásba visz
overdone *adj* túlzásba vitt
overdose *n* túladagolás
overdue *adj* lejárt
overestimate *v* túlbecsül
overflow *v* túlcsordul
overgrown *adj* elburjánzott
overhaul *v* nagyjavítást végez
overhead *adj* felfüggesztett
overhear *v* meghall
overlap *v* egybeesik
overlook *v* lenéz, átnéz rajta; nem vesz észre
overnight *adv* máról holnapra
overpower *v* legyőz
overrun *v* lerohan
overseas *adv* tengeren túl
oversee *v* ellenőriz
overshadow *v* beárnyékol
oversight *n* felügyelet; tévedés
overstate *v* eltúloz

overstep *v* túllép vmin
overthrow *v* megbuktat
overtime *n* túlóra
overturn *v* felfordít
overview *n* áttekintés
overweight *adj* túlsúlyos
overwhelm *v* eláraszt
owe *v* tartozik
owl *n* bagoly
own *adj* saját
own *pron* sajátja
own *v* tulajdonul bír
owner *n* tulajdonos
ownership *n* tulajdonjog
ox *n* ökör
oxygen *n* oxigén
oyster *n* osztriga

P

pace *v* lépked
pace *n* sebesség
pacifier *n* békéltető
pacify *v* békéltet
pack *n* csomag
pack *v* csomagol
package *n* csomag
packed *adj* csomagolt
packet *n* köteg
pact *n* paktum

pad n párnázás; jegyzettömb
pad v kipárnáz
padded adj kipárnázott
padding n bélés
paddle v evez
paddle n evezőlapát
padlock n lakat
page n oldal
pail n vödör
pain n fájdalom
painful adj fájdalmas
painkiller n fájdalomcsillapító
painless adj fájdalommentes
paint v fest
paint n festék
paintbrush n ecset
painter n festő
painting n festmény
pair n pár
pajamas n pizsama
pal n haver
palace n palota
palate n szájpadlás
pale adj sápadt
palm n tenyér
palm tree n pálmafa
palpable adj érzékelhető
paltry adj csekély
pamper v kényeztet
pamphlet n röpirat
pan n serpenyő
pancake n palacsinta

pancreas n hasnyálmirigy
panda n panda
pander v cinkos
panel n falburkolat; fórum; műszerfal
pang n nyilalás
panic n pánik
panorama n panoráma
panther n párduc
pantry n éléskamra
pants n nadrág
paper n papír
paperback n puhakötésű könyv
paperclip n iratkapocs
paperwork n papírmunka
parable n példázat
parachute n ejtőernyő
parade n parádé
paradise n paradicsom
paradox n ellentmondás
paragraph n bekezdés
parallel adj párhuzamos
paralysis n bénulás
paralyze v megbénul
parameter n paraméter
paramount adj legfőbb
paranoid adj paranoiás
paraphrase v magyarázó körülírás
parasite n parazita
parcel n parcella
parch v aszal

pardon *v* megbocsát
pardon *n* megbocsátás
parent *n* szülő
parenthesis *n* zárójel
parish *n* parókia
parishioner *n* egyháztag
parity *n* egyenlőség
park *n* park
park *v* parkosít
parking *n* parkolás
parking lot *n* parkolóhely
parliament *n* parlament
parrot *n* papagáj
parsley *n* petrezselyem
part *n* rész; szerep
part *v* szétválik
partial *adj* részleges; elfogult
partially *adv* részlegesen
participant *n* résztvevő
participate *v* részt vesz
participation *n* részvétel
participle *n* melléknévi igenév
particular *adj* bizonyos
particularly *adv* különösen
partition *n* felosztás
partly *adv* részben
partner *n* partner
partnership *n* partnerség
party *v* bulizik
party *n* ünneplés
pass *n* belépő; passz; vizsgán átmegy

pass *v* előz; átad; elmúlik
pass around *pv* körbead
pass away *pv* elhuny
pass out *pv* kioszt; elájul
passage *n* átjáró; passzus
passenger *n* utas
passer-by *n* járókelő
passion *n* szenvedély
passionate *adj* szenvedélyes
passive *adj* passzív
passport *n* útlevél
password *n* jelszó
past *adj* elmúlt
past *n* előélet
past *prep* után
pasta *n* tészta
paste *v* beilleszt
paste *n* paszta
pastime *n* időtöltés
pastor *n* lelkipásztor
pastry *n* édestészta
pasture *n* legelő
pat *n* veregetés
patch *v* megfoltoz
patch *n* tapasz
paternity *n* apaság
path *n* nyomvonal
pathetic *adj* szánalmas
patience *n* türelem
patient *n* beteg
patient *adj* türelmes
patio *n* sétaudvar

patriarch *n* ősatya
patriot *n* hazafi
patriotic *adj* hazafias
patrol *n* őrjárat
patron *n* pártfogó
patronize *v* pártfogol
pattern *n* minta; sablon
pause *v* szünetel
pave *v* kikövez utat
pavement *n* burkolat
paw *n* mancs
pawn *v* elzálogosít
pay *v* fizet
pay *n* fizetség
pay back *pv* visszafizet
pay off *pv* kifizet vkit
payable *adj* fizetendő
paycheck *n* fizetési csekk
payment *n* fizetés
pea *n* borsó
peace *n* béke
peaceful *adj* békés
peach *n* őszibarack
peacock *n* páva
peak *n* hegycsúcs; csúcspont
peanut *n* földimogyoró
peanut butter *n* mogyoróvaj
pear *n* körte
pearl *n* gyöngy
peasant *n* földműves
pebble *n* kavics
peck *v* csípés

peculiar *adj* különös
pedal *n* pedál
pedestrian *n* gyalogos
peel *v* hámoz
peel *n* héj
peep *v* kukucskál
peephole *n* kukucskáló
peer *v* bámul
peer *n* főnemes
pelican *n* pelikán
pen *n* toll; karám
penalize *v* büntetendőnek nyilvánít
penalty *n* büntetés, tizenegyes
pencil *n* ceruza
pendant *n* fülbevaló
pending *adj* függőben levő
pendulum *n* inga
penetrate *v* behatol
penguin *n* pingvin
penicillin *n* penicillin
peninsula *n* félsziget
penniless *adj* nincstelen
penny *n* cent
pension *n* panzió
pentagon *n* ötszög
pent-up *adj* felgyülemlett
people *n* emberek
pepper *n* bors; paprika
per *prep* által
perceive *v* felfog
percent *n* százalék

phenomenal

percentage *n* százalékos részesedés
perception *n* felfogás
perceptive *adj* érzékletes
perennial *adj* örökkévaló
perfect *adj* tökéletes
perfection *n* tökéletesség
perforate *v* átlyukaszt
perforation *n* átfúródás
perform *v* fellép; teljesít
performance *n* színpadi fellépés; teljesítmény
performer *n* előadó
perfume *n* parfüm
perhaps *adv* talán
peril *n* veszedelem
perilous *adj* veszedelmes
perimeter *n* kerület
period *n* pont; időszak
perish *v* elpusztul
perishable *adj* mulandó
perjury *n* hamis eskü
permanent *adj* állandó
permeate *v* áthatol
permission *n* engedély
permit *v* megenged
pernicious *adj* kóros
perpetrate *v* elkövet
persecute *v* zaklat
persevere *v* kitart mellette
persist *v* nem tágít
persistence *n* szívósság

persistent *adj* kitartó
person *n* személy
personal *adj* személyes
personality *n* személyiség
personnel *n* személyzet
perspective *n* távlat
perspiration *n* izzadság
perspire *v* izzad
persuade *v* rávesz
persuasion *n* meggyőzés
persuasive *adj* meggyőző
pertinent *adj* vonatkozó
perturb *v* felkavar
perverse *adj* perverz
pessimism *n* pesszimizmus
pessimistic *adj* pesszimista
pest *n* kártevő
pester *v* ellep
pesticide *n* rovarirtó
pet *v* dédelget
pet *n* háziállat
petal *n* szirom
petite *adj* kicsi
petition *n* kérelem
petrified *adj* megkövesedett
petroleum *n* petróleum
petty *adj* kicsinyes
phantom *n* fantom
pharmacist *n* gyógyszerész
pharmacy *n* gyógyszertár
phase *n* stádium
phenomenal *adj* rendkívüli

phenomenon n jelenség
philosopher n filozófus
philosophical adj filozófikus
philosophy n filozófia
phobia n fóbia
phone n telefon
phone v telefonál
phony adj szélhámos
photo n fotó
photocopier n fénymásoló
photocopy n fénymásolat
photograph v fényképez
photographer n fényképész
photography n fényképezés
phrase n kifejezés
physical adj fizikai
physical n orvosi vizsgálat
physically adv fizikailag
physician n orvos
physics n fizika
pianist n zongorista
piano n zongora
pick n fogvájó
pick v szed
pick up pv felszed
pickle n savanyúság
pickpocket n zsebtolvaj
picnic n piknik
picnic table n kempingasztal
picture v ábrázol
picture n kép
picturesque adj festői

pie n pite
piece n darab
piecemeal adv darabonként
pier n móló
pierce v szúr
piercing n piercing
pig n malac
pigeon n galamb
piggy bank n malacpersely
pile v halmoz
pile n halom
pile up v halomba rak
pilgrim n zarándok
pilgrimage n zarándoklat
pill n pirula
pillage v fosztogat
pillar n pillér
pillow n párna
pillowcase n párnahuzat
pilot n pilóta
pimple n pattanás
pin v összetűz
pin n tű
pinch v csíp
pinch n csípés
pine n fenyő
pineapple n ananász
pink n rózsaszín
pink adj rózsaszínű
pinpoint v eltalál
pint n félliteres korsó
pioneer n úttörő

pipe *n* cső; pipa
piracy *n* kalózkodás; szerzői jogbitorlás
pirate *n* kalóz
pistol *n* pisztoly
pit *n* gödör; csonthéjas mag
pitch *v* dob; felállít
pitch *n* hangmagasság
pitch-black *adj* koromfekete
pitcher *n* kancsó; dobójátékos
pitchfork *n* hangvilla
pitfall *n* kelepce
pitiful *adj* szánalomra méltó
pity *n* szánalom
pizza *n* pizza
placate *v* kiengesztel
place *n* hely; helyezés
place *v* elhelyez
placemat *n* tányéralátét
placid *adj* higgadt
plague *n* pestis
plain *adj* egyszerű; tiszta; közönséges
plainly *adv* világosan
plaintiff *n* felperes
plan *n* terv; tervezet
plan *v* kitervel
plane *n* repülő
planet *n* bolygó
plant *n* növény
plant *v* ültet
plastic *n* műanyag

plate *n* tányér
plateau *n* fennsík
platform *n* platform
platinum *n* platina
plausible *adj* hihető
play *v* szórakozik; játszik; előad
play *n* színdarab
player *n* játékos
playful *adj* játékos
playground *n* játszótér
plea *n* kifogás
plead *v* kér; perbeszédet tart
pleasant *adj* kellemes
please *e* Kérem!
please *v* örömet szerez
pleased *adj* elégedett
pleasing *adj* kellemes
pleasure *n* élvezet
pleat *n* redő
pleated *adj* redőzött
pledge *v* fogadalmat tesz
pledge *n* fogadalom
plentiful *adj* bőséges
plenty *n* bőség
pliable *adj* hajlítható
pliers *n* fogó
plot *n* cselekmény; telek; cselszövés
plot *v* összeesküvést sző
plow *v* felszánt
pluck *v* tép
plug *n* dugó; konnektor

plug v bedugaszol
plum n szilva
plumber n vízvezetékszerelő
plumbing n csőhálózat
plummet v lezuhan
plump adj kövér
plunder v kifoszt
plunge v fejest ugrik
plural n többes szám
plus prep plusz
plus adj pozitív
plus n többlet
plush adj klassz
pocket n zseb
poem n vers
poet n költő
poetry n költészet
poignant adj megrendítő
point n hegy; cél; lényeg
point v rámutat
pointed adj hegyes
pointless adj értelmetlen
poise n póz
poison n méreg
poison v mérgez
poisonous adj mérgező
poke v bök
polar adj sarki
pole n pózna
police n rendőrség
police officer n rendőr
police station n rendőrörs

policy n irányelv
polish v fényesít
polish n fényezés
polite adj udvarias
politely adv udvariasan
politeness n udvariasság
political adj politikai
politician n politikus
politics n politika
polka dot n pettyes minta
poll n szavazás
pollen n pollen
pollute v szennyez
pollution n szennyezés
pond n pocsolya
ponder v latolgat
pony n póniló
pool n medence; biliárdjáték
pool v csoportosít
poor adj szegény; gyenge minőségű
poorly adv szegényesen
pop v pukkan; eldurran
popcorn n pattogatott kukorica
popsicle n jégkrém
popular adj népszerű
populate v népszerűsít
population n népesség
porcelain n porcelán
porch n tornác
porcupine n sündisznó
pore n pórus

pork *n* sertés
porous *adj* porózus
port *n* kikötő
portable *adj* hordozható
porter *n* hordár
portion *n* adag
portrait *n* portré
portray *v* ábrázol
pose *v* pózol
pose *n* testtartás
posh *adj* divatbáb
position *n* pozíció; állás
positive *adj* pozitív
positively *adv* pozitívan
possess *v* birtokol
possession *n* birtoklás
possibility *n* lehetőség
possible *adj* lehetséges
possibly *adv* lehetségesen
post *n* oszlop; hirdetés
post *v* kifüggeszt
post office *n* postahivatal
postage *n* postadíj
postcard *n* képeslap
poster *n* poszter
posterity *n* utókor
postman *n* postás
postpone *v* elhalaszt
posture *n* testtartás
pot *n* edény
potato *n* burgonya
potato chip *n* burgonyaszirom

potent *adj* potens
potential *adj* potenciális
potentially *adv* potenciálisan
pottery *n* fazekasság
pouch *n* erszény
poultry *n* baromfi
pound *v* dobog
pound *n* font
pour *v* önt
poverty *n* szegénység
powder *n* por
power *n* hatalom; energia
power drill *n* akkumulátoros fúró
powerful *adj* erőteljes
powerless *adj* erőtlen
practical *adj* praktikus
practice *n* gyakorlat
practice *v* gyakorol
prairie *n* préri
praise *n* dicséret
praise *v* dicsőít
praiseworthy *adj* dicséretes
prank *n* csíny
prawn *n* garnélarák
pray *v* imádkozik
prayer *n* imádság
preach *v* prédikál
preacher *n* prédikátor
precarious *adj* kétes
precaution *n* elővigyázatosság
precede *v* megelőz időben

precedent n példa
preceding adj megelőző
precious adj becses
precipice n szakadék
precipitate v meggyorsít
precipitation n csapadék
precise adj precíz
precisely adv pontosan
precision n pontosság
precocious adj korai
predecessor n előd
predicament n kínos helyzet
predict v megjósol
predictable adj megjósolható
prediction n előrejelzés
predisposed adj hajlandóvá tesz
preempt v előre megszerez
preface n bevezetés
prefer v előnyben részesít
preference n előnyben részesítés
prefix n előtag
pregnancy n terhesség
pregnant adj terhes
prehistoric adj őskori
prejudice n előítélet
preliminary adj előzetes
premeditate v előre elhatároz
premier adj elsőrendű
premise n előfeltevés
premises n épület

premonition n előérzet
preoccupation n szórakozottság
preparation n előkészület
prepare v készülődik
prepared adj felkészült
preposition n elöljáró
prerogative n előjog
prescribe v előír
prescription n orvosi recept
presence n jelenlét
present n ajándék; jelen idő
present adj jelenlévő; jelenlegi
present v bemutat
presentation n előadás
preserve v megőriz
preside v elnököl
president n elnök
press n sajtó; nyomda
press v nyom
pressing adj sürgős
pressure n nyomás; kényszer
pressure v nyomást gyakorol
prestige n tekintély
prestigious adj tekintélyes
presumably adv feltehetően
presume v feltételez
presuppose v vélelmez
pretend v színlel
pretense n színlelés
pretension n önhittség
pretentious adj hatásvadász
pretty adj csinos

pretty *adv* meglehetősen
prevalent *adj* uralkodó
prevent *v* megakadályoz
prevention *n* prevenció
preventive *adj* megelőző
preview *n* előnézet
previous *adj* előző
previously *adv* előzőleg
prey *n* zsákmány
price *n* ár
priceless *adj* felbecsülhetetlen
pricey *adj* drága
prick *v* kibök
pride *n* büszkeség
priest *n* pap
primarily *adv* elsődlegesen
primary *adj* elsődleges
prime *adj* legfontosabb; minőségi
primitive *adj* primitív
prince *n* herceg
princess *n* hercegnő
principal *n* igazgató
principal *adj* fő
principally *adv* főként
principle *n* alapelv
print *v* nyomtat; nyomtatott betűkkel ír
print *n* nyomtatás; lenyomat
printer *n* nyomtató; nyomda
prior *adj* megelőző
prioritize *v* rangsorol

priority *n* elsőbbség
prison *n* börtön
prisoner *n* rab
privacy *n* magánélet
private *adj* magán
privilege *n* kiváltság
privileged *adj* kiváltságos
prize *n* nyeremény
probability *n* valószínűség
probable *adj* valószínű
probably *adv* valószínűleg
probe *v* szondáz
problem *n* probléma
problematic *adj* problémás
procedure *n* eljárás
proceed *v* folytat tovább
proceeds *n* haszon
process *v* feldolgoz
process *n* folyamat
processed *adj* feldolgozott
procession *n* felvonulás
proclaim *v* kikiált
proclamation *n* kiáltvány
procrastinate *v* halogat
procreate *v* nemz
procure *v* beszerez
prod *v* döf
prodigious *adj* csodás
prodigy *n* csodálatos tehetség
produce *v* előállít; előidéz
produce *n* termény
product *n* termék

production *n* termelés; produkció
productive *adj* produktív
profession *n* szakma
professional *adj* hivatásos
professional *n* szakember
professionally *adv* szakmailag
professor *n* professzor
proficiency *n* szakértelem
proficient *adj* jártas
profile *n* profil
profit *n* profit
profitable *adj* jövedelmező
profound *adj* beható
program *n* műsor; tervezet; program
program *v* megtervez
programmer *n* programozó
progress *n* előrelépés; haladás
progress *v* halad; javul
progressive *adj* progresszív; haladó felfogású
prohibit *v* betilt
prohibition *n* tilalom
project *v* tervez; kivetít
project *n* projekt
projector *n* kivetítő
projector screen *n* vetítővászon
prologue *n* prológus
prolong *v* meghosszabbít
promenade *n* sétány
prominent *adj* kiemelkedő
promise *n* ígéret; remény
promise *v* megígér
promote *v* előléptet; elősegít
promotion *n* előléptetés; promóció
prompt *adj* azonnali
prone *adj* hajlamos
pronoun *n* névmás
pronounce *v* kiejt
pronunciation *n* kiejtés
proof *n* bizonyíték
propaganda *n* propaganda
propel *v* hajt
propeller *n* propeller
propensity *n* hajlandóság
proper *adj* megfelelő
properly *adv* megfelelően
property *n* tulajdon
proportion *n* arány
proposal *n* indítvány
propose *v* indítványoz
propose to *pv* megkéri a kezét
proposition *n* javaslat
prose *n* próza
prosecute *v* vádat emel
prosecutor *n* ügyész
prospect *n* kilátás
prosper *v* virágzik
prosperity *n* jólét
prosperous *adj* virágzó
protect *v* védelmez

protection *n* védelem
protein *n* fehérje
protest *n* tiltakozás
protest *v* tiltakozik
protrude *v* kinyúlik
proud *adj* büszke
proudly *adv* büszkén
prove *v* bizonyít
proven *adj* bizonyított
provide *v* ad, ellát
provided *conj* feltéve
providence *n* gondviselés
province *n* tartomány
provision *n* gondoskodás
provisional *adj* átmeneti
provoke *v* provokál
prowl *v* csavarog
prowler *n* csavargó
proximity *n* közelség
prudent *adj* megfontolt
prune *n* aszalt szilva
prune *v* nyes
pseudonym *n* álnév
psychiatrist *n* pszichiáter
psychiatry *n* pszichiátria
psychic *adj* pszichikai
psychological *adj* pszichológiai
psychologist *n* pszichológus
psychology *n* pszichológia
psychopath *n* pszichopata
puberty *n* serdülőkor
public *adj* publikus; közismert

public *n* nyilvánosság
publication *n* közzététel
publicity *n* nyilvánosság
publicly *adv* nyilvánosan
publish *v* közzétesz
publisher *n* kiadó
pudding *n* puding
puddle *n* tócsa
puff *n* lehelet
puffy *adj* puffadt
pull *v* húz
pull ahead *v* elhúz
pull up *v* felhúz
pulley *n* emelőcsiga
pulp *n* pép
pulsate *v* lüktet
pulse *n* lüktetés
pulverize *v* porlaszt
pump *n* pumpa
pump *v* pumpál
pumpkin *n* tök
punch *v* megüt; átüt
punctual *adj* pontos
puncture *n* szúrás
punish *v* büntet
punishment *n* büntetés
pupil *n* diák; pupilla
puppet *n* báb
puppy *n* kölyökkutya
purchase *n* vásárlás
purchase *v* vásárol
pure *adj* vegyítetlen; tiszta

puree *n* püré
purge *v* kitisztít
purify *v* megtisztít
purity *n* tisztaság
purple *n* bíbor szín
purple *adj* bíborlila
purpose *n* szándék
purposely *adv* szándékosan
purr *v* dorombol
purse *n* pénztárca
pursue *v* hajszol
push *v* tol
push *n* tolás
pushy *adj* tolakodó
put *v* rak
put aside *pv* félretesz
put away *pv* eltesz
put off *pv* ellök
put on *v* feltesz
put up with *pv* belenyugszik
putrid *adj* rothadt
puzzle *n* rejtvény
puzzled *adj* tanácstalan
puzzling *adj* fejtörést okozó
pyramid *n* piramis
python *n* óriáskígyó

quack *v* hápog
quagmire *n* ingovány
quail *n* fürj
quaint *adj* különös
quake *v* remeg
qualification *n* képzettség
qualified *adj* képzett
qualify *v* feljogosít
quality *n* minőség; tulajdonság
quandary *n* zavar
quantity *n* mennyiség
quarantine *n* karantén
quarrel *n* veszekedés
quarrel *v* veszekedik
quarrelsome *adj* veszekedős
quarry *n* kőfejtő
quart *n* negyedelés
quarter *n* 25 centes érme; egynegyed
quarterly *adj* negyedévenkénti
quash *v* hatálytalanít
queen *n* királynő
quell *v* csillapít
quench *v* elolt
query *v* megkérdez
quest *n* keresés
question *n* kérdés
question *v* kétségbe von

questionable *adj* megkérdőjelezhető
questionnaire *n* kérdőív
queue *n* várakozási sor
quick *adj* gyors
quickly *adv* gyorsan
quicksand *n* folyós homok
quiet *adj* csendes
quietly *adv* csendesen
quilt *n* paplan
quit *v* felmond
quite *adv* teljesen
quiver *v* remeg
quiz *n* játék
quiz *v* kérdez
quota *n* kvóta
quotation *n* idézet; árajánlat
quote *n* idézet; árajánlat
quote *v* idéz
quotient *n* hányados

R

rabbi *n* rabbi
rabbit *n* nyúl
rabies *n* veszettség
raccoon *n* mosómedve
race *n* verseny; faj
race *v* versenyez
racetrack *n* versenypálya
racing *n* verseny
racism *n* rasszizmus
racist *adj* rasszista
rack *n* tartó
racket *n* lárma; teniszütő
radar *n* radar
radiation *n* sugárzás
radiator *n* fűtőtest
radical *adj* szélsőséges
radio *n* rádió
radish *n* retek
radius *n* rádiusz
raffle *n* tombola
raft *n* hajóhíd
rag *n* rongy
rage *n* düh
ragged *adj* rongyos
raid *v* rajtaüt
raid *n* rajtaütés
rail *n* sín
railroad *n* vasút
railway *n* vasút
rain *v* esik az eső
rain *n* eső
rainbow *n* szivárvány
raincoat *n* esőkabát
raindrop *n* esőcsepp
rainfall *n* esőzés
rainforest *n* esőerdő
rainy *adj* esős
raise *v* emel; felnevel
raise *n* emelkedés

raisin *n* mazsola
rake *n* gereblye
rally *n* gyülekezés
ram *v* döngöl
ram *n* kos
ramification *n* elágasodás
ramp *n* felhajtó
rampage *v* dühöngés
rampant *adj* heves
ranch *n* tanya
rancor *n* gyűlölet
random *adj* véletlen
randomly *adv* véletlenszerűen
range *n* sorozat; hegyvonulat; skála
range *v* sorakoztat
rank *n* rang
rank *v* sorba állít
ransack *v* tűvé tesz
ransom *n* váltságdíj
rapid *adj* sebes
rapport *n* összefüggés
rare *adj* ritka; nyers
rarely *adv* ritkán
rash *adj* meggondolatlan
rash *n* meggondolatlanság
raspberry *n* málna
rat *n* patkány
rate *n* sebesség; ár
rate *v* értékel
rather *adv* inkább
rating *n* értékelés

ratio *n* arány
ration *n* adag
ration *v* ellát
rational *adj* ésszerű
rationale *n* értelem
rationalize *v* ésszerűsít
rattle *v* zörög
ravage *v* tönkretesz
rave *v* őrjöng
raw *adj* nyers; feldolgozatlan
ray *n* sugár
razor *n* borotva
reach *v* odaér; értenyúl; elér vkit
reach *n* elérés
react *v* reagál
reaction *n* reakció
read *v* olvas
reader *n* olvasó
readily *adv* készségesen
reading *n* olvasás; felolvasás
ready *adj* befejezett; készséges
real *adj* valódi
realistic *adj* élethű
reality *n* valóság
realize *v* felfog
really *adv* nagyon; tényleg
reap *v* learat
reappear *v* újra megjelenik
rear *adj* hátsó
rear *n* hátsó rész
rear *v* megkönnyebbül

rearrange v átrendez
reason v érvel
reason n ok
reasonable adj ésszerű
reassure v megnyugtat
rebate n engedmény
rebel v fellázad
rebel n lázadó
rebellion n lázadás
reboot v újraindít
rebound v visszapattan
rebuff v elutasít
rebuild v újjáépít
rebuke v megdorgál
rebut v megcáfol
recall v visszahív
recant v visszavonja állítását
recap v ismétel
recede v visszahúzódik
receipt n nyugta
receive v fogad
recent adj új
recently adv újabban
reception n fogadás; vétel; recepció
receptionist n recepciós
receptive adj fogékony
recess n bemélyedés
recession n hanyatlás
recharge v újratölt
recipe n recept
reciprocal adj viszonzott
recital n elbeszélés
recite v elmond
reckless adj nemtörődöm
reckon v vél
recline v lehajt
recognition n felismerés; elismerés
recognize v felismer
recollect v emlékezik
recollection n emlékezés
recommend v javasol
recommendation n javaslat
recompense v kárpótol
reconsider v átértékel
reconstruct v helyreállít
record n feljegyzés; rekord; lemez
record v megörökít; hangfelvételt készít
record player n lemezjátszó
recorder n felvevőkészülék; furulya
recording n felvétel
recount n újraszámlálás
recoup v levon
recourse n menedék
recover v felépül; visszaszerez
recreate v újraalkot
recreation n kikapcsolódás
recruit v toboroz
recruit n újonc
rectangle n téglalap

rectangular *adj* téglalap alakú
rectify *v* orvosol
recuperate *v* összeszedi magát
recur *v* ismétlődik
recurrence *n* ismétlődés
recycle *v* újrahasznosít
recycle bin *n* újrahasznosító kuka
recycled *adj* újrahasznosított
red *adj* piros
red *n* piros szín
redeem *v* megvált
redemption *n* megváltás
redo *v* újracsinál
reduce *v* csökkent
redundant *adj* fölösleges
reef *n* zátony
reel *n* tekercs
reenactment *n* újrajátszás
reentry *n* visszatérés
refer *v* utal vmire; hivatkozik; célozgat
referee *n* játékvezető
reference *n* hivatkozás; felvilágosítás
refill *v* utántölt
refine *v* finomít
refined *adj* tisztított; kifinomult
refinery *n* finomító
reflect *v* visszaver
reflection *n* visszaverődés; elmélkedés
reform *n* reform
reform *v* reformál
refrain *v* tartózkodik
refresh *v* frissít
refreshing *adj* üdítő
refreshment *n* felüdülés
refrigerate *v* hűt
refrigerator *n* hűtő
refuel *v* tankol
refuge *n* menedék
refugee *n* menekült
refund *n* visszatérítés
refurbish *v* renovál
refusal *n* visszautasítás
refuse *n* selejt
refuse *v* visszautasít
refute *v* megcáfol
regal *adj* fejedelmi
regard *n* elismerés; figyelem
regard *v* tekint
regarding *prep* illetőleg
regardless *adv* tekintet nélkül
regards *n* üdvözlet
regime *n* rezsim
regiment *n* ezred
region *n* régió
regional *adj* régiós
register *n* regiszter; iktatókönyv
register *v* regisztrál
registration *n* regisztráció
regret *v* megbán
regret *n* megbánás

regrettable *adj* sajnálatos
regular *adj* szokásos; rendszeres
regularly *adv* rendszeresen
regulate *v* szabályoz
regulation *n* szabályozás
rehabilitate *v* rehabilitál
rehearsal *n* színházi próba
rehearse *v* elpróbál
reign *v* uralkodik
reign *n* uralom
reimburse *v* megtérít
reimbursement *n* visszafizetés
reindeer *n* jávorszarvas
reinforce *v* megerősít
reinforcements *n* megerősítés
reiterate *v* ismételget
reject *v* elutasít
rejection *n* elutasítás
rejoice *v* örül
rejuvenate *v* megfiatalít
relate *v* összefüggésbe hoz; elbeszél; viszonyul
related *adj* rokon; kapcsolódó
relation *n* rokonság; kapcsolat
relationship *n* párkapcsolat; kapcsolat
relative *adj* relatív
relative *n* rokon
relax *v* relaxál
relaxation *n* relaxáció
relaxed *adj* ellazult

relaxing *adj* nyugtató
relay *v* közvetít
release *v* elenged; közzétesz
release *n* közzététel
relentless *adj* hajthatatlan
relevance *n* relevancia
relevant *adj* releváns
reliable *adj* megbízható
reliance *n* bizalom
reliant *adj* bizalommal lévő
relief *n* enyhülés; segély
relieve *v* enyhít; felvált
relieved *adj* megkönnyebbült
religion *n* vallás
religious *adj* vallásos
relinquish *v* lemond róla
relish *v* élvez
relocate *v* áthelyez
reluctant *adj* vonakodó
reluctantly *adv* vonakodva
rely *v* számít rá
remain *v* megmarad
remainder *n* maradék
remaining *adj* megmaradó
remains *n* maradvány
remark *v* megjegyez
remarkable *adj* figyelemre méltó
remedy *n* orvosság; jóvátétel
remember *v* emlékszik
remind *v* emléktet
reminder *n* emlékeztető

remnant *n* maradvány
remodel *v* átdolgoz
remorse *n* bűntudat
remorseful *adj* bűnbánó
remote *adj* távoli
remote control *n* távirányító
remove *v* eltávolít
renew *v* megújít
renounce *v* lemond vmiről
renovate *v* felújít
renovation *n* felújítás
renowned *adj* híres
rent *v* bérel
rent *n* lakbér
reorganize *v* átszervez
repair *v* megjavít
repay *v* viszonoz
repayment *n* viszonzás
repeal *v* visszavon
repeat *v* ismétel
repel *v* visszataszít
repellant *n* ellenálló
repent *v* sajnál
repetition *n* ismétlés
repetitive *adj* ismétlődő
replace *v* helyettesít
replacement *n* helyettesítés
replay *n* visszajátszás
replenish *v* újra feltölt
replica *n* replika
replicate *v* reprodukál
reply *n* válasz

reply *v* válaszol
report *v* beszámol
report *n* beszámoló
report card *n* bizonyítvány
reporter *n* tudósító
represent *v* képvisel; kifejez
representation *n* jogi képviselet; ábrázolás
representative *n* képviselő
repress *v* elfojt
reprint *n* utánnyomás
reprisal *n* megtorlás
reproach *v* szemére vet
reproduce *v* reprodukál; szaporodik
reproduction *n* reprodukálás; szaporodás
reptile *n* hüllő
republic *n* köztársaság
repudiate *v* megtagad
repugnant *adj* visszataszító
repulse *v* visszaver
repulsive *adj* ellenszenves
reputation *n* jó hírnév
request *n* kérés
request *v* kíván
require *v* igényel
requirement *n* követelmény
reschedule *v* átütemez
rescue *v* megment
research *v* kutat
research *n* kutatás

researcher *n* kutató
resemblance *n* hasonlatosság
resemble *v* hasonlít
resent *v* zokon vesz
resentment *n* neheztelés
reservation *n* foglalás; fenntartás
reserve *v* foglal
reserved *adj* fenntartott
reservoir *n* víztároló
reset *v* újra beállít
reside *v* lakik
residence *n* lakóhely
resident *n* lakos
residential *adj* lakó-
residue *n* maradvány
resign *v* felmond
resignation *n* felmondás
resilient *adj* rugalmas
resist *v* ellenáll
resistance *n* ellenállás
resolute *adj* elszánt
resolution *n* elhatározás
resolve *v* megold
resort *v* övezet
resounding *adj* zengő
resource *n* erőforrás
respect *v* tisztel
respect *n* tisztelet
respectable *adj* tiszteletreméltó
respectful *adj* tiszteletteljes
respective *adj* illető

respiration *n* légzés
respond *v* felel
response *n* felelet
responsibility *n* felelősség
responsible *adj* megbízható; felelős
responsive *adj* fogékony
rest *n* maradék; pihenés
rest *v* pihen; pihentet
restaurant *n* étterem
restful *adj* pihentető
restless *adj* nyughatatlan
restore *v* visszaállít
restrain *v* megfékez
restraint *n* megfékezés
restrict *v* korlátoz
restriction *n* korlátozás
restroom *n* mellékhelyiség
result *n* eredmény
result *v* eredményez
resume *v* folytat
resurface *v* újra felszínre jön; újraburkol
retail *n* kiskereskedelem
retailer *n* kiskereskedő
retain *v* visszatart
retaliate *v* megbosszul
retention *n* visszatartás
retire *v* visszavonul
retirement *n* nyugdíj
retract *v* visszahúz
retreat *v* visszavonul

retrieve *v* visszaszerez
retroactive *adj* visszaható
return *n* visszatér
return *v* visszatér
reunion *n* újraegyesítés
reunite *v* újraegyesül
reuse *v* újrafelhasznál
reveal *v* felfed
revealing *adj* leleplező
revel *v* mulat
revelation *n* kinyilatkoztatás
revenge *n* bosszú
revenue *n* árbevétel
reverence *n* tisztelet
reversal *n* visszafordítás
reverse *n* ellentét
reverse *v* megfordít
reversible *adj* megfordítható
revert *v* visszatér
review *v* bírál; felülvizsgál; áttekint
review *n* áttekintés
revise *v* átjavít
revision *n* átvizsgálás
revive *v* feléled
revoke *v* visszavon
revolt *v* lázad
revolting *adj* felháborító
revolution *n* forradalom
revolutionary *adj* forradalmi
revolutionize *v* forradalmasít
revolve *v* forog

revue *n* revü
reward *v* jutalmaz
reward *n* jutalom
rewarding *adj* kifizetődő
rewind *v* visszateker
rhinoceros *n* orrszarvú
rhyme *v* rímel
rhyme *n* rím
rhythm *n* ritmus
rib *n* borda
ribbon *n* szalag
rice *n* rizs
rich *adj* gazdag; dús
rid *v* megszabadít
rid of *pv* megszabadul
riddle *n* talány
ride *v* hajt
ride *n* utazás
ridge *n* gerinc
ridicule *v* kigúnyol
ridiculous *adj* nevetséges
rifle *n* puska
rift *n* rés
right *adj* helyes; jobb
right *n* jobb oldal; jog; igazságosság
right *adv* pontosan; helyesen; jobbra
rigid *adj* merev
rigor *n* szigor
rigorous *adj* szigorú
rim *n* karima

round

ring *n* gyűrű; kör; csöngetés; szorító
ring *v* körbevesz
ringtone *n* csengőhang
rinse *v* öblít
riot *v* zendül
riot *n* zendülés
rip *v* hasít
ripe *adj* érett
ripen *v* érik
rip-off *n* átverés
ripple *n* csobogás
rise *n* emelkedés
rise *v* emelkedik
risk *n* kockázat
risk *v* kockáztat
risky *adj* kockázatos
ritual *n* szertartás
rival *n* versenytárs
rivalry *n* versengés
river *n* folyó
riveting *adj* lebilincselő
road *n* út
roam *v* kóborol
roar *v* üvölt
roar *n* üvöltés
roast *v* süt
rob *v* rabol
robber *n* rabló
robbery *n* rablás
robe *n* palást
robot *n* robot

robust *adj* robosztus
rock *n* szikla; rock
rock *v* ringat
rocket *n* rakéta
rocky *adj* sziklás
rod *n* rúd
rodent *n* rágcsáló
role *n* feladat; szerep
roll *n* göngyöleg; zsemle
roll *v* gurul; gurít; felteker
roll over *pv* felborít
roller coaster *n* hullámvasút
romance *n* romantika
romantic *adj* romantikus
roof *n* háztető
rookie *adj* újonc
room *n* szoba; tér
roommate *n* szobatárs
roomy *adj* tágas
rooster *n* kakas
root *n* gyökér
rope *n* kötél
rose *n* rózsa
rosy *adj* rózsaszínű; rózsás
rot *v* rothad
rotate *v* forog
rotation *n* forgás
rotten *adj* rothadt
rough *adj* érdes; goromba; vázlatos
roughly *adv* nagyjából; durván
round *adj* kerek

round-trip *adj* körutazás
rouse *v* felébreszt
rousing *adj* lelkesítő
route *n* útvonal
routine *adj* megszokott
routine *n* napirend
row *v* evez
row *n* sor
rowdy *adj* lármás
royal *adj* királyi
royalty *n* királyi méltóság
rub *v* dörzsöl
rubber *n* gumi
rubber band *n* gumiheveder
rubble *n* terméskő
ruby *n* rubin
rudder *n* kormányrúd
rude *adj* goromba
rudely *adv* udvariatlanul
rudeness *n* gorombaság
rudimentary *adj* kezdetleges
rug *n* szőnyeg
rugged *adj* egyenetlen
ruin *n* rom
ruin *v* romba dönt
rule *n* szabály; előírás
rule *v* kormányoz
ruler *n* vonalzó; uralkodó
rumble *v* dörög
rumor *n* szóbeszéd
run *v* fut; működtet; üzemeltet
run *n* futás

run away *pv* elszalad
run into *pv* beleszalad; összefut
run out *pv* kifogy vmiből
run over *pv* elgázol
runner *n* futó
runway *n* kifutópálya
rupture *n* repedés
rupture *v* repeszt
rural *adj* vidéki
ruse *n* fortély
rush *v* rohan
rust *n* rozsda
rust *v* rozsdásodik
rustic *adj* rusztikus
rust-proof *adj* rozsdamentes
rusty *adj* rozsdás; berozsdásodott
ruthless *adj* kegyetlen
rye *n* rozs

S

sabotage *v* szabotál
sabotage *n* szabotázs
sack *n* zsák
sacred *adj* szentelt
sacrifice *n* áldozat
sad *adj* szomorú
sadden *v* elszomorít
saddle *n* nyereg

sadly *adv* sajnálatosan
sadness *n* szomorúság
safe *adj* biztonságos
safe *n* páncélfiók
safeguard *n* biztosíték
safely *adv* biztonságosan
safety *n* biztonság
safety belt *n* biztonsági öv
sail *n* vitorla
sail *v* vitorlázik
sailboat *n* vitorláshajó
sailor *n* tengerész
saint *n* szent
salad *n* saláta
salad dressing *n* salátaöntet
salary *n* fizetés
sale *n* eladás; kiárusítás
salesman *n* eladó
saleswoman *n* eladó
saliva *n* nyál
salmon *n* lazac
salon *n* szalon
salsa *n* salsatánc
salt *n* só
salty *adj* sós
salvage *v* megment
salvation *n* megváltás
same *adj* ugyanaz
same *pron* ugyanaz
sample *n* minta
sanction *n* szakció
sanction *v* szankcionál

sanctity *n* szentség
sanctuary *n* szentély
sand *n* homok
sandal *n* szandál
sandpaper *n* csiszolópapír
sandwich *n* szendvics
sane *adj* épelméjű
sanity *n* józanság
sap *n* nedv
sapphire *n* zafír
sarcasm *n* szarkazmus
sarcastic *adj* gúnyos
sardine *n* szardínia
satellite *n* műhold
satire *n* szatíra
satisfaction *n* elégedettség
satisfactory *adj* elégséges
satisfied *adj* elégedett
satisfy *v* kielégít
satisfying *adj* kielégítő
saturate *v* telít
Saturday *n* szombat
Saturn *n* Szaturnusz
sauce *n* szósz
saucepan *n* nyeles serpenyő
saucer *n* tálka
sausage *n* kolbász
savage *adj* vad
save *v* megóv; spórol; elment
savings *n* megtakarítás
savior *n* megmentő
savor *v* ízesít

saw *n* fűrész
saw *v* fűrészel
saxophone *n* szaxofon
say *v* mond
saying *n* mondás
scab *n* heg
scaffolding *n* állványzat
scald *v* leforráz
scale *n* mérleg; pikkely; skála
scalp *n* skalp
scam *n* szélhámosság
scan *v* átolvas; beolvas
scandal *n* botrány
scanner *n* scanner
scapegoat *n* bűnbak
scar *n* sebhely
scarce *adj* szűkös
scarcely *adv* aligha
scarcity *n* hiány
scare *v* megijeszt
scare away *pv* elijeszt
scared *adj* rémült
scarf *n* sál
scary *adj* ijesztő
scatter *v* szétszór
scenario *n* forgatókönyv
scene *n* színhely; jelenet
scenery *n* tájkép
scenic *adj* festői
scent *n* illat
scented *adj* illatosított
schedule *v* ütemez

schedule *n* ütemterv
scheme *n* séma
scheme *v* tervez
scholar *n* tudós
scholarship *n* ösztöndíj
school *n* iskola
school bus *n* iskolabusz
science *n* tudomány
scientific *adj* tudományos
scientist *n* tudós
scissors *n* olló
scoff *v* csúfolódik
scold *v* leszid
scooter *n* robogó
scope *n* hatókörzet
scorch *v* megperzsel
score *v* pontot szerez
score *n* pontszám
scoreboard *n* eredményjelző tábla
scorn *v* megvet
scornful *adj* megvető
scorpion *n* skorpió
scoundrel *n* gazember
scour *v* súrol
scout *n* járőr
scramble *v* habar
scrambled *adj* habart
scrap *n* darabka
scrap *v* szemétre dob
scrape *v* kapar
scratch *v* karcol

scratch *n* karcolás
scream *v* sikít
scream *n* sikoly
screech *v* csikorog
screen *v* átrostál; elfed
screen *n* képernyő; árnyékoló
screw *n* csavar
screwdriver *n* csavarhúzó
scribble *v* firkál
script *n* kézirat
scroll *v* görget
scroll *n* irattekercs
scrub *v* súrol
scrupulous *adj* lelkiismeretes
scrutiny *n* kutatás
sculptor *n* szobrász
sculpture *n* szobor
sea *n* tenger
seafood *n* tengeri gyümölcs
seagull *n* sirály
seal *n* fóka; pecsét
seal *v* pecsétel
seam *n* varrás
seamless *adj* varrat nélküli
seamstress *n* varrónő
search *v* keres
search *n* keresés
seashell *n* kagyló
seashore *n* tengerpart
seasick *adj* tengeribeteg
season *n* évszak; szezon
season *v* ízesít

seasonal *adj* szezonális
seasoning *n* fűszerezés
seat *n* ülés
seat belt *n* biztonsági öv
secluded *adj* eldugott
second *adj* második
second *adv* másodikként
second *n* másodperc
secondary *adj* másodlagos
secrecy *n* titoktartás
secret *adj* titkos
secret *n* titok
secretary *n* titkár
secretive *adj* titokzatoskodó
secretly *adv* titokban
section *n* szakasz
sector *n* szektor
secure *adj* biztos; biztonságos
secure *v* szerez; megvéd; biztosít
securely *adv* biztosan
security *n* biztonság
security guard *n* biztonsági őr
sedate *v* szedál
seduce *v* elvarázsol
see *v* lát; meglátogat; megért
seed *n* mag
seedless *adj* magtalan
seedy *adj* kopott
seek *v* kutat
seem *v* tűnik
see-through *adj* átlátszó

segment *n* szegmens
segregate *v* elkülönít
segregation *n* elkülönítés
seize *v* elkoboz
seizure *n* roham; elkobzás
seldom *adv* ritkán
select *v* választ
selection *n* választék
self *n* önmaga
self-conscious *adj* öntudatos
self-defense *n* önvédelem
self-employed *n* egyéni vállalkozó
self-esteem *n* önérzet
selfish *adj* önző
selfishness *n* önzés
self-respect *n* önbecsülés
sell *v* elad
seller *n* eladó
sellout *n* kiárusítás
semester *n* félév
senate *n* szenátus
senator *n* szenátor
send *v* küld
sender *n* küldő
senior *adj* rangidős; idős
senior citizen *n* nyugdíjas
seniority *n* rangidősség
sensation *n* érzékelés; szenzáció
sense *n* érzék; értelem
sense *v* érzékel

senseless *adj* érzéketlen
sensible *adj* érzékeny
sensitive *adj* érző
sentence *n* mondat; ítélet
sentence *v* elítél
sentiment *n* érzés
sentimental *adj* szentimentális
separate *v* elválaszt
separate *adj* különálló
separately *adv* külön
separation *n* elválasztás
September *n* szeptember
sequel *n* folytatás
sequence *n* sorrend
serenade *n* szerenád
serene *adj* higgadt
sergeant *n* őrmester
series *n* sor; sorozat
serious *adj* súlyos; komoly
sermon *n* szentbeszéd
serpent *n* kígyó
servant *n* szolga
serve *v* szolgál
service *n* szolgáltatás; szolgálat
session *n* ülés
set *n* szett; kollekció
set *v* elhelyez
set off *pv* elindul
set out *pv* kezd
set up *pv* felállít
setback *n* balszerencse
setting *n* helyzet; beállítás

shield

settle *v* eldönt; letelepedik; rendez
settle down *pv* letelepedik
settle for *pv* megelégszik
settlement *n* egyezség; település
settler *n* telepes
setup *n* felépítés
seven *n* hét
seventeen *n* tizenhét
seventh *adj* hetedik
seventy *n* hetven
sever *v* elvág
several *pron* számos
several *adj* számos
severance *n* elvágás
severe *adj* súlyos
sew *v* varr
sewage *n* szennyvíz
sewer *n* szennyvízcsatorna
sewing *n* varrás
sex *n* nem; nemi aktus
shabby *adj* kopott
shack *n* kunyhó
shade *n* árnyék; árnyékoló
shadow *n* árnyék
shady *adj* árnyékos; homályos
shake *v* ráz
shaky *adj* ingatag; rozoga
shall *modal v* fog
shallow *adj* sekély; felszínes
sham *n* színlelés

shame *v* megszégyenít
shame *n* szégyen
shameful *adj* szégyenletes
shameless *adj* szégyentelen
shampoo *n* sampon
shape *n* forma
shape *v* formáz
share *v* megoszt
share *n* részesedés
shareholder *n* részvényes
shark *n* cápa
sharp *adj* éles; okos
sharpen *v* élez
sharpener *n* élező
shatter *v* összezúz
shattering *adj* zúzó
shave *v* borotvál
she *pron* ő
shear *v* lenyír
shed *v* elhullat
shed *n* fészer
sheep *n* juh
sheet *n* lepedő; papírlap
shelf *n* polc
shell *n* kagyló
shellfish *n* rákfélék
shelter *n* menedék
shelter *v* oltalmaz
shepherd *n* juhász
sheriff *n* seriff
shield *n* pajzs
shield *v* védelmez

shift *v* elmozdul; sebességet vált; vált;
shift *n* műszak; váltás
shin *n* lábszár
shine *v* ragyog
shiny *adj* fényes
ship *v* behajóz
ship *n* hajó
shipment *n* szállítmány
shipwreck *n* hajótörött
shipyard *n* hajógyár
shirt *n* ing
shiver *v* didereg
shock *n* megrázkódtatás; sokk
shock *v* megdöbben
shocking *adj* megrázó
shoddy *adj* selejtes
shoe *n* cipő
shoe polish *n* cipőkrém
shoe store *n* cipőbolt
shoelace *n* cipőfűző
shoot *v* lő; leforgat
shop *n* bolt
shop *v* vásárol
shoplifting *n* bolti lopás
shopping *n* bevásárlás
shopping basket *n* bevásárlókosár
shopping cart *n* bevásárlókocsi
shopping mall *n* bevásárlóközpont
shore *n* tengerpart

short *adj* rövid; alacsony
shortage *n* hiány
shortcoming *n* hiányosság
shortcut *n* rövidebb út
shorten *v* lerövidít
shorthand *n* gyorsírás
short-lived *adj* rövid életű
shortly *adv* rövidesen
shorts *n* rövidnadrág
shortsighted *adj* rövidlátó
short-term *adj* rövidtávú
shot *n* lövés; fénykép; injekció
shotgun *n* vadászpuska
should *modal v* kellene
shoulder *n* váll
shout *v* kiabál
shout *n* kiabálás
shove *v* lök
shovel *n* lapát
shovel *v* lapátol
show *v* megmutat
show *n* műsor
show off *pv* felvág vmivel
show up *pv* megjelenik
showdown *n* lapok leterítése
shower *n* zápor; zuhany
shred *n* foszlány
shred *v* széttép
shrewd *adj* eszes
shriek *v* sikolt
shriek *n* sikoltás
shrimp *n* garnélarák

shrine *n* ereklyetartó
shrink *v* zsugorodik
shrub *n* cserje
shrug *v* vállat von
shudder *v* borzong
shuffle *v* csoszog; kever
shun *v* kerül vmit
shut *v* becsuk
shut off *pv* elzár
shut up *pv* elhallgat
shuttle *v* ingázik
shy *adj* félénk
shyness *n* félénkség
sibling *n* testvér
sick *adj* beteg
sicken *v* undort kelt
sickening *adj* undorító
sickle *n* sarló
sickness *n* betegség
side *n* oldal
side effect *n* mellékhatás
sideburns *n* pajesz
sidestep *v* kikerül
sidewalk *n* járda
sideways *adv* oldalt
siege *n* ostrom
sift *v* szitál
sigh *n* sóhaj
sigh *v* sóhajt
sight *n* látvány; látás
sightseeing *n* városnézés
sign *n* jelölés; jelzés
sign *v* aláír
signal *n* jel; jelzés
signal *v* jelet ad
signature *n* aláírás
significance *n* jelentőség
significant *adj* kiemelkedő; jelentős
signify *v* jelez
silence *n* csend
silent *adj* csendes
silhouette *n* körvonal
silk *n* selyem
silly *adj* buta
silver *n* ezüst
silver *adj* ezüstszínű
silverware *n* ezüst készlet
similar *adj* hasonló
similarity *n* hasonlóság
simmer *v* párol
simple *adj* világos; egyszerű
simplicity *n* egyszerűség
simplify *v* egyszerűsít
simply *adv* egyszerűen
simulate *v* szimulál
simulation *n* szimuláció
simultaneous *adj* egyidejű
sin *n* bűn
sin *v* vétkezik
since *conj* mert
since *adv* mivel
since *prep* óta
sincere *adj* őszinte

sincerely

sincerely *adv* őszintén
sincerity *n* őszinteség
sing *v* énekel
singer *n* énekes
single *adj* egyetlen; egyedülálló
single-handed *adv* egyedül
single-minded *adj* céltudatos
sinister *adj* baljós
sink *v* merül
sink *n* mosogató
sip *v* kortyolgat
sir *n* úr
siren *n* sziréna
sister *n* lánytestvér
sister-in-law *n* sógornő
sit *v* ül
site *n* helyszín; weboldal
sitting *n* értekezlet
situated *adj* elhelyezkedő
situation *n* szituáció
six *n* hat
sixteen *n* tizenhat
sixth *adj* hatodik
sixty *n* hatvan
sizable *adj* jókora
size *n* méret
skate *n* korcsolya
skate *v* korcsolyázik
skateboard *n* gördeszka
skating *n* korcsolyázás
skeleton *n* csontváz
skeptic *n* szkeptikus

skeptical *adj* kételkedő
sketch *n* vázlat
sketch *v* vázol
sketchy *adj* vázlatos
ski *v* síel
skill *n* készség
skilled *adj* szakképzett
skillful *adj* gyakorlott
skim *v* lefölöz; átolvas
skin *n* bőr; héj
skin *v* megnyúz
skinny *adj* sovány
skip *v* szökdécsel; kihagy
skirmish *n* csetepaté
skirt *n* szoknya
skull *n* koponya
skunk *n* bűzös borz
sky *n* égbolt
skylight *n* tetőablak
skyscraper *n* felhőkarcoló
slab *n* tábla
slack *adj* laza
slacken *v* meglazít
slacks *n* bőnadrág
slam *v* becsap
slander *n* rágalom
slang *n* szleng
slant *v* lejt
slanted *adj* dőlt
slap *v* csap
slash *v* hasít
slash *n* hasítás

slaughter *v* lemészárol
slave *n* rabszolga
slavery *n* rabszolgaság
sleazy *adj* romlott
sled *n* szánkó
sleep *v* alszik
sleep *n* alvás
sleepy *adj* álmos
sleeve *n* ruhaujj
sleeveless *adj* ujjatlan
sleigh *n* szán
slender *adj* karcsú
slice *n* szelet
slice *v* szeletel
sliced *adj* szeletelt
slide *n* csúszda; dia
slide *v* csúszik
slight *adj* enyhe
slightly *adv* alig
slim *adj* vékony
slip *n* cédula; botlás
slip *v* megcsúszik
slipper *n* papucs
slippery *adj* csúszós
slit *v* hasít
slit *n* rés
slither *v* siklik
slob *n* sár
slogan *n* szlogen
slope *n* lejtő
sloppy *adj* enervált
slot *n* nyílás

slow *adj* lassú
slow down *pv* lelassít
slow motion *n* lassú mozgás
slowly *adv* lassan
sluggish *adj* lomha
slum *n* nyomornegyed
slump *v* lepottyan
slur *v* elmosódik
sly *adj* agyafúrt
smack *v* csap
small *adj* kicsi
smart *adj* okos
smash *v* szétzúz
smear *v* bepiszkol
smear *n* maszat
smell *n* szag
smell *v* szagol
smelly *adj* büdös
smile *n* mosoly
smile *v* mosolyog
smoke *n* füst
smoke *v* füstöl
smooth *v* simít; csillapodik
smooth *adj* sima
smoothly *adv* simán
smoothness *n* simaság
smother *v* megfojt
smug *adj* önelégült
smuggle *v* csempészik
smuggler *n* csempész
snack *n* falatozás
snail *n* csiga

snake *n* kígyó
snap *v* eltörik; ingerülten megjegyez
snapshot *n* pillanatfelvétel
snare *n* csapda
snatch *v* megkaparint
sneak *v* settenkedik
sneakers *n* tornacipő
sneeze *v* tüsszent
sneeze *n* tüsszentés
sniff *v* szimatol
sniper *n* orvlövész
snitch *v* elcsen
snob *n* sznob
snooze *v* szundít
snore *v* horkol
snow *v* havazik
snow *n* hó
snowboarding *n* snowboardozás
snowfall *n* hóesés
snowflake *n* hópehely
snowstorm *n* hóvihar
snub *v* lekezel
so *adv* így
so *conj* úgyhogy
soak *v* áztat
soak up *pv* felitat
soaked *adj* átázott
soap *n* szappan
soar *v* lebeg
sob *v* zokog
sober *adj* józan

so-called *adj* úgynevezett
soccer *n* labdarúgás
soccer *n* labdarúgás
sociable *adj* barátságos
social *adj* társadalmi
social network *n* közösségi háló
socialize *v* szocializálódik
society *n* társadalom
sock *n* zokni
socket *n* foglalat
soda *n* szóda
sofa *n* kanapé
soft *adj* puha; finom
softball *n* softball
soften *v* puhul
softly *adv* lágyan
software *n* szoftver
soggy *adj* átázott
soil *v* bemocskol
soil *n* talaj
soiled *adj* piszkos
solace *n* vigasz
solar *adj* nap-
solder *v* forraszt
soldier *n* katona
sold-out *adj* kiárusított
sole *adj* egyedüli
sole *n* talp
solely *adv* egyedül
solemn *adj* ünnepélyes
solicit *v* folyamodik

solid *adj* szilárd
solid *n* szilárd test
solidarity *n* szolidaritás
solidify *v* megszilárdít
solitary *adj* magányos
solitude *n* magány
solo *adj* egyedüli
solution *n* megoldás; oldat
solve *v* megold
somber *adj* komor
some *adj* bizonyos
some *pron* néhány
somebody *pron* valaki
someday *adv* valamikor
somehow *adv* valahogy
someone *pron* valaki
something *pron* valami
sometimes *adv* néha
someway *adv* valahogyan
somewhat *adv* némileg
somewhere *adv* valahol
son *n* fiúgyermek
song *n* dal
son-in-law *n* vő
soon *adv* hamarosan
soothe *v* enyhít
soothing *adj* enyhítő
sorcerer *n* varázsló
sorcery *n* varázslás
sore *adj* fájó
sore *n* sérülés
sorrow *n* bánat

sorry *adj* szomorú
sort *n* fajta
sort *v* kiválogat
sort out *v* megold
soul *n* lélek
sound *n* hang
sound *v* hangzik
soundproof *adj* hangszigetelt
soup *n* leves
sour *adj* savanyú
source *n* forrás
south *n* dél
south *adj* déli
south *adv* délre
southbound *adv* dél felé
southeast *n* délkelet
southern *adj* délvidéki
southerner *n* délvidéki
southwest *n* délnyugat
souvenir *n* ajándéktárgy
sovereign *adj* független
sovereignty *n* szuverenitás
sow *v* vet
spa *n* gyógyfürdő
space *n* tér; űr
space out *pv* feloszt
spaceship *n* űrhajó
spacious *adj* tágas
spaghetti *n* spagetti
spam *n* spam
span *v* átível
span *n* fesztáv

spank *v* tenyérrel megüt
spare *v* nélkülöz
spare *adj* tartalék
spare part *n* pótalkatrész
sparingly *adv* takarékosan
spark *n* szikra
sparkle *v* szikrázik
sparrow *n* veréb
sparse *adj* szórványos
spasm *n* görcs
speak *v* beszél
speaker *n* beszélő; hangszóró
spear *n* lándzsa
spearhead *v* élen jár
special *adj* különleges; speciális
specialist *n* specialista
specialize *v* specializál
specially *adv* különösen
specialty *n* specialitás
species *n* faj
specific *adj* jellemző
specifically *adv* kifejezetten
specify *v* meghatároz
specimen *n* példány
speck *n* petty
spectacle *n* látványosság
spectacular *adj* látványos
spectator *n* néző
speculate *v* spekulál; elmélkedik
speculation *n* spekuláció
speech *n* felszólalás; beszéd
speechless *adj* szótlan

speed *v* siet; száguld
speed *n* sebesség
speed limit *n* sebességhatár
speedy *adj* sebes
spell *n* bűbáj
spell *v* betűz
spelling *n* helyesírás
spend *v* költ; eltölt
sperm *n* sperma
sphere *n* gömb
spherical *adj* gömbölyű
spice *n* fűszer
spicy *adj* fűszeres
spider *n* pók
spider web *n* pókháló
spike *n* tüske
spiky *adj* hegyes
spill *v* kiönt
spill *n* kiöntés
spin *v* forog
spinach *n* spenót
spine *n* gerinc
spineless *adj* gerinctelen; gyáva
spiral *adj* spirális
spirit *n* lélek
spiritual *adj* spirituális
spit *v* köp
spite *n* rosszindulat
spiteful *adj* rosszindulatú
splash *v* loccsan
splendid *adj* pompás
splendor *n* ragyogás

splint *n* sín
splinter *n* szilánk
splinter *v* szilánkokra hasít
split *v* hasad
split *n* hasadás
split up *pv* szakít vkivel
spoil *v* megromlik; elkényeztet
spoils *n* zsákmány
sponge *n* szivacs
spongy *adj* szivacsos
sponsor *v* támogat
sponsor *n* támogató
spontaneous *adj* spontán
spooky *adj* kísérteties
spoon *n* kanál
spoonful *n* kanálnyi
sporadic *adj* elszórt
sport *n* sport
sportsman *n* sportember
sporty *adj* sportos
spot *n* folt; hely
spot *v* észrevesz
spotless *adj* makulátlan
spotlight *n* reflektor
spouse *n* hitves
sprain *v* kificamít
sprained *adj* kificamodott
sprawl *v* burjánzik
spray *n* permet
spray *v* porlaszt
spread *v* szétszór; szétszóródik; kitár

spreadsheet *n* táblázat
spring *n* rúgó; tavasz; forrás
spring *v* ered
sprinkle *v* spriccel
sprinkler *n* öntöző
sprout *v* csírázik
spur *n* sarkantyú
spy *n* kém
spy *v* kémkedik
squalid *adj* hitvány
squander *v* elherdál
square *n* négyzet; tér
squash *v* kiprésel
squat *v* lekuporodik
squeak *v* vinnyog
squeaky *adj* nyüszítő
squeamish *adj* finnyás
squeeze *v* présel
squid *n* tintahal
squint *v* bandzsít
squirrel *n* mókus
squirt *v* lövell
stab *v* döf
stability *n* stabilitás
stabilize *v* stabilizál
stable *adj* stabil
stable *n* istálló
stack *v* halmoz
stack *n* kazal
stadium *n* stadion
staff *n* alkalmazottak; sétapálca
stage *n* stádium; színpad

stagger v tántorog
staggering adj tántorgás
stagnant adj stagnáló
stain v bemocskol
stain n folt
stained adj foltos
stair n lépcső
staircase n lépcsőház
stairs n lépcsősor
stake n karó
stale adj állott
stalemate n holtpont
stalk n inda
stalk v követ titokban
stall n istálló; wc-ülőke; zuhanykabin
stall v elakad
stamina n állóképesség
stammer v dadog
stamp n bélyeg; jelzés
stamp v tapos
stamp out pv eltipor
stampede n pánik
stand v áll
stand n állvány
stand for pv képvisel vmit
stand out pv kiáll
stand up pv feláll
standard adj mérvadó
standard n norma
standardize v szabványosít
standstill n mozdulatlanság

staple n fémkapocs
staple v összefűz
stapler n tűzőgép
star n csillag; sztár
starch n keményítő
stare v bámul
stark adj merev
start v elkezd
start n kezdet
startle v megijeszt
startled adj ijedt
starvation n éhezés
starve v éhezik
state n állapot; állam
state v kijelent
statement n kijelentés
static n elektrosztatikus töltés
static adj statikus
station n állomás; csatorna
stationary adj mozdulatlan
stationery n irodaszer
statistic n statisztika
statistical adj statisztikai
statistician n statisztikus
statue n szobor
status n státusz
staunch adj hűséges
stay v marad; tartózkodik
stay n tartózkodás
steady adj szilárd; maradandó
steak n rostélyos
steal v lop

stealthy *adj* titkos
steam *n* gőz
steel *n* acél
steep *adj* meredek
steer *v* kormányoz
steering wheel *n* kormánykerék
stem *n* szár
stench *n* bűz
stencil *n* festősablon
step *n* lépés; lépcsőfok
step *v* lép
step down *pv* lelép
step out *pv* kilép
step up *pv* fokoz
stepbrother *n* mostohafivér
step-by-step *adv* lépésről lépésre
stepdaughter *n* mostohalány
stepfather *n* mostohaapa
stepladder *n* kis állólétra
stepmother *n* mostohaanya
stepsister *n* mostohanővér
stepson *n* mostohafiú
stereo *n* sztereo
stereotype *n* sztereotípia
sterile *adj* steril; meddő
sterilize *v* sterilizál
stern *n* hátsó rész
stern *adj* zord
sternly *adv* ridegen
stew *n* ragu
stick *v* bedug
stick *n* pálca
stick around *pv* cselleng
stick out *pv* kidug
stick to *pv* kitart vmi mellett
sticker *n* matrica
sticky *adj* ragadós
stiff *adj* merev
stiffen *v* merevedik
stiffness *n* merevség
stifle *v* elfojt
stifling *adj* fojtogató
still *adj* csendes
still *adv* mégis
stimulant *n* stimuláns
stimulate *v* stimulál
stimulating *adj* stimuláló
stimulus *n* inger
sting *n* csípés
sting *v* megcsíp
stinging *adj* szúrós
stingy *adj* fukar
stink *n* bűz
stink *v* bűzlik
stinking *adj* büdös
stipulate *v* kiköt
stir *v* kever
stir up *pv* felkavar
stitch *n* öltés
stitch *v* összevarr
stock *n* készlet; részvény
stock *v* készleten tart
stocking *n* harisnya

stockpile n raktárkészlet
stoic adj szenvedélymentes
stomach n has
stomachache n gyomorfájdalom
stone n kő
stool n hokedli
stop v megáll
stop n megálló
stop by pv beugrik
stop light n stoplámpa
storage n tároló
store n bolt
store v tárol
storm n vihar
stormy adj viharos
story n történet
stove n tűzhely
straight adj egyenes; őszinte
straight adv egyenesen
straighten v egyenesít
straightforward adj egyenes
strain v megfeszül; megerőltet; megszűr
strain n terhelés; erőfeszítés
strained adj feszült
strainer n szita
strait n tengerszoros
strand n part
stranded adj megfeneklett
strange adj furcsa
stranger n idegen
strangle v fojt

strap v beszíjaz
strap n szíj
strategic adj stratégiai
strategy n stratégia
straw n szívószál
strawberry n földieper
stray v elkóborol
stray adj kóbor
stream n patak; folyam
street n utca
street sign n útcanévtábla
streetcar n villamos
streetlight n közvilágítás
strength n erő
strengthen v erősít
strenuous adj kitartó
stress v hangsúlyoz
stress n stressz
stress out pv nagyon aggódik
stressful adj stresszes
stretch n nyújtás; terjedelem
stretch v nyújt
stretcher n hordágy
strict adj szigorú
stride v lépdel
strife n viszály
strike n csapás; sztrájk
strike v megüt
striking adj lenyűgöző
string n húr
stringent adj szigorú
strip v lehámoz; levetkőzik

strip *n* sáv
stripe *n* csík
striped *adj* csíkos
strive *v* erőlködik
stroke *n* vonás; roham; csapás
stroll *v* kószál
stroller *n* kószáló
strong *adj* erős
strongly *adv* erősen
structure *n* építmény; struktúra
struggle *v* erőlködik
struggle *n* küszködés
stub *n* csonk
stubborn *adj* makacs
stuck *adj* beszorult
student *n* tanuló
studio *n* stúdió
study *n* tanulmány; tanulószoba
study *v* tanul
stuff *n* dolog
stuff *v* töm
stuffing *n* töltelék
stuffy *adj* dohos
stumble *v* botlik
stun *v* elkábít
stunning *adj* elkábító
stupendous *adj* óriási
stupid *adj* hülye
stupidity *n* hülyeség
sturdy *adj* izmos
stutter *v* hebeg

style *n* stílus
stylish *adj* stílusos
subdue *v* mérsékel
subdued *adj* lehangolt
subject *n* alany; tantárgy
subject *v* alávet
subjective *adj* szubjektív
sublime *adj* fennkölt
submarine *n* tengeralattjáró
submerge *v* lemerül
submissive *adj* alázatos
submit *v* bead
subscribe *v* előfizet
subscription *n* előfizetés
subsequent *adj* rákövetkező
substance *n* alkotórész
substandard *adj* kifogásolható
substantial *adj* alapos
substitute *n* helyettes
substitute *v* helyettesít
subtitle *n* felirat
subtle *adj* finom
subtotal *n* részösszeg
subtract *v* kivon
subtraction *n* kivonás
suburb *n* külváros
subway *n* földalatti
succeed *v* sikerrel jár
success *n* siker
successful *adj* sikeres
successfully *adv* sikeresen
successor *n* utód

succulent *adj* zamatos
succumb *v* enged
such *adj* ilyen, olyan
such as *idiom* mint például
suck *v* szopik
sudden *adj* hirtelen
suddenly *adv* hirtelenül
sue *v* perel
suffer *v* szenved
suffering *n* szenvedés
sufficient *adj* elégséges
suffocate *v* fuldoklik
sugar *n* cukor
suggest *v* javasol
suggestion *n* javaslat
suicide *n* öngyilkosság
suit *n* öltöny
suitable *adj* megfelelő
suitcase *n* bőrönd
sullen *adj* morózus
sum *v* összead
sum *n* összeg
summarize *v* összefoglal
summary *n* összefoglalás
summer *n* nyár
summit *n* csúcs
summon *v* megidéz
sumptuous *adj* pazar
sun *n* nap
sun block *n* naptej
sunburn *n* leégés
Sunday *n* vasárnap

sundown *n* napnyugta
sunglasses *n* napszemüveg
sunken *adj* beesett
sunlight *n* napfény
sunny *adj* napos
sunrise *n* napfelkelte
sunset *n* napnyugta
sunshine *n* napsütés
suntan *n* napbarnított
super *adj* szuper
superb *adj* remek
superficial *adj* felületi
superfluous *adj* túlzott
superior *adj* felettes
supermarket *n* szupermarket
superpower *n* szuperhatalom
superstition *n* babona
supervise *v* felügyel
supervision *n* felügyelet
supervisor *n* felügyelő
supper *n* vacsora
supple *adj* hajlékony
supplier *n* beszállító
supplies *n* készletek
supply *v* ellát
supply *n* ellátmány
support *v* támogat; fenntart
support *n* támogatás; fenntartás
supporter *n* támogató
supportive *adj* támogató
suppose *v* feltételez

supposing *conj* feltéve
suppress *v* elnyom
supremacy *n* fölény
supreme *adj* legfelső
surcharge *n* pótdíj
sure *adj* biztos
surely *adv* biztosan
surf *v* szörfözik
surface *n* felület
surfboard *n* szörfdeszka
surfing *n* szörf
surge *n* hullám
surgeon *n* sebész
surgery *n* sebészet
surgical *adj* sebészi
surname *n* vezetéknév
surpass *v* túltesz
surplus *n* többlet
surprise *v* meglep
surprise *n* meglepetés
surprised *adj* meglepett
surprising *adj* meglepő
surrender *v* megadja magát
surround *v* körülvesz
surroundings *n* környezet
surveillance *n* megfigyelés
survey *v* felmér
survey *n* felmérés
survival *n* túlélés
survive *v* túlél
survivor *n* túlélő
susceptible *adj* képes

suspect *v* gyanúsít
suspect *n* gyanúsított
suspend *v* felfüggeszt; abbahagy
suspenders *n* nadrágtartó
suspense *n* kétség
suspension *n* felfüggesztés; félbeszakítás
suspicion *n* gyanú
suspicious *adj* gyanús
sustain *v* fenntart
sustainable *adj* fenntartható
sustenance *n* létfenntartás
swallow *v* nyel
swamp *n* láp
swamped *adj* elfoglalt
swan *n* hattyú
swap *v* cserél
swarm *n* raj
swarm *v* rajzik
sway *v* leng
swear *v* káromkodik; esküszik
sweat *v* izzad
sweat *n* izzadás
sweater *n* pulóver
sweatpants *n* melegítő
sweaty *adj* izzadt
sweep *v* seper
sweet *adj* édes; kedves
sweeten *v* édesít
sweetheart *n* kedves
sweets *n* édesség

swell v duzzad
swelling n duzzanat
swift adj gyors
swiftly adv gyorsan
swim v úszik
swim trunks n fürdőnadrág
swimmer n úszó
swimming n úszás
swimming pool n úszómedence
swimming trunks n fürdőnadrág
swimsuit n fürdőruha
swindle v csal
swindler n csaló
swing n hinta
swing v leng
swipe v ellop
switch v kapcsol
switch n kapcsoló
switch off pv kikapcsol
switch on pv bekapcsol
swivel v elfordul
swollen adj duzzadt
sword n kard
syllable n szótag
symbol n jelkép
symbolic adj jelképes
symbolize v szimbolizál
symmetrical adj szimmetrikus
symmetry n szimmetria
sympathetic adj együttérző
sympathize v együttérez
sympathy n együttérzés

symphony n szimfónia
symptom n tünet
synagogue n zsinagóga
synchronize v szinkronizál
synonym n szinoníma
synthesis n egyesítés
synthetic adj szintetikus
syringe n fecskendő
syrup n szirup
system n rendszer
systematic adj rendszeres

T

tab n fül
table n asztal; táblázat
tablecloth n abrosz
tablespoon n evőkanál
tablet n tabletta; táblagép
tack n szegecs
tackle v megküzd
tacky adj ízléstelen
taco n mexikói töltött lepény
tact n tapintat
tactful adj tapintatos
tactic n taktika
tactical adj taktikus
tag n címke
tail n farok
tailor n szabó

tainted *adj* romlott
take *v* fog
take apart *pv* szétszed
take away *pv* elvisz
take back *pv* visszavisz
take in *pv* bevesz
take off *pv* leveszi magáról
take out *pv* kivesz
take over *pv* átvesz
tale *n* mese
talent *n* tehetség
talented *adj* tehetséges
talk *n* beszéd
talk *v* beszél
talkative *adj* beszédes
tall *adj* magas
tame *v* megszelídít
tame *adj* szelíd
tan *v* lebarnul
tan *n* lebarnulás
tangent *n* tangens
tangerine *n* mandarin
tangible *adj* tapintható
tangle *n* gubanc
tangled *adj* összekuszált
tank *n* tartály; tank
tantrum *n* dühroham
tap *n* veregetés; csap
tap *v* kopog
tape *v* ragasztószalaggal leragaszt; fevételt készít
tape *n* szalag

tape measure *n* mérőszalag
tape recorder *n* magnó
tapestry *n* faliszőnyeg
tar *n* szurok
tarantula *n* tarantellapók
tardy *adj* lusta
target *n* célpont
tarnish *v* fényét veszti
tart *adj* fanyar
tart *n* torta
task *n* feladat
taste *n* ízlelés; ízlés
taste *v* ízlel
tasteful *adj* ízletes
tasteless *adj* ízetlen; ízléstelen
tasty *adj* jóízű
tattoo *n* tetoválás
tavern *n* kisvendéglő
tax *n* adó
taxi *n* taxi
tea *n* tea
teach *v* tanít
teacher *n* tanár
team *n* csapat
teammate *n* csapattárs
teapot *n* teáskanna
tear *n* könny; csepp
tear *v* tép; könnyezik
tease *v* ugrat
teaspoon *n* teáskanál
technical *adj* technikai
technically *adv* technikailag

technician *n* technikus
technique *n* technika
technology *n* technológia
tedious *adj* fárasztó
teenage *adj* tizenéves
teenager *n* tinédzser
teeth *n* fogazat
telephone *n* telefon
telescope *n* teleszkóp
televise *v* közvetít
television *n* televízió
tell *v* mond
teller *n* elbeszélő
telling *adj* sokatmondó
temper *n* vérmérséklet
temperature *n* hőmérséklet
tempest *n* vihar
template *n* sablon
temple *n* templom; halánték
temporarily *adv* ideiglenesen
temporary *adj* ideiglenes
tempt *v* kísért
temptation *n* kísértés
tempting *adj* csábító
ten *n* tíz
tenacity *n* állhatatosság
tenant *n* bérlő
tend *v* ellát
tendency *n* hajlam
tender *adj* gyengéd
tenderness *n* gyengédség
tennis *n* tenisz

tenor *n* tenor
tense *adj* feszült; merev
tension *n* feszültség
tent *n* sátor
tentacle *n* csáp
tentative *adj* kísérleti
tenth *adj* tizedik
tepid *adj* langyos
term *n* szó; időtartam
terminal *n* terminál
terminate *v* befejez
terminology *n* terminológia
terms *n* feltételek
terrace *n* terasz
terrain *n* terep
terrestrial *adj* szárazföldi
terrible *adj* iszonyú
terrific *adj* fantasztikus
terrify *v* megrémít
terrifying *adj* rémítő
territory *n* terület
terror *n* terror
terrorism *n* terrorizmus
terrorist *n* terrorista
terrorize *v* terrorizál
test *n* teszt
test *v* tesztel
testament *n* végrendelet
testify *v* tanúsít
testimony *n* tanúvallomás
text *v* sms-t küld
text *n* szöveg

text message *n* sms
textbook *n* tankönyv
texture *n* szerkezet
than *conj* mint
than *prep* mint
thank *v* megköszön
thank you *n* köszönöm
thankful *adj* hálás
thanks *n* kösz
Thanksgiving *n* hálaadás
that *pron* az
that *conj* hogy
that *adj* olyan
thaw *v* olvad
the *a* a, az
theater *n* színház
theft *n* lopás
their *adj* övék
theirs *pron* az övék
them *pron* őket
theme *n* téma
theme park *n* vidámpark
themselves *pron* ők maguk
then *adv* akkor
theory *n* elmélet
therapist *n* gyógyász
therapy *n* terápia
there *pron* amott
there *adv* ott
therefore *adv* ezért
thermometer *n* hőmérő
thermostat *n* hőszabályozó

thesaurus *n* lexikon
these *adj* ezek
these *pron* ezeket
thesis *n* értekezés
they *pron* ők
thick *adj* vastag
thicken *v* vastagít
thickness *n* vastagság
thief *n* tolvaj
thigh *n* comb
thin *adj* vékony
thing *n* dolog
think *v* gondol
thinly *adv* ritkán
third *adj* harmadik
thirst *v* szomjazik
thirsty *adj* szomjas
thirteen *n* tizenhárom
thirty *n* harminc
this *pron* ez
this *adj* ilyen
thorn *n* tüske
thorny *adj* tüskés
thorough *adj* alapos
those *pron* azok
those *adj* azok
though *conj* bár
though *adv* mégis
thought *n* gondolat
thoughtful *adj* meggondolt
thousand *n* ezer
thread *v* befűz

thread *n* fonál
threat *n* fenyegetés
threaten *v* fenyeget
three *n* három
threshold *n* küszöbérték
thrifty *adj* zsugori
thrill *n* krimi
thrill *v* megborzong
thrilling *adj* borzongató
thrive *v* boldogul
throat *n* torok
throb *v* dobog
throne *n* trón
through *prep* által
through *adv* keresztül
throughout *prep* egészen
throw *v* dob
throw away *pv* eldob
throw up *pv* hány
thug *n* bandita
thumb *n* nagyujj
thumbtack *n* rajzszeg
thunder *n* mennydörgés
thunderbolt *n* villámcsapás
thunderstorm *n* vihar
Thursday *n* csütörtök
thus *adv* így
ticket *n* jegy
tickle *v* csiklandoz
ticklish *adj* csiklandós
tidal wave *n* szökőár
tide *n* árapály

tidy *adj* takaros
tie *v* beköt; döntetlent ér el
tie *n* nyakkendő; döntetlen
tiger *n* tigris
tight *adj* szűk
tight *adv* szűken
tighten *v* megszorít
tile *n* csempe
till *prep* amíg
till *v* szánt
tilt *v* dől
timber *n* faanyag
time *n* idő
time *v* időzít
time limit *n* határidő
timeless *adj* időtlen
timely *adj* időszerű
timer *n* időzítő
times *prep* -szer, -ször, -szor
timid *adj* bátortalan
tin *n* ón
tingle *v* bizsereg
tiny *adj* apró
tip *n* csúcs; borravaló; tanács
tiptoe *v* lábujjhegy
tire *n* abroncs
tire *v* fárad
tired *adj* fáradt
tireless *adj* fáradhatatlan
tiresome *adj* fárasztó
tissue *n* zsebkendő
title *n* cím; rang

touch on

to *prep* -ig, -ba, -be, -ra, -re, -hoz, -hez, -höz, felé, irányában
toad *n* varangy
toast *n* pirítós
toast *v* tósztot mond
toaster *n* kenyérpirító
tobacco *n* dohány
today *adv* ma
today *n* mai nap
toddler *n* totyogó
toe *n* lábujj
toenail *n* lábköröm
together *adv* együtt
toil *v* gürcöl
toilet *n* toalett
toilet paper *n* vécépapír
token *n* jel
tolerable *adj* tűrhető
tolerance *n* tolerancia
tolerant *adj* toleráns
tolerate *v* tolerál
toll *n* díj
tomato *n* paradicsom
tomb *n* sír
tombstone *n* sírkő
tomorrow *adv* holnap
tomorrow *n* holnap
ton *n* tonna
tone *n* hangszín
tongs *n* laposfogó
tongue *n* nyelv
tonight *adv* ma éjjel

tonight *n* ma éjjel
too *adv* szintén
tool *n* eszköz
toolbox *n* szerszámláda
tooth *n* fog
toothache *n* fogfájás
toothbrush *n* fogkefe
toothpaste *n* fogkrém
toothpick *n* fogpiszkáló
top *n* tető; fedő; női felső
top *adj* felső
topic *n* téma
topical *adj* aktuális
topple *v* billeg
torch *n* fáklya
torment *v* gyötör
torn *adj* elszakadt
tornado *n* tornádó
torrent *n* özön
torso *n* test
tortilla *n* tortilla
tortoise *n* teknősbéka
torture *v* kínoz
torture *n* kínzás
toss *v* hajít
total *n* összeg
total *adj* összes
totally *adv* összesen
touch *v* érint
touch *n* érintés
touch on *v* érintőlegesen foglalkozik vmivel

touch up *v* javít
touching *adj* megindító
tough *adj* erős; nehéz
toughen *v* megkeményít
tour *n* túra
tourism *n* turizmus
tourist *n* turista
tournament *n* torna
tow *v* vontat
tow truck *n* autómentő
toward *prep* felé
towel *n* törülköző
tower *n* torony
towering *adj* hatalmas
town *n* város
town hall *n* városháza
toxic *adj* mérgező
toxin *n* méreganyag
toy *n* játék
trace *v* kinyomoz
trace *n* nyom
track *n* nyomvonal; lábnyom
track *v* követ
traction *n* tapadás
tractor *n* traktor
trade *n* kereskedelem; szakma
trade *v* kereskedik
trader *n* kereskedő
tradition *n* hagyomány
traditional *adj* hagyományos
traditionally *adv* hagyományosan
traffic *n* forgalom
traffic jam *n* forgalmi dugó
traffic light *n* közlekedési lámpa
tragedy *n* tragédia
tragic *adj* tragikus
trail *n* ösvény
trail *v* vontat
trailer *n* utánfutó; filmelőzetes
train *v* edz
train *n* vonat
trainee *n* gyakornok
trainer *n* edző
training *n* oktatás
trait *n* jellemző vonás
traitor *n* áruló
trajectory *n* röppálya
tram *n* villamos
trample *v* tapos
trance *n* révület
tranquility *n* nyugalom
transaction *n* tranzakció
transcend *v* meghalad
transcribe *v* leír
transfer *v* átvisz
transfer *n* átvitel
transform *v* átalakul
transformation *n* átalakulás
transit *n* átjárás
transition *n* átmenet
translate *v* lefordít
translator *n* fordító
transmit *v* továbbad

transparent *adj* átlátszó
transplant *v* átültet
transport *v* szállít
transportation *n* szállítás
trap *n* csapda
trap *v* csapdába ejt
trash *n* szemét
trash can *n* szemetes
trash collector *n* szemétgyűjtő
trashy *adj* vacak
traumatic *adj* traumás
traumatize *v* sérül
travel *n* utazás
travel *v* utazik
traveler *n* utazó
tray *n* tálca
treacherous *adj* álnok
treachery *n* árulás
tread *v* tapos
treason *n* árulás
treasure *n* kincs
treat *v* jutalmaz; kezel; bánik
treat *n* élvezet
treatment *n* bánásmód; kezelés
treaty *n* egyezmény
tree *n* fa
tree house *n* fára épített ház
tremble *v* remeg
tremendous *adj* borzasztó
tremor *n* remegés
trench *n* árok

trend *n* tendencia
trendy *adj* divatos
trespass *v* birtokháborítást követ el
trial *n* tárgyalás
triangle *n* háromszög
tribe *n* törzs
tribulation *n* megpróbáltatás
tribute *n* elismerés
trick *v* rászed
trick *n* trükk
trickle *v* csepegtet
tricky *adj* trükkös
trigger *v* előidéz
trigger *n* ravasz
trim *v* nyes
trip *n* út
trip *v* utazik
triple *adj* tripla
tripod *n* háromlábú állvány
triumph *n* diadal
triumphant *adj* győztes
trivial *adj* triviális
trivialize *v* közhelyszerűvé tesz
trolley *n* villamos
trombone *n* harsona
troops *n* seregek
trophy *n* trófea
tropical *adj* trópusi
trouble *n* gond
trouble *v* zavar
troubled *adj* zaklatott

troublesome *adj* zavaró
trousers *n* nadrág
truce *n* fegyverszünet
truck *n* teherautó
trucker *n* teherautó-sofőr
true *adj* igaz
truly *adv* igazán
trumped-up *adj* kitalált
trumpet *n* trombita
trunk *n* fatörzs; csomagtartó; ormány; utazóláda
trust *n* bizalom
trust *v* bízik
trustworthy *adj* megbízható
truth *n* igazság
truthful *adj* szavahihető
try *v* próbálkozik
T-shirt *n* rövidujjú
tub *n* kád
tuba *n* tuba
tube *n* cső
tuck *v* begyűr
Tuesday *n* kedd
tug *v* húzgál
tuition *n* tandíj
tulip *n* tulipán
tumble *v* bukfencezik
tummy *n* has
tumor *n* tumor
tumult *n* csődület
tumultuous *adj* zavargó
tuna *n* tonhal

tune *n* dallam
tune *v* hangol
tunnel *n* alagút
turbulence *n* turbulencia
turf *n* gyep
turkey *n* pulyka
turmoil *n* zűrzavaros
turn *n* forgás; fordulat
turn *v* fordul
turn back *pv* visszafordul
turn down *pv* elutasít
turn in *pv* átad
turn off *pv* kikapcsol
turn on *pv* bekapcsol
turn over *pv* megfordul
turn up *pv* kiderül
turtle *n* teknős
tusk *n* agyar
tutor *n* oktató
tweezers *n* csipesz
twelfth *adj* tizenkettedik
twelve *n* tizenkettő
twentieth *adj* huszadik
twenty *n* húsz
twice *adv* kétszer
twig *n* gally
twilight *n* alkony
twin *n* iker
twinkle *v* csillog
twist *n* csavarodás; fordulat
twist *v* teker
twisted *adj* csavart

twister *n* tornádó
twitch *v* ránt
two *n* kettő
tycoon *n* iparmágnás
type *v* gépel
type *n* típus
type writer *n* írógép
typical *adj* tipikus
typo *n* elír
tyranny *n* zsarnokság
tyrant *n* zsarnok

U

ugly *adj* csúf
ulcer *n* fekély
ultimate *adj* végső
ultimatum *n* ultimátum
umbrella *n* esernyő
umpire *n* bíró
unable *adj* képtelen
unanimous *adj* egyhangú
unarmed *adj* fegyvertelen
unassuming *adj* szerény
unattached *adj* szabad
unavoidable *adj* elkerülhetetlen
unaware *adj* nincs tudatában
unbearable *adj* elviselhetetlen
unbeatable *adj* legyőzhetetlen
unbelievable *adj* hihetetlen

unbiased *adj* elfogulatlan
unbroken *adj* töretlen
unbutton *v* kigombol
uncertain *adj* bizonytalan
uncle *n* nagybácsi
unclear *adj* zavaros
uncomfortable *adj* kényelmetlen
uncommon *adj* szokatlan
unconscious *adj* eszméletlen
uncontrollable *adj* irányíthatatlan
unconventional *adj* rendhagyó
unconvinced *adj* kételkedő
uncover *v* felfed; leleplez
undecided *adj* eldöntetlen
undeniable *adj* tagadhatatlan
under *adv* alatta
under *prep* alul
underage *adj* kiskorú
undercover *adj* rejtett
underdog *n* gyengébb fél
underestimate *v* alábecsül
undergo *v* aláveti magát
underground *adv* föld alatt
underground *adj* földalatti
underline *v* kiemel
underlying *adj* alapul szolgáló
undermine *v* aláás
underneath *prep* alatt
understand *v* megért
understandable *adj* érthető
understanding *adj* megértő
undertake *v* vállal

underwater *adv* víz alatt
underwater *adj* vízalatti
underwear *n* alsónemű
underweight *adj* sovány
undeserved *adj* meg nem érdemelt
undesirable *adj* nemkívánatos
undisputed *adj* vitathatatlan
undo *v* visszacsinál
undoubtedly *adv* kétségtelenül
undress *v* levetkőzik
undue *adj* indokolatlan
unearth *v* kiás
uneasy *adj* nyugtalan
uneducated *adj* tanulatlan
unemployed *adj* munkanélküli
unemployment *n* munkanélküliség
unending *adj* végtelen
unequal *adj* egyenlőtlen
unequivocal *adj* egyértelmű
uneven *adj* egyenetlen
unexpected *adj* váratlan
unfair *adj* igazságtalan
unfaithful *adj* hűtlen
unfamiliar *adj* ismeretlen
unfasten *v* kioldoz
unfavorable *adj* kedvezőtlen
unfinished *adj* befejezetlen
unfit *adj* alkalmatlan; legyengült
unfold *v* kinyit

unforeseen *adj* váratlan
unforgettable *adj* felejthetetlen
unfortunately *adv* sajnálatos módon
unfounded *adj* megalapozatlan
unfriendly *adj* barátságtalan
ungrateful *adj* hálátlan
unhappy *adj* boldogtalan
unharmed *adj* sértetlen
unhealthy *adj* egészségtelen
unheard-of *adj* ismeretlen
uniform *n* egyenruha
uniform *adj* egységes
uniformity *n* egyformaság
unify *v* egyesít
unilateral *adj* egyoldalú
union *n* unió
unique *adj* egyedi
unit *n* egység; mértékegység
unite *v* egyesül
united *adj* egyesült
unity *n* egység
universal *adj* univerzális
universe *n* univerzum
university *n* egyetem
unjust *adj* igazságtalan
unjustified *adj* igazolatlan
unkind *adj* rideg
unknown *adj* ismeretlen
unlawful *adj* törvénytelen
unleash *v* elenged
unless *conj* hacsak

unlike *adj* különböző
unlikely *adj* valószínűtlen
unlimited *adj* korlátlan
unload *v* kirak
unlock *v* kinyit
unlucky *adj* szerencsétlen
unmarried *adj* nőtlen
unmask *v* leleplez
unmistakable *adj* félreismerhetetlen
unnecessary *adj* szükségtelen
unnoticed *adj* észrevétlen
unoccupied *adj* szabad
unofficial *adj* nem hivatalos
unofficially *adv* nem hivatalosan
unpack *v* kicsomagol
unpleasant *adj* kellemetlen
unplug *v* kihúz
unpopular *adj* népszerűtlen
unpredictable *adj* megjósolhatatlan
unprofessional *adj* szakszerűtlen
unprotected *adj* védtelen
unqualified *adj* képzetlen
unravel *v* kibogoz
unreal *adj* irreális
unreasonable *adj* ésszerűtlen
unrelated *adj* össze nem függő
unreliable *adj* megbízhatatlan
unrest *n* nyugtalanság
unsafe *adj* veszélyes
unscrew *v* lecsavar
unspeakable *adj* kimondhatatlan
unstable *adj* instabil
unsteady *adj* változékony
unsuccessful *adj* sikertelen
unsuitable *adj* célszerűtlen
unsure *adj* bizonytalan
unsuspecting *adj* gyanútlan
unthinkable *adj* elképzelhetetlen
untie *v* kiold
until *prep* amíg
until *conj* amíg...nem
untimely *adj* időszerűtlen
untouchable *adj* érinthetetlen
untrue *adj* hamis
unusual *adj* szokatlan
unveil *v* leleplez
unwillingly *adv* vonakodva
unwind *v* leteker
unwrap *v* kibont
unzip *v* cipzárat kinyit
up *adv* fel
up *prep* -ig
upbringing *n* nevelés
upcoming *adj* közelgő
update *v* frissít
upgrade *v* feljavít
upheaval *n* felfordulás
uphill *adv* hegynek fel
uphold *v* fenntart
upholstery *n* kárpitozás
upon *prep* -on, -en, -ön

uppercase *n* nagybetű
upright *adj* függőleges
uprising *n* fellázadás
uproar *n* zajongás
uproot *v* gyökerestől kitép
upset *adj* dühös
upset *v* felzaklat
upside-down *adv* fejjel lefelé
upstairs *adv* emeleten
upstairs *adj* emeleti
uptight *adj* feszült
up-to-date *adj* naprakész
upwards *adv* felfelé
Uranus *n* Uránusz
urban *adj* városi
urge *v* unszol
urge *n* vágy
urgency *n* sürgősség
urgent *adj* sürgős
urinate *v* vizel
urine *n* vizelet
urn *n* urna
us *pron* minket; nekünk; bennünket
usage *n* használat
use *v* használ
use *n* haszon
useable *adj* használható
used *adj* használt
used to *idiom* szokott
useful *adj* hasznos
useless *adj* haszontalan

user *n* felhasználó
user-friendly *adj* felhasználóbarát
username *n* felhasználónév
usher *n* teremszolga
usual *adj* rendes
usually *adv* rendszerint
utensil *n* eszköz
utilize *v* hasznosít
utmost *adj* legtöbb
utter *v* kiejt

V

vacancy *n* üresedés
vacant *adj* üres
vacate *v* elhagy
vacation *n* szabadság
vaccinate *v* beolt
vaccine *n* vakcina
vacuum *v* porszívóz
vacuum *n* vákuum
vagrant *n* csavargó
vague *adj* tétova
vain *adj* hiábavaló
vainly *adv* hiába
Valentine's Day *n* Valentin-nap
valiant *adj* merész
valid *adj* érvényes
validate *v* jóváhagy
validity *n* érvényesség

valley *n* völgy
valuable *adj* értékes
value *v* becsül
value *n* érték
valve *n* szelep
vampire *n* vámpír
van *n* szállítóautó
vandal *n* vandál
vandalism *n* vandalizmus
vandalize *v* tönkretesz
vanilla *n* vanília
vanish *v* köddé válik
vanity *n* hiúság
vanquish *v* leküzd
vapor *n* gőz
variable *adj* változó
variation *n* variáció
varied *adj* sokféle
variety *n* választék
various *adj* különböző
varsity *n* egyetemi válogatott sportcsapat
vary *v* változik
vase *n* váza
vast *adj* mérhetetlen
veal *n* borjú
veer *v* megfordul
vegetable *n* zöldség
vegetarian *n* vegetariánus
vegetation *n* növényzet
vehicle *n* jármű
veil *n* lepel

vein *n* ér
velocity *n* sebesség
velvet *n* bársony
vengeance *n* bosszú
venom *n* méreg
vent *n* nyílás
ventilate *v* szellőztet
ventilation *n* szellőztetés
venture *n* kockázat
venture *v* mer
verb *n* ige
verbal *adj* szóbeli
verbally *adv* szóban
verbatim *adv* szó szerint
verdict *n* ítélet
verge *n* perem
verification *n* igazolás
verify *v* igazol
versatile *adj* sokoldalú
verse *n* vers
versed *adj* jártas
version *n* verzió
versus *prep* ellen
vertebra *n* csigolya
vertical *adj* függőleges
very *adj* igazi
very *adv* nagyon
vessel *n* hajó
vest *n* mellény
veteran *n* veterán
veterinarian *n* állatorvos
veto *v* vétó

via *prep* keresztül
vibrant *adj* rezgő
vibrate *v* rezeg
vibration *n* rezgés
vice *n* erkölcstelenség
vicinity *n* közelség
vicious *adj* erkölcstelen
victim *n* áldozat
victimize *v* feláldoz
victor *n* győztes
victorious *adj* győzedelmes
victory *n* győzelem
video *n* videó
video game *n* videójáték
view *n* látvány; nézet
view *v* néz
viewpoint *n* szempont
vigil *n* virrasztás
vigorous *adj* élénk
village *n* falu
villager *n* falusi ember
villain *n* gazember
vindicate *v* tisztáz
vindictive *adj* bosszúvágyó
vine *n* szőlő
vinegar *n* ecet
vineyard *n* szőlőskert
violate *v* áthág
violence *n* erőszak
violent *adj* erőszakos
violet *n* lila szín; ibolya
violet *adj* lila

violin *n* hegedű
violinist *n* hegedűművész
virgin *n* szűz
virile *adj* férfias
virtual *adj* tényleges
virtually *adv* gyakorlatilag
virtue *n* erény
virtuous *adj* érdemes
virus *n* vírus
visibility *n* láthatóság
visible *adj* látható
vision *n* látomás
visit *n* látogatás
visit *v* meglátogat
visitor *n* látogató
visual *adj* vizuális
visualize *v* elképzel
vital *adj* létfontosságú
vitality *n* életerő
vitamin *n* vitamin
vivacious *adj* eleven
vivid *adj* élénk
vocabulary *n* szókincs
vocal *adj* hang-; szóbeli
voice *n* hang
voice mail *n* hangüzenet
void *adj* érvénytelen
volatile *adj* illékony
volcano *n* vulkán
volleyball *n* röplabda
voltage *n* feszültség
volume *n* hangerő; űrtartalom

voluntary *adj* szándékos
volunteer *v* önként jelentkezik
volunteer *n* önkéntes
vomit *v* hány
vote *v* szavaz
vote *n* szavazat
vouch for *v* jótáll
voucher *n* utalvány
vow *v* megfogad
vowel *n* magánhangzó
voyage *n* utazás
voyager *n* utazó
vulgar *adj* közönséges
vulnerable *adj* sérülékeny
vulture *n* keselyű

wafer *n* ostya
waffle *n* édes ostya
wag *v* csóvál
wage *n* bér
wagon *n* vagon
wail *v* jajgat
waist *n* derék
wait *v* vár
waiter *n* pincér
waitress *n* pincérnő
waive *v* lemond róla
wake (up) *v* felébred

walk *n* séta
walk *v* sétál
wall *n* fal
wallet *n* tárca
walnut *n* dió
walrus *n* rozmár
waltz *n* keringő
wander *v* bolyong
wanderer *n* vándor
wane *v* fogy
want *v* akar
war *n* háború
ward *n* őr
warden *n* fegyházigazgató
wardrobe *n* gardrób
warehouse *n* raktár
warfare *n* hadviselés
warm *adj* meleg; szívélyes
warm *v* melegít
warm up *pv* felmelegít
warmth *n* melegség
warn *v* figyelmeztet
warning *n* figyelmeztetés
warp *v* vetemedik
warped *adj* eltorzult
warrant *v* igazol
warrant *n* végrehajtási parancs
warranty *n* garancia
warrior *n* harcos
wart *n* dudor
wary *adj* óvatos
wash *v* mos

washable *adj* mosható
washer *n* mosógép
washing machine *n* mosógép
wasp *n* darázs
waste *v* pazarol
waste *adj* puszta
waste *n* szemét
wastebasket *n* papírkosár
wasteful *adj* pazarló
watch *v* figyel
watch *n* karóra
watch out *pv* odafigyel
watchful *adj* éber
water *v* öntöz
water *n* víz
water fountain *n* ivókút
water heater *n* vízmelegítő
water park *n* vízi vidámpark
waterfall *n* vízesés
watermelon *n* görögdinnye
waterproof *adj* vízhatlan
watertight *adj* vízálló
watery *adj* vizenyős
wave *n* hullám
wave *v* integet
waver *v* remeg
wavy *adj* fodros
wax *n* viasz

way *n* út; mód
way in *n* bejárat
way out *n* kiút
we *pron* mi

weak *adj* gyenge
weaken *v* gyengít
weakness *n* gyengeség
wealth *n* vagyon
wealthy *adj* gazdag
weapon *n* fegyver
wear *v* hord
wear down *pv* lekopik
wear out *pv* elnyű
weary *adj* kimerült
weather *n* időjárás
weave *v* sző
web *n* háló
website *n* weboldal
wed *v* összead
wedding *n* esküvő
wedge *n* ék
Wednesday *n* szerda
weed *n* gaz
weed *v* kigyomlál
week *n* hét
weekday *n* hétköznap
weekend *n* hétvége
weekly *adv* hetente
weep *v* könnyezik
weigh *v* mérlegre tesz
weight *n* súly; mérlegsúly
weights *n* súlyzó
weird *adj* furcsa
welcome *n* fogadtatás
welcome *v* üdvözöl
weld *v* hegeszt

welder *n* hegesztő	**whereabouts** *n* tartózkodási hely
welfare *n* jólét; állami segély	**whereas** *conj* míg
well *adj* egészséges	**whereby** *adv* amitől
well *adv* jól	**wherever** *conj* ahova csak
well *n* kút	**whether** *conj* vajon
well-behaved *adj* illedelmes	**which** *pron* amelyik
well-dressed *adj* jól öltözött	**which** *adj* az
well-known *adj* közismert	**while** *n* időtartam
well-to-do *adj* tehetős	**while** *conj* mialatt
west *n* nyugat	**whim** *n* szeszély
west *adj* nyugati	**whine** *v* nyafog
west *adv* nyugatra	**whip** *n* ostor
westbound *adv* nyugat felé	**whip** *v* ostoroz
western *adj* nyugati	**whirl** *v* pörög
westerner *adj* nyugati ember	**whirlpool** *n* örvény
wet *adj* nedves	**whiskers** *n* szakáll
whale *n* bálna	**whisper** *v* suttog
what *adj* micsoda	**whisper** *n* suttogás
what *pron* ami	**whistle** *n* fütty
whatever *pron* bármi	**whistle** *v* sípol
whatever *adj* bármilyen	**white** *adj* fehér
wheat *n* búza	**white** *n* fehér szín
wheel *n* kerék	**whiteboard** *n* fehértábla
wheelbarrow *n* taliga	**whiten** *v* fehérít
wheelchair *n* tolószék	**who** *pron* ki
wheeze *v* liheg	**whoever** *pron* bárki
when *conj* ha	**whole** *adj* egész
when *adv* mikor	**whole** *n* egység
whenever *adv* bármikor	**wholehearted** *adj* szívből jövő
whenever *conj* hacsak	**wholesome** *adj* tápláló
where *conj* ahol	**whom** *pron* akit
where *adv* hol	

whose *pron* akié
whose *adj* kié
why *adv* amiért
wicked *adj* komisz
wide *adj* tág
widely *adv* széles körben
widen *v* kiszélesít
widespread *adj* széleskörű
widow *n* özvegyasszony
widower *n* özvegyember
width *n* szélesség
wield *v* kezel
wife *n* feleség
wig *n* paróka
wiggle *v* csavargat
wild *adj* vad; féktelen
wild boar *n* vaddisznó
wilderness *n* vadon
wildfire *n* futótűz
wildlife *n* vadvilág
will *n* akarat; végakarat
will *modal v* fog
willing *adj* hajlandó
willingly *adv* készségesen
willingness *n* hajlandóság
willow *n* fűzfa
wily *adj* ravasz
wimp *n* félénk

win *v* nyer
win back *pv* visszanyer
wind *v* fúj
wind *n* szél

wind up *pv* kiköt vhol
winding *adj* kanyargó
windmill *n* szélmalom
window *n* ablak
windshield *n* szélvédő
windy *adj* szeles
wine *n* bor
winery *n* pincészet
wing *n* szárny
wink *v* kacsint
winner *n* nyertes
winter *n* tél
wipe *v* letöröl
wire *n* vezeték
wireless *adj* vezeték nélküli
wisdom *n* bölcsesség
wise *adj* bölcs
wish *n* kívánság
wish *v* óhajt
wit *n* ész
witch *n* boszorkány
witchcraft *n* bűbáj
with *prep* -val, -vel
withdraw *v* visszavonul
withdrawn *adj* zárkózott
wither *v* elsorvad
withhold *v* visszatart
within *prep* belül
without *prep* nélkül
withstand *v* ellenáll
witness *n* tanú
witty *adj* éles eszű

write

wizard *n* varázsló	**worse** *adv* rosszabbul
wobble *v* inog	**worsen** *v* rosszabbodik
wobbly *adj* ingó	**worship** *v* imád
wolf *n* farkas	**worst** *n* a legrosszabb
woman *n* nő	**worst** *adj* legrosszabb
womb *n* anyaméh	**worst** *adv* legrosszabbul
women *n* nők	**worth** *adj* érdemes
wonder *v* ámul	**worthless** *adj* érdemtelen
wonder *n* csoda	**worthwhile** *adj* érdemleges
wonderful *adj* csodálatos	**worthy** *adj* méltó
wood *n* fa	**would** *modal v* volna
wooden *adj* fa	**would-be** *adj* leendő
wool *n* gyapjú	**wound** *n* seb
woolen *adj* gyapjú	**wounded** *adj* sebesült
word *n* szó	**woven** *adj* szőtt
work *v* dolgozik; működik	**wrap** *v* becsomagol
work *n* munka	**wrapper** *n* csomagoló
work out *pv* edz	**wrapping** *n* csomagolás
workable *adj* megmunkálható	**wrath** *n* harag
workbook *n* munkafüzet	**wreath** *n* koszorú
worker *n* munkás	**wreck** *v* zátonyra fut
workshop *n* műhely	**wreckage** *n* roncs
world *n* világ	**wrench** *n* ficam
worldly *adj* világi	**wrestle** *v* birkózik
worldwide *adj* világszerte elterjedt	**wrestler** *n* birkózó
	wrestling *n* birkózás
worm *n* féreg	**wretched** *adj* szerencsétlen
worn-out *adj* elhasznált	**wring** *v* facsar
worried *adj* aggódó	**wrinkle** *n* ránc
worry *n* aggodalom	**wrinkled** *adj* ráncos
worry *v* aggódik	**wrist** *n* csukló
worse *adj* rosszabb	**write** *v* ír

writer *n* író
writing *n* írás
written *adj* írott
wrong *adj* téves
wrong *adv* tévesen

X

X-mas *n* karácsony
X-ray *n* röntgen

Y

yacht *n* jacht
yam *n* jamgyökér
yard *n* udvar; yard
yarn *n* mese
yawn *v* ásít
year *n* év
yearly *adv* évenként
yearn *v* epekedik
yeast *n* élesztő
yell *v* ordít
yellow *adj* sárga
yellow *n* sárga szín
yes *adv* igen
yesterday *adv* tegnap
yesterday *n* tegnap

yet *adv* eddig
yet *conj* mégis
yield *v* terem
yoga *n* jóga
yogurt *n* joghurt
yolk *n* tojássárgája
you *pron* te
young *adj* fiatal
youngster *n* kamasz
your *pron* tied
your *adj* tied
yours *pron* tiedet
yourself *pron* magad
youth *n* fiatalság
youthful *adj* ifjú

Z

zeal *n* hév
zealous *adj* buzgó
zebra *n* zebra
zero *n* semmi
zest *n* lelkesedés
zip code *n* irányítószám
zipper *n* zipzár
zone *n* zóna
zoo *n* állatkert
zoom *v* zümmög
zucchini *n* cukkini

Hungarian-English

Abbreviations

a - article - névelő
adj - adjective - melléknév
adv - adverb - határozószó
conj - conjunction - kötőszó
e - exclamation - felkiáltás
n - noun - főnév
prep - preposition - elöljárószó
pron - pronoun - névmás
v - verb - ige
pv - phrasal verb - vonzatos ige
idiom - idiom - szólás
auxillary v - auxillary verb - segédige
modal v - modal verb - módbeli segédige
abbr - abbreviation - rövidítés
phrase - phrase - kifejezés

A, Á

a *a* the
a legjobb *n* best
a legrosszabb *n* worst
a miénk *pron* ours
abbahagy *v* break off, cease, discontinue, suspend
ábécé *n* alphabet
ablak *n* window
abnormális *adj* abnormal
ábra *n* diagram, graph
ábránd *n* dream
ábrázol *v* illustrate
ábrázolás *n* representation
abroncs *n* tire
abrosz *n* tablecloth
acél *n* steel
ácsmesterség *n* carpentry
ad *v* give, provide
adagolás *n* dosage
adagoló *n* dispenser
adaptáció *n* adaptation
adat *n* data
adatbázis *n* database
ádáz *adj* furious
addiktív *adj* addictive
adminisztratív *adj* administrative
admirális *n* admiral
adó *n* dues, tax
adomány *n* donation
adományoz *v* donate
adós *n* debtor
adósság *n* debt
adottság *n* aptitude, faculty
áfonya *n* blueberry
aggasztó *adj* alarming
agglegény *n* bachelor
aggodalom *n* worry
aggódás *n* anxiety
aggódik *v* worry
aggódó *adj* anxious, worried
agresszió *n* aggression
agresszív *adj* aggressive
agy *n* brain
ágy *n* bed
agyafúrt *adj* sly
agyag *n* clay
agyar *n* tusk
agyrázkódás *n* concussion
ágytakaró *n* bedspread
ágyú *n* cannon
ágyútűz *n* gunfire
ahogy *conj* as, like
ahol *conj* where
ahova csak *conj* wherever
ajak *n* lip
ajakrúzs *n* lipstick
ajándék *n* gift, present
ajándéktárgy *n* souvenir
ajánl *v* bid, offer
ajánlat *n* bid, offer
ajtó *n* door

ajtócsengő *n* doorbell
akadály *n* barrier, obstacle
akadályozás *n* hindrance
akadékoskodó *adj* nagging
akadémia *n* academy
akar *v* want
akár *adv* even
akarat *n* will
akasztó *n* hanger
akié *pron* whose
akit *pron* whom
akklimatizál *v* acclimatize
akkor *adv* then
akkumulátoros fúró *n* power drill
akna *n* mine
akrobata *n* acrobat
akta *n* file
aktatáska *n* briefcase
aktív *adj* active
aktivál *v* activate
aktuális *adj* topical, actual, current
akusztikus *adj* acoustic
akvárium *n* aquarium
alá *adv* below
aláás *v* undermine
alábecsül *v* underestimate
alábukik *v* dive
alacsony *adj* low, short
alacsonyabb *adj* lower
alacsonyan *adv* low
alagsor *n* basement
alagút *n* tunnel
aláír *v* sign
aláírás *n* signature
alak *n* figure, form
alakít *v* figure; form
alámerül *v* go under
alamizsna *n* handout
alany *n* subject
alap *n* base, foundation; basis
alapelv *n* principle
alapfokú *adj* elementary
alapismeretek *n* basics
alapít *v* institute
alapítás *n* establishment
alapító *n* founder
alapján *prep* from
alapos *adj* substantial; thorough
alapoz *v* base
alaprajz *n* layout
alapszabály *n* charter
alaptalan *adj* baseless
alaptőke *n* funds
alapul szolgáló *adj* underlying
alapvető *adj* basic; fundamental
alapvetően *adv* basically
alapzat *n* foundation
álarcosbál *v* masquerade
alárendelt *adj* inferior
alatt *prep* below, beneath, underneath

alatta *adv* under
alávet *v* subject
aláveti magát *v* undergo
alázatos *adj* humble, submissive
alázatosan *adv* humbly
alázatosság *n* humility
álca *n* camouflage
álcáz *v* camouflage, mask
álcázás *n* cover-up
áld *v* bless
áldás *n* blessing
áldott *adj* blessed
áldozat *n* sacrifice; victim
álhír *n* hoax
alig *adv* hardly, slightly
aligátor *n* alligator
aligha *adv* scarcely
alj *n* bottom
aljas *adj* foul
alkalmatlan *adj* unfit
alkalmaz *v* apply; employ
alkalmazás *n* application; employment
alkalmazható *adj* adaptable, applicable
alkalmazkodik *v* adapt, conform
alkalmazkodó *adj* conformist
alkalmazott *n* employee
alkalmazottak *n* staff
alkalom *n* occasion
alkalomszerűen *adv* occasionally

alkar *n* forearm
alkohol *n* alcohol
alkony *n* twilight
alkonyat *n* dusk
alkotás *n* creation
alkotmány *n* constitution
alkotmányos *adj* constitutional
alkotó *n* creator
alkotóelem *n* element
alkotórész *n* substance
alku *n* bargain, deal
alkudoz *v* bargain
áll *n* chin
áll *v* stand
áll vmiből *v* consist, comprise
állam *n* state
államcsíny *n* coup
állami segély *n* welfare
állampolgár *n* citizen
állampolgárság *n* citizenship, nationality
államszövetség *n* federation
állandó *adj* constant, fixed, permanent, stationary
allandóan *adv* constantly
állapot *n* condition, state
állás *n* job, position
állat *n* animal
állatkert *n* zoo
állatorvos *n* veterinarian
allergia *n* allergy
allergiás *adj* allergic

állhatatosság *n* fortitude; tenacity
állít *v* allege
állítólag *adv* allegedly
állkapocs *n* jaw
állóképesség *n* stamina
állomás *n* station
állott *adj* stale
állvány *n* stand
állványzat *n* scaffolding
alma *n* apple
almabor *n* cider
álmatlanság *n* insomnia
álmodik *v* dream
álmodozik *v* daydream
álmos *adj* drowsy, sleepy
álnév *n* pseudonym
álnok *adj* deceitful, treacherous
alom *n* litter
álom *n* dream
álomban *adv* asleep
alperes *n* defendant
álruha *n* disguise
alsó *adj* bottom, down
alsónemű *n* underwear
alszik *v* sleep
által *prep* by; per; through
általában *adv* overall
általános *adj* overall
általános iskola *n* elementary school
általánosan *adv* generally
általánosít *v* generalize
altatódal *n* lullaby
alul *adv* downstairs
alul *prep* under
alultápláltság *n* malnutrition
alumínium *n* aluminum
alvás *n* sleep
ám *adv* however
amatőr *adj* amateur
ambíció *n* ambition
ambíciózus *adj* ambitious
ambivalens *adj* ambivalent
amelyik *pron* which
amerikai *adj* American
amerikai futball *n* football
ami *pron* what
amiért *adv* why
amíg *prep* till, until
amíg...nem *conj* until
amilyen *prep* like
amint *adv* as
amitől *adv* whereby
ammuníció *n* ammunition
amnézia *n* amnesia
amott *pron* there
amputál *v* amputate
ámul *v* wonder
ámulat *n* amazement
ámulatba ejt *v* amaze
amulett *n* charm
analitikai *adj* analytic
analógia *n* analogy

ananász *n* pineapple
anatómia *n* anatomy
anekdota *n* anecdote
angol *n* English
angol hold *n* acre
angyal *n* angel
angyali *adj* angelic
animáció *n* animation
animál *v* animate
annak ellenére *adv* even though
antenna *n* antenna
antibiotikum *n* antibiotic
antik *n* antique
antilop *n* antelope
anya *n* mom, mother
anyacsavar *n* nut
anyag *n* fabric, material; matter
anyai *adj* maternal
anyajegy *n* mole
anyaméh *n* womb
anyaság *n* maternity, motherhood
anyós *n* mother-in-law
apa *n* father
apáca *n* nun
apad *v* dwindle, lessen
apartman *n* apartment
apaság *n* fatherhood, paternity
apátia *n* apathy
ápol *v* nurse
após *n* father-in-law
április *n* April

aprít *v* chop
apró *adj* tiny
apró csípőspaprika *n* chili
aprópénz *n* change
apu *n* dad
ár *n* price, rate
arab *adj* Arabic
árajánlat *n* quotation, quote
áram *n* current
áramkör *n* circuit
áramlás *n* flow
áramlat *n* current
áramlik *v* flow
áramszünet *n* blackout
arany *n* gold
arany *adj* golden
arány *n* proportion, ratio
aranyszínű *adj* gold
árapály *n* tide
arat *v* crop, harvest
aratás *n* harvest
árbevétel *n* revenue
árbóc *n* mast
arc *n* cheek, face
arcátlan *adj* impertinent, insolent
arcátlanság *n* impertinence
arccsont *n* cheekbone
archív *n* archive
arci *adj* facial
arckifejezés *n* expression
aréna *n* arena

árnyalat *n* nuance
árnyék *n* shadow, shade
árnyékoló *n* shade
árnyékos *adj* shady
árok *n* ditch, trench
árpa *n* barley
árt *v* harm, injure
ártalmas *adj* harmful
ártalmatlan *adj* harmless
ártalom *n* harm
ártatlan *adj* innocent
ártatlanság *n* innocence
artéria *n* artery
articsóka *n* artichoke
artikulál *v* articulate
áru *n* merchandise
áruk *n* goods
árulás *n* betrayal, treachery, treason
áruló *n* traitor
árus *n* merchant
árva *n* orphan
árvaház *n* orphanage
árverés *n* auction
árverésvezető *n* auctioneer
árvíz *n* flood
ás *v* dig
ásít *v* yawn
áskálódás *n* intrigue
áskálódó *adj* intriguing
aspektus *n* aspect
ásvány *n* mineral

aszal *v* dehydrate, parch
aszalt szilva *n* prune
aszály *n* drought
aszfalt *n* asphalt
aszpirin *n* aspirin
asztal *n* table
asztalos *n* carpenter
asztma *n* asthma
asztmás *adj* asthmatic
át *prep* over
átad *v* pass, hand over; turn in
átalakul *v* transform
átalakulás *n* transformation
átázott *adj* soaked, soggy
átdolgoz *v* remodel
átértékel *v* reconsider
átfogó *adj* comprehensive
átfúródás *n* perforation
áthág *v* violate
áthatol *v* permeate
áthelyez *v* relocate
átitat *v* drench
átível *v* span
átjárás *n* transit
átjáró *n* alley, passage
átjavít *v* revise
átjön *v* come over
átkoz *v* cuss
átlag *n* average
átlagos *adj* average
átlátszatlan *adj* opaque

átlátszó *adj* see-through, transparent
atléta *n* athlete
atlétikai *adj* athletic
átlós *adj* diagonal
átlyukaszt *v* perforate
átmegy *v* go over
átmenet *n* transition
átmeneti *adj* provisional
átmérő *n* diameter
átnéz rajta *v* look through
átok *n* curse
átolvas *v* skim
atom *n* atom
atomcsapadék *n* fallout
átrendez *v* rearrange
átrostál *v* screen
átszervez *v* reorganize
áttekint *v* review
áttekintés *n* overview, review
áttörés *n* breakthrough
attrakció *n* feature
átültet *v* transplant
átüt *v* punch
átütemez *v* reschedule
átvált *v* convert
átváltható *n* convertible
átverés *n* rip-off
átvesz *v* take over
átvilágít *v* scan
átvisz *v* transfer
átvitel *n* transfer
átvizsgál *v* look over
átvizsgálás *n* revision
atyai *adj* fatherly
augusztus *n* August
autó *n* car
autóbusz-állomás *n* bus station
autófelhajtó *n* driveway
autogram *n* autograph
automata *adj* automatic
automatikusan *adv* automatically
automatizált *adj* automated
autómentő *n* tow truck
autópálya *n* freeway, highway
autós kiszolgálás *n* drive-through
autósbolt *n* auto shop
autósszálló *n* motel
autózás *n* drive
avatás *n* inauguration
avokádó *n* avocado
az *pron* it; that
az *a* the; which
az övé *pron* his
az övék *pron* theirs
az utóbbi időben *adv* lately
azaz *adv* namely
azért *prep* because of
azok *pron* those
azonban *conj* however
azonfelül *adv* moreover
azonnal *adv* immediately

azonnali *adj* immediate, prompt
azonos *adj* one
azonos értékű *adj* equivalent
azonosít *v* identify
azonosítás *n* identification
áztat *v* soak
azután *prep* after
azután *adv* next

B

ba *prep* in; to
bab *n* beans
báb *n* dummy, puppet
baba *n* doll
babona *n* superstition
babrál *v* meddle
bádogdoboz *n* canister
bagoly *n* owl
bágyadt *adj* faint
baj *n* distress, mischief
bajnok *n* champion
bájos *adj* adorable, lovely
bájt *n* byte
bajusz *n* mustache
bakancs *n* boot
baklövés *n* blunder
baktérium *n* bacteria, germ
bal *n* left
bál *n* dance

bal oldali *adj* left
bála *n* bale
baleset *n* accident
balett *n* ballet
balettáncosnő *n* ballerina
baljós *adj* ominous; sinister
ballon *n* balloon
bálna *n* whale
balra *adv* left
balszerencse *n* misfortune, setback
bálterem *n* ballroom
bálvány *n* idol
bálványoz *v* idolize
balzsam *n* balm
bambusz *n* bamboo
bámul *v* gaze, stare, peer
bámulatba ejt *v* astonish
bámulatba ejtő *adj* astonishing
bámulatos *adj* amazing, fabulous
ban *prep* in, inside
banán *n* banana
bánásmód *n* treatment
bánat *n* sorrow
banda *n* band, gang
bandita *n* bandit, thug
bandzsít *v* squint
bánik *v* treat
bank *n* bank
bankszámla *n* bank account
bántó *adj* hurtful
bánya *n* mine

bányász *n* miner
bányászik *v* mine
bár *conj* though
bárány *n* lamb
báránybunda *n* fleece
bárányhimlő *n* chicken pox
barát *n* friend
barátkozik *v* befriend
barátnő *n* girlfriend
barátság *n* friendship
barátságos *adj* friendly, sociable
barátságtalan *adj* unfriendly
barázda *n* groove
barbár *n* barbarian
barbecue szósz *n* barbecue sauce
bárhogy *adv* anyway
bárka *n* ark, barge
bárki *pron* anyone; whoever
barlang *n* cave
bármelyik *pron* either
bármerre *adv* anywhere
bármi *pron* anything; whatever
bármikor *adv* whenever
bármilyen *adj* whatever
barna *adj* brown
barna nő *adj* brunette
barna szín *n* brown
baromfi *n* poultry
bársony *n* velvet
baseball *n* baseball
baseball sapka *n* baseball cap

basszus *adj* bass
bátor *adj* bold, brave, courageous
bátorság *n* boldness, bravery, courage; nerve
bátortalan *adj* half-hearted; timid
bátran *adv* bravely
be *prep* in; to
bead *v* submit, hand in
beáll mögé *v* get behind
beállítás *n* adjustment; setting
beárnyékol *v* overshadow
beavatkozás *n* interference
bebalzsamoz *v* embalm
bebörtönöz *v* imprison, jail
bebugyolál *v* muffle
becenév *n* nickname
becsap *v* bang, slam; delude, fool
becsatol *v* fasten
becsatolja magát *v* buckle up
becses *adj* precious
becslés *n* appraisal, estimate
becsomagol *v* wrap
becstelen *adj* dishonest
becstelenség *n* dishonesty
becsuk *v* shut
becsül *v* gauge; value
becsület *n* honor
bedug *v* stick
bedugaszol *v* plug

beenged v let in
beengedés n admittance
beépített adj built-in
beépített szekrény n closet
beesett adj sunken
befecskendez v inject
befejez v complete, end, finish, terminate
befejezés n ending
befejezetlen adj incomplete, unfinished
befejezett adj complete; ready
befejezi a telefonhívást v hang up
befektet v invest
befektetés n investment
befektető n investor
befelé forduló adj introvert
befizet v deposit
befogad v adopt
befolyás n influence
befolyásos adj influential
befőtt n conserve
befőttesüveg n jar
befűz v thread
begyújt v ignite
begyűr v tuck
behajóz v embark; ship
behatás n impact
beható adj profound
behatol v penetrate
behatolás n intrusion

behatoló n invader
beilleszkedés n integration
beilleszt v paste
beírás n entry
beiratkozik v enroll, matriculate
bejárat n entrance, way in
bejelent v announce
bejelentés n announcement
bejelentkezés n login
bejelentkezik v log in; check in
bejön v come in
bejövő adj incoming
bejövő üzenetek n inbox
bejut v get in
béka n frog
bekapcsol v switch on, turn on
béke n peace
békéltet v pacify
békéltető n pacifier
beképzelt adj conceited
bekeretez v frame
bekerít v enclose
bekerítés n enclosure
békés adj peaceful
béketűrő adj meek
bekezdés n paragraph
bekezdéssel szed v indent
beköt v tie
beköti a szemét v blindfold
bekötöz v bandage
bekövetkezik v come about
bél n bowel, intestine, gut

belátás *n* discretion
bele *prep* into
beleakad *v* hitch
beleért *v* include
beleértve *prep* including
belek *n* guts
belekever *v* implicate
belekeveredés *n* implication
belélegez *v* inhale
belemerül *v* indulge
belenéz *v* look into
belenyugszik *v* put up with
belép *v* enter
belépés *n* entrée, entry, admission
belépő *n* pass
bélés *n* lining, padding
beleszalad *v* run into
beleütközik *v* bump
belföldre *adv* inland
belső *adj* inner, inside, interior, internal
belső átmérő *n* caliber
belsőleg *adv* internally, inwards
belsőséges *adj* inward
beltérben *adv* indoors
beltéri *adj* indoor
belül *adv* inside
belül *prep* within
belváros *n* downtown
bélyeg *n* stamp
bemárt *v* dip
bemegy *v* go in
bemélyedés *n* recess
bemocskol *v* soil, stain
bemondó *n* announcer
bemutat *v* display, present; introduce
bemutatás *n* introduction
bemutatkozás *n* debut
bemutató példány *n* demo
ben *prep* at; in; inside
béna *adj* cripple, lame
benn *adv* in
bennünket *pron* us
bénulás *n* paralysis
benyomás *n* impression
benzin *n* gasoline
benzinkút *n* gas station
beolt *v* vaccinate
beolvas *v* scan
beomlik *v* cave in
bepiszkol *v* blot; smear
bér *n* wage
bérel *v* rent
berendezés *n* device; furniture
bereteszel *v* bolt
bérlet *n* lease
bérlő *n* tenant
berozsdásodott *adj* rusty
berregő *n* buzzer
besoroz *v* draft
bestia *n* beast
besúgó *n* informer

beszállító *n* supplier
beszámol *v* report
beszámoló *n* report
beszed *v* levy
beszéd *n* speech, talk
beszédes *adj* talkative
beszél *v* speak, talk
beszélget *v* converse
beszélgetés *n* conversation
beszélő *n* speaker
beszerez *v* procure
beszíjaz *v* strap
beszivárog *v* infiltrate
beszorult *adj* stuck
beszúrás *n* insertion
betakar *v* cover
beteg *adj* ill, sick
beteg *n* patient
betegség *n* disease, illness, sickness
beteljesülés *n* fulfillment
betesz *v* insert
betét *n* deposit
betéti kártya *n* debit card
betilt *v* ban, prohibit
betolakodik *v* encroach, intrude
betolakodó *n* intruder
betölt *v* load
beton *n* concrete
betör *v* break in, burglarize, invade
betörés *n* burglary
betörő *n* burglar
betű *n* letter
betűz *v* spell
beugrik *v* drop in, stop by
beültet *v* implant
bevándorlás *n* immigration
bevándorló *n* immigrant
bevándorol *v* immigrate
bevásárlás *n* shopping
bevásárlókocsi *n* shopping cart
bevásárlókosár *n* shopping basket
bevásárlóközpont *n* mall, shopping mall
bevégez *v* end up
bevesz *v* ingest, take in
bevétel *n* income
bevezetés *n* preface
bevon *v* coat
bezár *v* close; lock, lock up; incarcerate
bezárás *n* closure
bézs *n* beige
biblia *n* bible
bibliai *adj* biblical
bibliográfia *n* bibliography
bíbor szín *n* purple
bíborlila *adj* purple
biciklizik *v* cycle
bika *n* bull
bikini *n* bikini
biliárd *n* billiards

biliárdjáték *n* pool
bilincs *n* handcuffs
billeg *v* topple
billentyűzet *n* keyboard
bírál *v* review
bíráló *adj* critical
birkózás *n* wrestling
birkózik *v* wrestle
birkózó *n* wrestler
bíró *n* judge; umpire
birodalom *n* empire
bíróság *n* court, court house
bírósági ügy *n* case
bírság *n* fine
birtok *n* estate
birtokháborítást követ el *v* trespass
birtoklás *n* possession
birtokol *v* have, possess
bisztró *n* diner
bivaly *n* buffalo
bizalmas *n* confidant; counselor
bizalmas *adj* confidential
bizalmatlan *adj* distrustful
bizalmatlankodik *v* distrust, mistrust
bizalmatlanság *n* distrust, mistrust
bizalom *n* confidence, reliance, trust
bizalommal lévő *adj* reliant
bizarr *adj* bizarre

bízik *v* trust
bizonyít *v* prove
bizonyíték *n* evidence, proof
bizonyított *adj* proven
bizonyítvány *n* certificate; report card
bizonyítványt kiállít *v* certify
bizonyos *adj* certain, particular; some
bizonyosan *adv* certainly
bizonyosság *n* certainty
bizonytalan *adj* uncertain, unsure
bizonytalanság *n* insecurity
bizottság *n* committee
bizsereg *v* tingle
bíztat *v* encourage
bíztató *adj* encouraging
biztonság *n* safety, security
biztonsági mentés *n* backup
biztonsági őr *n* security guard
biztonsági öv *n* safety belt, seat belt
biztonságos *adj* safe, secure
biztonságosan *adv* safely
biztos *adj* confident, sure; secure
biztosan *adv* securely; surely
biztosít *v* assure, ensure, secure; insure
biztosítás *n* insurance

biztosíték n bail; fuse; safeguard
blog n blog
blogger n blogger
blokád n blockade
blúz n blouse
bő adj baggy, loose
bóbiskol v doze
bocsánatkérés n apology
bocsánatot kér v apologize
böfög v belch, burp
böfögés n burp
bogár n beetle, bug
bögre n mug
bogyó n berry
bohóc n clown
bója n buoy
bojkottál v boycott
böjtöl v fast
bók n compliment
bök v poke
boka n ankle
bokor n bush
boksz n boxing
bokszol v box
bokszoló n boxer
ból prep from; of
ből prep from; of
bölcs adj wise
bölcsesség n wisdom
bölcső n cradle
boldog adj blissful, happy
boldogság n bliss, happiness
boldogtalan adj unhappy
boldogul v thrive; get along
bölény n bison
bolha n flea
bólint v nod
bolond adj idiotic
bolondság n lunacy
bolt n shop, store
bolti lopás n shoplifting
boltív n arch
bolygó n planet
bolyhos adj fluffy
bolyong v wander
bomba n bomb
bombáz v bomb
bomlasztó adj disruptive
bőnadrág n slacks
böngészik v browse
böngésző n browser
bónusz n bonus
bonyodalom n complication
bonyolít v complicate
bonyolult adj complicated
bonyolultság n complexity
bor n wine
bőr n leather; skin
borbély n barber
borda n rib
boríték n envelope
borjú n calf, veal
bőrönd n suitcase

borongós *adj* murky
borostyán *n* ivy
borotva *n* razor
borotvál *v* shave
borravaló *n* gratuity, tip
bors *n* pepper
borsó *n* pea
börtön *n* jail, prison
borult *adj* overcast
borzalom *n* horror
borzas *adj* fuzzy
borzasztó *adj* horrible; tremendous
borzong *v* shudder
borzongató *adj* thrilling
bőség *n* abundance, plenty
bőséges *adj* abundant, plentiful, affluent
bosszant *v* displease
bosszantó *adj* bothersome
bosszú *n* revenge, vengeance
bosszút áll *v* avenge
bosszúvágyó *adj* vindictive
boszorkány *n* witch
botladozik *v* falter
botlás *n* slip
botlik *v* stumble
botrány *n* scandal
bővelkedik *v* abound
brokkoli *n* broccoli
bronz *n* bronze
brutális *adj* brutal

brutalitás *n* brutality
bűbáj *n* spell, witchcraft; glamour
buborék *n* bubble
búcsú *n* farewell
buddhista *n* Buddhist
buddhizmus *n* Buddhism
büdös *adj* smelly, stinking
büfé *n* buffet
buja *adj* lush
bukás *n* downfall
bukfencezik *v* tumble
buldózer *n* bulldozer
bulizik *v* party
bűn *n* sin
bűnbak *n* scapegoat
bűnbánó *adj* remorseful
bűncselekmény *n* crime, felony
bunkó ember *n* jerk
bunkósbot *n* club
bűnös *adj* guilty
bűnösség *n* guilt
bűnöző *n* criminal
bűnrészes *n* accomplice
büntet *v* chastise, punish
büntetendőnek nyilvánít *v* penalize
büntetés *n* chastisement; penalty, punishment
bűntettes *n* felon
bűntudat *n* remorse
bűnügyi *adj* criminal

burgonya n potato
burgonyaszirom n potato chip, chip
burjánzik v sprawl
burkolat n pavement
burrito n burrito
bús adj blue
búsan adv sadly
búskomorság n melancholy
busz n bus
büszke adj proud
büszkén adv proudly
büszkeség n pride
buszmegálló n bus stop
buta adj silly
bütyök n knob; knuckle
búvár n diver
bűz n stench, stink
búza n wheat
buzgó adj devout, enthusiastic, zealous
bűzlik v stink
bűzös borz n skunk

C

cápa n shark
cédula n slip
cég n company, enterprise, firm
cégembléma n logo
cékla n beetroot
cél n destination; point
célkitűzés n aim, goal, objective
cella n cell
céloz v aim
céloz vmire v hint
célozgat v insinuate; refer
célozgatás n insinuation
célpont n target
célszerűtlen adj unsuitable
céltalan adj aimless
céltudatos adj single-minded
célzás n hint
cement n cement
cent n cent, penny
centiméter n centimeter
cenzúra n censorship
cenzúráz v censure
ceruza n pencil
ceruzabél n lead
cián n cyan
cica n kitten
cigány n gypsy
cigaretta n cigarette
ciklon n cyclone
ciklus n cycle
cím n address; title
cimbora n crony
címez v address
címjegyzék n directory
címke n label, tag
címkéz v label

cinikus *n* cynic
cinkos *v* pander
cintányér *n* cymbal
cipel *v* carry
cipó *n* loaf
cipő *n* shoe
cipőbolt *n* shoe store
cipőfűző *n* lace, shoelace
cipőkrém *n* shoe polish
cipzárat kinyit *v* unzip
cirkál *v* cruise
cirkusz *n* circus
cirógat *v* caress
ciszta *n* cyst
citrom *n* lemon
citrusfélék *n* citrus
civakodás *n* brawl
civilizáció *n* civilization
civilizál *v* civilize
comb *n* thigh
corndog *n* corndog
cowboy *n* cowboy
cowboy kalap *n* cowboy hat

Cs

csábít *v* lure
csábítás *n* enticement
csábító *adj* enticing, tempting
csak *adv* only
csakis *adj* alone
csal *v* cheat, defraud, swindle
család *n* family
családi *adj* domestic
csalárd *adj* fraudulent
csalás *n* deceit, fraud
csalétek *n* bait
csaló *n* cheater, swindler
csalódás *n* delusion, disappointment, hang-up
csalódást okoz *v* disappoint
csalódottság *n* frustration
csalogat *v* coax
csámcsog *v* munch
csap *n* faucet, tap
csap *v* slap, smack
csáp *n* tentacle
csapadék *n* precipitation
csapás *n* calamity; strike; stroke
csapat *n* team
csapattárs *n* teammate
csapda *n* snare, trap
csapdába ejt *v* trap
csapkod *v* hack
csapos *n* bartender
csappantyú *n* flap
császárnő *n* empress
csat *n* buckle
csatahajó *n* battleship
csatlakozik *v* adjoin; join, link
csatol *v* affix, attach
csatolmány *n* attachment

csatolt *adj* attached
csatorna *n* canal, channel; station
csatornáz *v* channel
csatornázás *n* drainage
csattanás *n* clash
csavar *n* bolt, screw
csavargat *v* wiggle
csavargó *n* hoodlum; prowler; vagrant
csavarhúzó *n* screwdriver
csavarodás *n* twist
csavarodik *v* curl
csavarog *v* prowl
csavart *adj* twisted
csecsemő *n* baby, infant
csecsemőkor *n* infancy
csekély *adj* low, paltry
csekélyebb *adj* lesser
csekk *n* check
csekkfüzet *n* checkbook
cselekedet *n* act
cselekedik *v* act
cselekmény *n* plot
cselekszik *auxiliary v* do
cselekvés *n* action
cseles dolog *n* gimmick
cselez *v* dribble
cselleng *v* hang around, stick around
cselló *n* cello
cselszövés *n* plot

csemegebolt *n* deli
csempe *n* tile
csempész *n* smuggler
csempészik *v* smuggle
csend *n* silence
csendes *adj* quiet, silent, still
csendesen *adv* quietly
csengő *n* bell
csengőhang *n* ringtone
csepegtet *v* trickle
csepp *n* drop, tear
cseppfolyósít *v* condense
cserél *v* exchange, swap
cseresznye *n* cherry
cserje *n* shrub
csésze *n* cup
csetepaté *n* skirmish
cseveg *v* chat
csibe *n* chick
csiga *n* snail
csigolya *n* vertebra
csík *n* stripe
csiklandós *adj* ticklish
csiklandoz *v* tickle
csikó *n* colt
csikorgás *n* creak
csikorog *v* creak, screech
csíkos *adj* striped
csillag *n* star
csillagász *n* astronomer
csillagászat *n* astronomy
csillagászati *adj* astronomic

csillagjós *n* astrologer
csillagjóslás *n* astrology
csillagocska *n* asterisk
csillámlik *v* glitter
csillapít *v* mitigate, quell
csillapodik *v* smooth
csillár *n* chandelier
csillog *v* twinkle
csimpánz *n* chimpanzee
csinál *v* make
csinos *adj* pretty
csintalan *adj* naughty
csíny *n* prank
csíp *v* pinch, peck
csípés *n* pinch; sting
csipesz *n* tweezers
csipke *n* lace
csípő *n* hip
csípős *adj* hot
csíptet *v* clip
csírázik *v* sprout
csirke *n* chicken
csirkefalatok *n* chicken nugget
csiszolópapír *n* sandpaper
cső *n* duct, pipe, tube
csobogás *n* ripple
csoda *n* miracle, wonder
csodál *v* admire
csodálat *n* admiration
csodálatos *adj* miraculous, marvelous, wonderful
csodálatos dolog *n* marvel
csodálatos tehetség *n* prodigy
csodálatra méltó *adj* admirable
csodáló *n* admirer
csodás *adj* prodigious
csődbe jutott *adj* bankrupt
csődület *n* tumult
csőhálózat *n* plumbing
csók *n* kiss
csökken *v* decrease
csökkent *v* reduce, cut down
csökkentés *n* cut
csókol *v* kiss
csokoládé *n* chocolate
csomag *n* pack, package
csomagol *v* pack
csomagolás *n* wrapping
csomagoló *n* wrapper
csomagolt *adj* packed
csomagtartó *n* trunk
csomó *n* bunch; knot
csomópont *n* junction
csöngetés *n* ring
csonk *n* stub
csont *n* bone
csonthéjas mag *n* pit
csontváz *n* skeleton
csöpög *v* drip
csoport *n* group
csoportosít *v* pool
csőr *n* beak, bill
csorba *adj* jagged
csorda *n* herd

csorgat v dribble
csoszog v shuffle
csótány n cockroach
csóvál v wag
csúcs n summit; tip
csúcspont n peak
csúcstechnológia adj high-tech
csúf adj ugly
csúfolódik v scoff
csüggedt adj despondent
csuklás n hiccup
csukló n wrist
csüng v cling
csúnya adj nasty
csűr n barn
csúszda n slide, chute
csúszik v slide
csúszós adj slippery
csütörtök n Thursday
cukkini n zucchini
cukor n sugar
cukorbeteg adj diabetic
cukorbetegség n diabetes
cukorka n candy
cukormáz n frosting

D

dacos adj defiant
dadog v stammer
dagad v bloat
dajka n nanny
dal n song
dallam n melody, tune
dallamos adj melodic
dalszöveg n lyrics
dámajáték n checkers
darab n piece
darabka n bit, scrap
darabokra tör v break up
darabonként adv apiece, piecemeal
darál v grind, mince
darázs n wasp
dárda n dart
daru n crane
datolya n date
dátum n date
de conj but
december n December
dédelget v cherish; pet
dedikáció n dedication
deficit n deficit
deformáció n deformity
dehidratált adj dehydrated
dekadencia n decadence
dékán n dean

deklaráció *n* declaration
deklarál *v* declare
dekoráció *n* decoration
dekorál *v* decorate
dekoratív *adj* decorative
dél *n* midday, noon; south
dél felé *adv* southbound
delegáció *n* delegation
delfin *n* dolphin
déli *adj* south
délibáb *n* mirage
délkelet *n* southeast
délnyugat *n* southwest
délre *adv* south
délután *n* afternoon
délvidéki *adj* southern
délvidéki *n* southerner
demokrácia *n* democracy
demokratikus *adj* democratic
demonstráció *n* demonstration
denevér *n* bat
depó *n* depot
deportál *v* deport
depresszió *n* depression
dér *n* frost
derék *adj* good
derék *n* waist
derűs *adj* genial
desszert *n* dessert
deszka *n* board
detonátor *n* detonator
dezertőr *n* deserter

dezodor *n* deodorant
dezorientált *adj* disoriented
dia *n* slide
diadal *n* triumph
diagnózis *n* diagnosis
diák *n* pupil
dialektus *n* dialect
dicsekszik *v* boast
dicsekvő *adj* boastful
dicsér *v* commend
dicséret *n* commendation, complement, praise
dicséretes *adj* praiseworthy
dicsőít *v* praise
dicsőség *n* glory
dicsőséges *adj* glorious
didereg *v* shiver
diéta *n* diet
diétázik *v* diet
digitális *adj* digital
díj *n* award; charge, fee, toll
diktál *v* dictate
diktátor *n* dictator
diktatórikus *adj* dictatorial
diktatúra *n* dictatorship
dilemma *n* dilemma
dinamikus *adj* dynamic
dinamit *n* dynamite
dinasztia *n* dynasty
dinnye *n* melon
dinoszaurusz *n* dinosaur
dió *n* nut; walnut

diploma *n* degree
diplomácia *n* diplomacy
diplomata *n* diplomat
diplomatikus *adj* diplomatic
diplomázik *v* graduate
disszidál *v* defect
disszidens *adj* dissident
dísz *n* ornament
díszes *adj* fancy
díszít *v* embellish
díszítő *adj* ornamental
diszkréció *n* discretion
diszkrét *adj* discreet
diszkriminál *v* discriminate
disznó *n* hog
disznózsír *n* lard
diszrkrimináció *n* discrimination
díszvacsora *n* banquet
divat *n* fashion, mode
divatbáb *adj* posh
divatos *adj* fashionable, trendy
dízel *n* diesel
dob *n* drum
dob *v* throw
döbbenetes *adj* awesome
dobfelszerelés *n* drum set
dobog *v* pound, throb
dobójátékos *n* pitcher
dobókocka *n* dice
doboz *n* box, case
döf *v* jab, prod; stab
döglesztő *adj* grueling

dohány *n* tobacco
dohányzóasztal *n* coffee table
dohos *adj* stuffy
dokumentáció *n* documentation
dokumentum *n* document
dokumentumfilm *n* documentary
dől *v* tilt
dolgozik *v* work
dollár *n* dollar
dolog *n* stuff, thing
dőlt *adj* slanted
dőlt betű *adj* italic
dóm *n* dome
domain *n* domain
domb *n* hill
dombocska *n* mound
domboldal *n* hillside
dombornyomással ellát *v* emboss
dombos *adj* hilly
dombtető *n* hilltop
domináns *adj* dominant
döngöl *v* ram
donor *n* donor
döntés *n* decision
döntetlen *n* draw, tie
döntetlent ér el *v* tie
döntő *adj* deciding
döntő *n* final
döntős versenyző *n* finalist
dörgés *n* boom
dörmög *v* growl

dörög *v* boom, rumble
dorombol *v* purr
dörzsöl *v* rub
dörzsölés *n* friction
drága *adj* expensive, pricey
drágakő *n* gem
dráma *n* drama
drámai *adj* dramatic
drámaian *adv* dramatically
dramatizál *v* dramatize
drasztikus *adj* drastic
duda *n* horn
dudál *v* honk
dudor *n* wart
duett *n* duet
dugó *n* jam; plug
dugóhúzó *n* corkscrew
dugulás *n* blockage
düh *n* fury, rage
dühbe hoz *v* infuriate
dühöngés *v* rampage
dühös *adj* angry, upset
dühös pillantás *n* glare
dühroham *n* tantrum
dupla *adj* double
duplán ellenőriz *v* double-check
duplán kattint *v* double-click
durva *adj* crass, gross; harsh
durván *adv* harshly, roughly
dús *adj* rich
duzzad *v* swell
duzzadt *adj* swollen

duzzanat *n* swelling

Dz, Dzs

dzsem *n* jam
dzsessz *n* jazz
dzsókerkártya *n* joker
dzsungel *n* jungle

E, É

ebéd *n* lunch
ebédidő *n* lunchtime
ebédlő *n* dining room
éber *adj* alert, awake, watchful
ébresztőóra *n* alarm clock
ecet *n* vinegar
ecset *n* paintbrush
eddig *adv* yet
edény *n* pot
édes *adj* sweet
édes ostya *n* waffle
édesít *v* sweeten
édesség *n* sweets
édestészta *n* pastry
édesvíz *adj* freshwater
edz *v* coach; train, work out
edzett *adj* hardy

edző *n* coach, trainer
ég *v* burn
égbolt *n* sky
egér *n* mouse
égés *n* burn, combustion
egész *adj* whole
egészen *prep* throughout
egészség *n* health
egészséges *adj* healthy, well
egészségtelen *adj* unhealthy
egészségügy *n* healthcare
ego *n* ego
egy *a* a, an
egy *n* one
egy másik *adj* another
egyáltalán nem *adv* no
egybeesés *n* coincidence
egybeesik *v* overlap
egybefon *v* intertwine
egybehív *v* convene
egybeolvad *v* merge
egybevág vmivel *v* coincide
egyéb *adj* miscellaneous
egyéb *pron* other
egyedi *adj* original, unique
egyedül *adv* alone, solely; single-handed
egyedülálló *adj* single
egyedüli *adj* only, sole, solo
egyén *n* individual
egyenes *adj* straight; forthright; straightforward
egyenesen *adv* directly, straight
egyenesít *v* straighten
egyenetlen *adj* rugged, uneven
egyéni *adj* individual
egyéni vállalkozó *n* self-employed
egyéni vonzerő *n* allure
egyénileg *adv* individually
egyenleg *n* balance
egyenlet *n* equation
egyenletes *adj* consistent, even
egyenletesen *adv* consistently; evenly
egyenlítő *n* equator
egyenlő *adj* equal, even
egyenlőség *n* equality, parity
egyenlőtlen *adj* unequal
egyenlőtlenség *n* disparity, inequality
egyenrangú *adj* fellow
egyenruha *n* uniform
egyensúly *n* balance, equilibrium
egyensúlyhiány *n* imbalance
egyensúlyoz *v* balance
egyértelmű *adj* clear-cut, unequivocal
egyesít *v* integrate, unify
egyesítés *n* synthesis
egyesül *v* unite
egyesület *n* association
egyesült *adj* united
egyetem *n* university

egyetemes *adj* general
egyetemi diplomaosztás *n* graduation
egyetemi válogatott sportcsapat *n* varsity
egyetemváros *n* campus
egyetért *v* agree
egyetlen *adj* single
egyezik *v* match
egyezkedés *n* negotiation
egyezkedik *v* negotiate
egyezmény *n* treaty
egyezség *n* agreement, arrangement, settlement
egyeztet *v* coordinate
egyeztetés *n* coordination
egyformaság *n* uniformity
egyhangú *adj* monotonous; unanimous
egyházi ének *n* hymn
egyháztag *n* parishioner
egyidejű *adj* simultaneous
egyidejűleg létezik *v* coexist
egyik *pron* one
egyik sem *adj* neither
egyik sem *adv* neither
egyik sem *prep* none
egymásra hat *v* interact
egymást *pron* each other
egynegyed *n* quarter
egynéhány *pron* few
egyoldalú *adj* unilateral

egység *n* unit; unity; whole
egységes *adj* uniform
egyszerű *adj* easy, plain, simple
egyszerűen *adv* simply
egyszerűség *n* simplicity
egyszerűsít *v* simplify
együtműködő *n* collaborator
együtt *adv* together
együttállás *n* constellation
együttérez *v* sympathize
együttérzés *n* sympathy
együttérző *adj* sympathetic
együttes *adj* altogether
együttesen *adv* jointly
együttműködés *n* collaboration, cooperation
együttműködik *v* collaborate, cooperate
együttműködő *adj* cooperative
éhes *adj* hungry
ehető *adj* edible
éhezés *n* starvation
éhezik *v* starve
éhínség *n* famine
éhség *n* hunger
éj *n* night
éjfél *n* midnight
éjjeli *adj* nightly, nocturnal
éjjelilámpa *n* night-light
éjjeliszekrény *n* nightstand
éjszaka *n* nighttime
ejtőernyő *n* parachute

ék *n* wedge
ékesszólás *n* eloquence
ékkő *n* jewel
e-könyv *n* e-book
ékszer *n* jewelry
ékszerdoboz *n* casket
ékszerész *n* jeweler
ékszerüzlet *n* jewelry store
él *v* live
elábrándozik *v* dream
elad *v* sell
eladás *n* sale
eladó *n* salesman, saleswoman, seller
elágasodás *n* ramification
elaggott *adj* decrepit
elájul *v* faint, pass out
elakad *v* jam, stall
eláll *v* desist
elalszik *v* fall asleep
eláraszt *v* flood; overwhelm
elárasztott *adj* infested
elárul *v* betray; disclose
elárverez *v* auction
elás *v* bury
elasztikus *adj* elastic
elavult *adj* antiquated, obsolete, outdated
elbabrál vmivel *v* mess around
elbágyad *v* languish
elbájol *v* enchant
elbájoló *adj* enchanting

elbeszél *v* relate
elbeszélés *n* account, recital
elbeszélő *n* teller
elbocsát *v* disband, discharge, fire
elbocsátás *n* discharge, dismissal
elbomlik *v* decompose
elborzad *v* horrify
elburjánzott *adj* overgrown
elbűvöl *v* charm
elbűvölő *adj* charming, delightful
elcsal *v* entice
elcsen *v* snitch
elcserél *v* barter
elcsüggeszt *v* dishearten
eldob *v* throw away
eldobható *adj* disposable
eldönt *v* decide, settle
eldöntetlen *adj* undecided
eldugott *adj* secluded
eldurran *v* pop
elefánt *n* elephant
elefántcsont *n* ivory
elegancia *n* elegance
elegáns *adj* elegant
elege van *adj* fed up
elégedetlen *adj* disgruntled, dissatisfied
elégedett *adj* content, pleased, satisfied
elégedettség *n* satisfaction
elegendő *adj* enough

eleget tesz *v* fulfill
eléggé *adv* enough, hard
elégséges *adj* satisfactory, sufficient
elégtelen *adj* deficient, inadequate, insufficient
elégtelenül *adv* inadequately
elektromos *adj* electric, electrical
elektromosság *n* electricity
elektronikus *adj* electronic
elektrosztatikus töltés *n* static
élelmiszer *n* food, groceries
élelmiszerbolt *n* grocery store
elem *n* battery
elemez *v* analyze
elemzés *n* analysis
elemző *n* analyst
élen jár *v* spearhead
elenged *v* release, let go, unleash
élénk *adj* graphic, vivid, lively, vigorous
elér *v* attain
elér vkit *v* reach
elérés *n* reach
elérhető *adj* attainable, available
elérhetőség *n* availability
éles *adj* sharp
éles eszű *adj* witty
éleselméjű *adj* bright
éléskamra *n* pantry
élesztő *n* yeast

élet *n* life
életerő *n* vitality
élethű *adj* realistic
életmód *n* conduct, lifestyle
életrajz *n* biography
élettartam *adj* lifetime
élettelen *adj* lifeless
eleven *adj* vivacious
élez *v* sharpen
élező *n* sharpener
elfajzott *adj* degenerate
elfakul *v* dull
elfed *v* screen
elfelejt *v* forget
elfog *v* capture
elfogad *v* accept
elfogadás *n* acceptance
elfogadható *adj* acceptable
elfogadó *adj* broadminded
elfoglal *v* occupy
elfoglalt *adj* busy, occupied, swamped
elfogulatlan *adj* unbiased
elfogult *adj* partial
elfojt *v* repress, stifle
elfordul *v* swivel
elgázol *v* run over
elhagy *v* abandon, desert, forsake, vacate; lose
elhagyás *n* abandonment
elhagyatott *adj* deserted
elhagyott *adj* derelict

elhajlított *adj* bent
elhalaszt *v* postpone
elhallgat *v* shut up
elhallgattat *v* gag
elhamarkodott *adj* hasty
elhanyagol *v* neglect
elhanyagolás *n* neglect
elhanyagolt *adj* neglected
elhasznált *adj* worn-out
elhatároz *v* determine
elhatározás *n* resolution
elhelyez *v* place, set
elhelyezkedés *n* location
elhelyezkedő *adj* situated
elherdál *v* squander
elhibázott *adj* misguided
elhidegül *v* drift apart
elhízott *adj* obese
elhomályosít *v* blur
elhullat *v* shed
elhuny *v* pass away
elhunyt *adj* deceased
elhurcolás *n* deportation
elhúz *v* pull ahead
elidegenedett *adj* estranged
elijeszt *v* scare away
elindít *v* initiate
elindul *v* set off
elintéz *v* conclude
elírás *n* typo
elismer *v* acknowledge, admit, concede

elismerés *n* acknowledgment, admission, recognition, regard, tribute
elítél *v* condemn; convict, sentence
elítélés *n* conviction
eljárás *n* procedure
eljegyzés *n* engagement
éljenez *v* cheer
elkábít *v* stun
elkábító *adj* stunning
elkalandozik *v* digress
elkap *v* catch
elkápráztat *v* dazzle; fascinate
elkedvetlenítő *adj* discouraging
elkékült a dühtől *adj* livid
elkényeztet *v* spoil
elképzel *v* visualize
elképzelhetetlen *adj* unthinkable
elkerget *v* expel
elkerül *v* avoid
elkerülhetetlen *adj* unavoidable
elkerülhető *adj* avoidable
elkeseredett *adj* bitter
elkésett *adj* belated
elkészített *adj* done
elkezd *v* start
elkóborol *v* stray
elkoboz *v* confiscate, seize
elkobzás *n* seizure
elköltözik *v* move
elkorcsosul *v* degenerate

elkötelezett *adj* committed, engaged
elkötelezettség *n* commitment
elkövet *v* commit, perpetrate
elküld *v* dispatch
elkülönít *v* isolate, segregate
elkülönítés *n* segregation
ellát *v* cater, furnish, provide, supply; minister, tend; ration
ellátmány *n* supply
ellazult *adj* relaxed
ellen *prep* against, versus
ellenálhatatlan *adj* irresistible
ellenáll *v* resist, withstand
ellenállás *n* resistance
ellenálló *n* repellant
ellenére *prep* despite, notwithstanding
ellenez *v* discourage, oppose
ellenfél *n* adversary, opponent
ellenkező *adj* contrary
ellenméreg *n* antidote
ellenőr *n* inspector
ellenőriz *v* check; monitor, oversee
ellenőrzés *n* check, control
ellenreakció *n* backlash
ellenség *n* enemy
ellenséges *adj* adverse, hostile
ellenséges érzelem *n* hostility
ellenségeskedés *n* animosity
ellensúlyoz *v* offset

ellenszegül *v* antagonize, counteract
ellenszegülés *n* defiance
ellenszenv *n* dislike, distaste
ellenszenves *adj* repulsive
ellentét *n* contrast, opposite, reverse
ellentétes *adj* conflicting, opposite
ellentmond *v* clash, contradict, disagree
ellentmondás *n* contradiction, paradox
ellentmondást nem tűrő *adj* authoritative
ellentmondó *adj* contradictory
ellenvetés *n* objection
ellenzék *n* opposition
ellenzés *n* discouragement
ellep *v* pester
ellök *v* put off
ellop *v* swipe
elme *n* mind
elmebaj *n* insanity
elmebeteg *adj* insane
elmegy *v* go away
elmélet *n* theory
elmélkedés *n* reflection
elmélkedik *v* speculate
elmélyedés *n* immersion
elmélyedő *adj* in-depth
elmenekül *v* break free

elment v back up, save
elmerül v immerse
elmerülés n immersion
elmés adj ingenious
elmond v narrate, recite
elmosódik v slur
elmozdít v displace
elmozdul v shift
elmozdulás n displacement
elmulasztott adj delinquent
elmúlik v pass
elmúlt adj past
elnéptelenedés n desolation
elnevez v name
elnéz v excuse
elnéz vmit v condone
elnézés n excuse
elnéző adj indulgent
elnök n chairman, president
elnököl v preside
elnyel v absorb
elnyom v suppress, oppress
elnyomás n oppression
elnyomott adj oppressed
elnyomott helyzetben lévő adj deprived
elnyű v wear out
élő adj alive, live, living
előad v lecture; play
előadás n lecture, presentation
előadó n lecturer; performer
előállít v manufacture, produce

előbb adv before
előbukkan v emerge
előcsarnok n hallway, lobby
előd n predecessor
előélet n past
előérzet n hunch, premonition
előest n eve
előétel n appetizer
előfeltevés n premise
előfizet v subscribe
előfizetés n subscription
előfordul v occur
előidéz v produce, trigger
előidézés n initiation
előír v prescribe
előírás n rule
előítélet n prejudice
előjog n prerogative
előkészület n preparation
előleg n advance, down payment
előlegez v advance
előléptet v promote
előléptetés n promotion
előljáró n magistrate; preposition
elolt v quench
előnézet n preview
elönt v inundate
előny n advantage, benefit
előnyben részesít v prefer

előnyben részesítés *n* preference
előnyös *adj* beneficial
előre *adv* ahead, forward; beforehand
előre elhatároz *v* premeditate
előre jelez *v* forecast
előre lát *v* anticipate, foresee
előre megszerez *v* preempt
előre sejtet *v* foreshadow
előre vár *idiom* look forward to
előrehalad *v* move forward
előrejelzés *n* prediction, anticipation, foresight
előrelépés *n* progress, advance
előremegy *v* go ahead
elősegít *v* facilitate, foster, promote
elősegítő *adj* conducive
élősködik *v* live off
eloszlat *v* dissipate
előszó *n* foreword, introduction
eloszt *v* divide
előtag *n* prefix
előtér *n* foreground
előtt *adv* ago
előtt *prep* before
elővigyázatosság *n* precaution
előz *v* pass
előzetes *adj* preliminary
előző *adj* previous
előzőleg *adv* previously
elpirul *v* blush

elpróbál *v* rehearse
elpusztít *v* demolish, destroy
elpusztul *v* perish
elrabol *v* kidnap, abduct
elragadtatott *adj* ecstatic
elragadtatva *v* delighted
elrejt *v* conceal, disguise, hide
elrendezés *n* arrangement; layout
elriaszt *v* deter
elront *v* deprave; mess up
első *adj* first
első osztályú *adj* first class
elsőbbség *n* priority
elsődleges *adj* primary
elsődlegesen *adv* primarily
elsőként *adv* first
elsőként *adj* foremost
elsőrendű *adj* premier
elsorvad *v* atrophy, wither
elszakadt *adj* torn
elszalad *v* run away
elszállásol *v* accommodate
elszámol *v* miscalculate
elszánt *adj* dedicated, resolute
elszegényedett *adj* impoverished
elszenesít *v* char
elszigeteltség *n* isolation
elszomorít *v* sadden
elszórt *adj* sporadic
eltalál *v* pinpoint
eltávolít *v* remove

eltávolodik v back away
eltávozik v bow out
eltér a véleménye v dissent
elterel v divert
elterelés n diversion
eltérés n aberration; discrepancy
eltérít v hijack
elterjeszt v disseminate
eltérően adv differently
eltesz v put away
eltipor v stamp out
eltökélt adj determined
eltökéltség n determination
eltölt v spend
eltöm v obstruct
eltömődés n obstruction
eltömődik v clog
eltörik v snap
eltöröl v abolish
eltorzít v deform
eltorzult adj warped
eltúloz v overstate
eltűnés n disappearance
eltűnik v disappear
elüldöz v chase away
elülső adj front
elutasít v rebuff, reject, turn down
elutasítás n rejection
elűz v oust
elvág v sever
elvágás n severance

elválaszt v detach, separate
elválasztás n separation
elválaszthatatlan adj inseparable
elválik v divorce
elvár v expect
elvárás n expectation
elvarázsol v seduce
elveszett adj lost
elveszít v forfeit, lose
elvet v discard, dismiss
elvét v miss
élvez v enjoy, relish
élvezet n enjoyment, pleasure, treat
élvezetes adj enjoyable
elvisel v endure
elviselhetetlen adj unbearable
elvisz v take away
elvon v draw
elvont adj abstract
elzálogosít v pawn
elzár v bar, shut off
email n e-mail (email)
emailt küld v e-mail (email)
emancipál v emancipate
ember n human, man
emberek n men, people
emberi adj human
emberiség n humankind, mankind
emberrablás n abduction
emberrabló n kidnapper

emberszabású majom *n* ape
embertelen *adj* inhuman
emel *v* lift, raise
emelet *n* floor
emeleten *adv* upstairs
emeletes ágy *n* bunk bed
emeleti *adj* upstairs
emelkedés *n* raise, rise
emelkedett *adj* elated; high
emelkedik *v* ascend, rise
emelőcsiga *n* pulley
emelődaru *n* crane
emelőhatás *n* leverage
emelőkar *n* lever
emésztés *n* digestion
emigráns *n* emigrant
emlékezés *n* recollection
emlékezet *n* memory
emlékezetes *adj* memorable
emlékezik *v* recollect
emlékeztet *v* remind
emlékeztető *n* memento, reminder
emlékiratok *n* memoirs
emlékmű *n* monument
emlékszik *v* remember
említ *v* mention
említés *n* mention
említésre méltó *adj* noteworthy
emlős *n* mammal
empátia *n* empathy
en *prep* at; on, upon

én *pron* I, me
enciklopédia *n* encyclopedia
énekel *v* sing
énekes *n* singer
énekkar *n* choir
energia *n* energy, power
energikus *adj* energetic
enervált *adj* sloppy
enged *v* let; succumb, give in
engedékeny *adj* compliant
engedelmes *adj* obedient
engedelmeskedik *v* comply, obey
engedelmesség *n* obedience
engedély *n* license; permission
engedélyez *v* grant
engedélyt ad *v* license
engedetlen *adj* disobedient
engedetlenség *n* disobedience
engedmény *n* rebate
engedményezés *n* grant
ennélfogva *adv* hence
enyém *pron* mine
enyém *adj* my
enyhe *adj* mild; slight
enyhít *v* alleviate, ease, relieve, soothe
enyhítő *adj* soothing
enyhülés *n* relief
epe *n* bile
epekedik *v* yearn
épelméjű *adj* sane

épít v build
építész n architect
építészet n architecture
építkezés n construction
építmény n structure
építő n builder
építő adj constructive
epizód n episode
éppen adv just
éppen hogy adv barely
épület n building, premises
ér n vein
érc n ore
érdekes adj interesting
érdeklődés n inquiry, interest
érdeklődik v inquire, interest
érdeklődő adj interested
érdem n merit
érdemel v deserve
érdemes adj deserving, worth; virtuous
érdemleges adj worthwhile
érdemtelen adj worthless
érdes adj coarse, rough
erdő n forest
ered v originate, spring
eredet n origin
eredeti adj genuine, original
eredeti példány n original
eredetileg adv originally
eredmény n achievement, result

eredményez v result
eredményjelző tábla n scoreboard
ereklyetartó n shrine
érem n medal
erény n virtue
éretlen adj immature
éretlenség n immaturity
érett adj ripe; mature
érettség n maturity
érez v feel
érik v ripen
érint v touch
érintés n touch
érintetlen adj intact
érinthetetlen adj untouchable
érintkezés n contact; converse
érintkezésbe lép v contact
érintőlegesen foglalkozik vmivel v touch on
erkély n balcony
érkezés n arrival
erkölcs n moral
erkölcsi adj moral
erkölcsileg adv morally
erkölcstelen adj immoral, vicious
erkölcstelenség n vice
érme n coin
erő n might, force, strength
erőd n fort
erodál v erode

erődítmény *n* fortress
erőfeszítés *n* effort, exertion, strain
erőforrás *n* resource
erőlködik *v* strive, struggle
erőltet *v* constrain, force
erőltetetten *adv* forcibly
erős *adj* forceful, strong, tough
erősen *adv* intensely, strongly
erősít *v* strengthen
erősítés *n* backup
erősítő *n* amplifier
erősödő *adj* increasing
erőszak *n* violence
erőszakos *adj* violent
erőszakos káosz *n* mayhem
erőteljes *adj* powerful
erőtlen *adj* powerless
erózió *n* erosion
erszény *n* pouch
ért *prep* for
ért vhogyan *v* mean
érték *n* value
értékcsökkenés *n* depreciation
értékel *v* assess, evaluate, rate
értékelés *n* assessment, evaluation, rating
értékes *adj* valuable
értekezés *n* thesis
értekezlet *n* sitting
értéktelen *adj* invaluable
értelem *n* rationale, sense

értelmesen *adv* intelligently
értelmetlen *adj* pointless
értelmez *v* define
értelmezés *n* interpretation
értenyúl *v* reach
értesít *v* inform, notify
értesítés *n* notice, notification
értesítő *n* bulletin
érthető *adj* clear, lucid, understandable
érthetően *adv* clearly
érvel *v* reason
érvényes *adj* valid
érvényesség *n* validity
érvénytelen *adj* invalid, void
érvénytelenít *v* invalidate, nullify
érzék *n* sense
érzékel *v* sense
érzékelés *n* feeling; sensation
érzékelhető *adj* palpable
érzékelő *n* detector
érzékeny *adj* sensible
érzéketlen *adj* callous, insensitive; senseless
érzékletes *adj* perceptive
érzelem *n* emotion, feeling
érzelmek *n* feelings
érzelmes *adj* emotional
érzés *n* sentiment, feeling
érzéstelenítés *n* anesthesia
érző *adj* sensitive

és *conj* and
esedékes *adj* due
esedezik *v* implore
esély *n* chance
esemény *n* event
esernyő *n* umbrella
esés *n* fall
eset *n* case
esetleges *adj* contingent
eshetőség *n* contingency
esik *v* drop, fall
esik az eső *v* rain
eskü *n* oath
esküszik *v* swear
esküvő *n* wedding
esküvői tanú *n* best man
eső *n* rain
esőcsatorna *n* drainpipe, gutter
esőcsepp *n* raindrop
esőerdő *n* rainforest
esőkabát *n* raincoat
esős *adj* rainy
esőzés *n* rainfall
esszé *n* essay
ésszerű *adj* rational, reasonable
ésszerűsít *v* rationalize
ésszerűtlen *adj* unreasonable
este *n* evening
ész *n* wit
észak *n* north
északi *adj* north, northern
északi ember *n* northerner
északkelet *n* northeast
északon *adv* north
eszes *adj* shrewd
eszik *v* eat
eszköz *n* means; tool, utensil
észlel *v* detect, discern
eszméletlen *adj* unconscious
eszpresszó *n* espresso
észrevehető *adj* notable, noticeable
észrevehetően *adv* notably
észrevesz *v* notice, spot
észrevétlen *adj* unnoticed
esztétikus *adj* aesthetic
ételdoboz *n* lunch box
etika *n* ethics
etikett *n* etiquette
etikus *adj* ethical
étkezés *n* meal
étkezik *v* dine
étlap *n* menu
etnikai *adj* ethnic
étrend *n* diet
étterem *n* restaurant
étvágy *n* appetite
eufória *n* euphoria
euró *n* euro
Európa *n* Europe
európai *adj* European
év *n* year
evakuál *v* evacuate
évenként *adv* annually, yearly

éves *adj* annual
evez *v* paddle, row
evező *n* oar
evezőlapát *n* paddle
évezred *n* millennium
évforduló *n* anniversary
evőeszköz *n* cutlery
evőkanál *n* tablespoon
evolúció *n* evolution
evolúciós *adj* evolutionary
evőpálcikák *n* chopsticks
évszak *n* season
évszázad *n* century
évtized *n* decade
exotikus *adj* exotic
expedíció *n* expedition
exportál *v* export
exportőr *n* exporter
expressz *adj* express
extra nagy *adj* extra-large
extravagáns *adj* extravagant
extrém *adj* extreme
extrovertált *adj* extroverted
ez *pron* this
ezalatt *adv* meanwhile
ezek *adj* these
ezeket *pron* these
ezennel *adv* hereby
ezentúl *adv* hereafter
ezer *n* thousand
ezért *adv* therefore
ezred *n* regiment

ezredes *n* colonel
ezüst *n* silver
ezüst készlet *n* silverware
ezüstszínű *adj* silver

F

fa *n* tree; wood
fa *adj* wooden
faág *n* branch
faanyag *n* timber
facsar *v* wring
fagyás *n* frostbite
fagyasztó *n* freezer
fagyos *adj* freezing, frosty
fagyott *adj* frozen
fahéj *n* cinnamon
faiskola *n* nursery
faj *n* race, species
fáj *v* hurt
fájdalmas *adj* painful
fájdalom *n* ache, pain
fájdalomcsillapító *n* painkiller
fájdalommentes *adj* painless
faji *adj* generic
fájl *n* file
fájó *adj* ailing, sore
fajta *n* breed, kind, sort
fakéreg *n* bark
fáklya *n* torch

fal *v* guzzle
fal *n* wall
falatozás *n* snack
falburkolat *n* panel
falfirka *n* graffiti
faliszőnyeg *n* tapestry
falka *n* flock
falu *n* village
falusi ember *n* villager
fanatikus *adj* fanatic
fánk *n* donut
fantasztikus *adj* fantastic, terrific
fantom *n* phantom
fanyar *adj* tart
fára épített ház *n* tree house
fárad *v* tire
fáradhatatlan *adj* tireless
fáradt *adj* tired
fáradtság *n* fatigue
fárasztó *adj* tedious, tiresome
farkas *n* wolf
farmer *n* denim; jeans
farok *n* tail
faszén *n* charcoal
fatörzs *n* log, trunk
favorit *n* favorite
fazekasság *n* pottery
február *n* February
fecskendő *n* syringe
fedélzet *n* deck
fedélzeten *adv* aboard

fedélzetre felszáll *v* board, get on
fedez költséget *v* defray
fedő *n* cap, lid, top
fegyelem *n* discipline
fegyházigazgató *n* warden
fegyver *n* arms, gun, weapon
fegyveres *n* gunman
fegyverszünet *n* truce
fegyvertelen *adj* unarmed
fehér *adj* white
fehér szín *n* white
fehérít *v* bleach, whiten
fehérítő *n* bleach
fehérje *n* protein
fehértábla *n* whiteboard
fej *n* head
fejedelem *n* monarch
fejedelmi *adj* regal
fejest ugrik *v* dive, plunge
fejezet *n* chapter
fejfájás *n* headache
fejhallgató *n* headphones
fejjel lefelé *adv* upside-down
fejléc *n* heading
fejleszt *v* advance
fejlett *adj* advanced
fejlődés *n* development
fejlődik *v* develop, evolve
fejsze *n* axe
fejtörést okozó *adj* puzzling
fék *n* brake

felfal

fekély *n* ulcer
fekete szín *n* black
fekete színű *adj* black
fékez *v* brake
fekszik *v* lie
féktelen *adj* wild
fektet *v* lay
fel *adv* up
fél *v* fear
fél *adj* half
felad *v* give up
feladat *n* role, task
feláldoz *v* victimize
feláll *v* get up, stand up
felállít *v* erect, set up; pitch
felálló *adj* erect
felavat *v* inaugurate
felbecsül *v* appraise, estimate
felbecsülhetetlen *adj* priceless
félbeszakít *v* disrupt, interrupt
félbeszakítás *n* interruption, suspension
felborít *v* roll over
felborul *v* capsize
felbőszít *v* exasperate, enrage
felcsillanás *n* gleam
felderít *v* explore
felderül *v* brighten
feldolgoz *v* process
feldolgozatlan *adj* raw, crude
feldolgozott *adj* processed
felé *prep* to, toward; for

felébred *v* wake (up)
felébreszt *v* rouse
feledékeny *adj* forgetful
felejthetetlen *adj* unforgettable
felel *v* respond
felél *v* deplete
feléled *v* revive
félelem *n* fear
félelemmel vegyes bámulat *n* awe
felelet *n* response
félelmetes *adj* dreadful, fearful
felelős *adj* accountable, liable, responsible
felelősség *n* liability, responsibility
felelőtlen *adj* irresponsible
felemel *v* elevate, hold up
felemelkedés *n* lift-off
félénk *adj* shy
félénk *n* wimp
félénkség *n* shyness
felépít *v* construct
felépítés *n* setup
felépül *v* recover
felerősít *v* amplify, intensify
feleség *n* wife
felett *prep* above
felett *adv* over
felettes *adj* superior
félév *n* semester
felfal *v* devour

felfed

felfed *v* expose, reveal, uncover
felfedez *v* discover
felfedezés *n* discovery
felfedező *n* explorer
felfedező út *n* exploration
felfegyverez *v* arm
felfegyverzett *adj* armed
felfelé *adv* upwards
felfog *v* apprehend, grasp, perceive, realize
felfogad *v* hire
felfogás *n* perception
felfordít *v* overturn
felfordulás *n* upheaval
felfrissít *v* brush up
felfüggeszt *v* suspend
felfüggesztés *n* suspension
felfüggesztett *adj* overhead
felfúj *v* inflate
felfuvalkodott *adj* bloated
felgyülemlett *adj* pent-up
felháborító *adj* revolting
felháborodás *n* outcry
felhajtó *n* ramp
felhalmoz *v* accumulate, amass, hoard
felhalmozódás *n* accumulation
félhanggal leszállított *adj* flat
felhasogat *v* log
felhasználó *n* user
felhasználóbarát *adj* user-friendly
felhasználónév *n* username
felhatalmaz *v* authorize, enable
felhatalmazás *n* authorization
felhő *n* cloud
felhőkarcoló *n* skyscraper
felhős *adj* cloudy
felhúz *v* pull up
félidő *n* halftime
félig *adv* half
félig nyitott *adj* ajar
felírás *n* inscription
felirat *n* subtitle
felismer *v* recognize
felismerés *n* recognition
felitat *v* soak up
felizgat *v* excite
feljavít *v* upgrade
feljegyez *v* mark down
feljegyzés *n* memo, record
feljogosít *v* qualify
felkavar *v* perturb, stir up
felkel *v* arise
felkelés *n* outbreak
felkészült *adj* prepared
felkiált *v* call out, exclaim
felkiáltás *n* exclamation
felköltözik *v* move up
fellángol *v* kindle
fellázad *v* rebel
fellázadás *n* uprising
fellép *v* perform

félliteres korsó *n* pint
fellobban *v* flare up
fellobbanás *n* flare
felmászik *v* mount
felmegy *v* go up
felmelegít *v* warm up
felment *v* acquit
felmentés *n* acquittal; exemption
felmentett *adj* exempt
felmér *v* survey
felmérés *n* survey
felmerül *v* come up
felmond *v* quit, resign
felmondás *n* resignation
felmos *v* mop
felmosó *n* mop
felnagyít *v* enlarge
felnevel *v* bring up, foster, raise
felnő *v* grow up
felnőtt *n* adult, grown-up
felnőttkor *n* adulthood
felől *prep* about
feloldódik *v* dissolve
feloldoz *v* absolve
felöltözik *v* dress up
felolvasás *n* reading
feloszt *v* space out
felosztás *n* partition
felperes *n* plaintiff
félreért *v* misunderstand
félreértelmez *v* misinterpret

félreérthető *adj* ambiguous
félreismerhetetlen *adj* unmistakable
félremagyaráz *v* misconstrue
félresikerült *n* misfit
félresöpör *v* brush aside
félretesz *v* put aside
félrevezet *v* mislead
félrevezető *adj* misleading
felrobban *v* explode, blow up
felruház *v* clothe
felség *n* majesty
felséges *adj* majestic
felső *adj* top
felsorakozik *v* line up
felszámít költséget *v* charge
felszámol *v* eliminate
felszánt *v* plow
felszed *v* pick up
felszerel *v* equip; install
felszerelés *n* equipment, gear
félsziget *n* peninsula
felszínes *adj* shallow
felszívóképes *adj* absorbent
felszólalás *n* speech
feltalál *v* invent
feltartás *n* hold-up
feltartóztat *v* intercept
feltehetően *adv* presumably
féltékeny *adj* jealous
féltékenység *n* jealousy
felteker *v* roll

feltesz *v* put on
feltétel *n* condition
feltételek *n* terms
feltételes *adj* conditional
feltételez *v* assume, presume, suppose
feltételezés *n* assumption
feltéve *conj* provided, supposing
feltör *v* break open
feltűnő *adj* flashy
felüdülés *n* refreshment
felügyel *v* supervise
felügyelet *n* oversight, supervision
felügyelő *n* custodian, supervisor
felújít *v* renovate
felújítás *n* renovation
felület *n* surface
felületes *adj* futile
felületi *adj* superficial
felülmúl *v* outshine, outdo
felülvizsgál *v* review
felvág vmivel *v* show off
felvált *v* relieve
felvesz és elhoz *v* fetch
felvétel *n* recording
felvevőkészülék *n* recorder
felvidul *v* cheer up
felvilágosít *v* enlighten
felvilágosítás *n* reference
felvillan *v* flash

felvillanás *n* flash
felvillanyoz *v* electrify
felvon *v* hoist
felvonás *n* act
felvonulás *n* procession
felzaklat *v* upset
fém *n* metal
fémes *adj* metallic
fémkapocs *n* staple
feneketlen *adj* abysmal, bottomless
fennakadás *n* jam
fennhangon *adv* aloud
fennkölt *adj* sublime
fennsík *n* plateau
fenntart *v* maintain, uphold, support, sustain
fenntartás *n* reservation; support
fenntartható *adj* sustainable
fenntartott *adj* reserved
fent *adv* above; on
fény *n* light
fenyeget *v* threaten
fenyegetés *n* menace, threat
fényes *adj* bright, glossy, shiny
fényesít *v* polish
fényesség *n* gloss
fényét veszti *v* tarnish
fényezés *n* polish
fénykép *n* shot
fényképész *n* photographer

filmelőzetes

fényképez *v* photograph
fényképezés *n* photography
fénymásolat *n* photocopy
fénymásoló *n* photocopier
fenyő *n* pine
fénypont *n* highlight
fénysugár *n* beam
fényszóró *n* headlight
fényűzés *n* luxury, opulence
fényűző *adj* luxurious
féreg *n* worm
férfias *adj* manly, masculine, virile
férfiasság *n* manliness
férj *n* husband
fertőtlenít *v* disinfect
fertőtlenítő *n* disinfectant
fertőz *v* contaminate, infect
fertőzés *n* contamination, infection
fertőző *adj* contagious, infectious
fertőzött *adj* infected
fest *v* paint
festék *n* dye, paint
festmény *n* painting
festő *n* painter
festői *adj* picturesque, scenic
festősablon *n* stencil
fésű *n* comb
fésül *v* comb
fészek *n* nest
feszélyezett *adj* embarrassed
fészer *n* shed
feszes *adj* tense
feszítővas *n* crowbar
fesztáv *n* span
fesztivál *n* festival
feszült *adj* strained, tense, uptight
feszültség *n* tension; voltage
fevételt készít *v* tape
fiatal *adj* young
fiatalabb *adj* junior
fiatalember *n* juvenile
fiatalkori *adj* juvenile
fiatalság *n* youth
ficam *n* wrench
fickó *n* guy
figyel *v* heed, watch
figyelem *n* attention, regard
figyelembe vesz *v* mind
figyelemre méltó *adj* considerable, remarkable
figyelmen kívül hagy *v* disregard
figyelmes *adj* attentive, mindful, observant
figyelmeztet *v* forewarn, warn
figyelmeztetés *n* warning
fikció *n* fiction
fiktív *adj* fictitious
filc *n* felt
filctoll *n* marker
film *n* film, movie
filmelőzetes *n* trailer

filmez *v* film
filozófia *n* philosophy
filozófikus *adj* philosophical
filozófus *n* philosopher
finanszíroz *v* finance
finnyás *adj* squeamish
finom *adj* soft; delicate, subtle; delicious
finomít *v* refine
finomító *n* refinery
finomság *n* delicacy
fiókiroda *n* branch office
firkál *v* scribble
fitnesz *n* fitness
fitt *adj* fit
fiú *n* boy
fiú *pron* he
fiú unoka *n* grandson
fiúgyermek *n* son
fiútestvér *n* brother
fizet *v* pay
fizetendő *adj* payable
fizetés *n* payment, salary
fizetési csekk *n* paycheck
fizetség *n* pay
fizika *n* physics
fizikai *adj* physical
fizikailag *adv* physically
flashmemória *n* flash drive
flotta *n* fleet
fő *adj* leading, main, principal
főáram *n* mainstream

fóbia *n* phobia
fodor *n* curl
fodrász *n* hairdresser
fodros *adj* wavy
fog *modal v* shall, will
fog *v* take
fog *n* tooth
fogad *v* bet; receive
fogadalmat tesz *v* pledge
fogadalom *n* pledge
fogadás *n* bet; reception
fogadó *n* inn
fogadtatás *n* welcome
fogalom *n* notion
fogamzás *n* conception
foganatosít *v* implement
fogantyú *n* handle
fogas *n* coat hanger
fogaskerék *n* gear
fogászati *adj* dental
fogazat *n* teeth
fogékony *adj* receptive, responsive
fogfájás *n* toothache
fogkefe *n* toothbrush
fogkrém *n* toothpaste
foglal *v* book, reserve
foglalás *n* reservation
foglalat *n* socket
foglalkozás *n* occupation
foglalkozik vmivel *v* deal
foglalt *adj* busy, occupied

fogó *n* clamp, pliers
fogoly *n* captive
fogorvos *n* dentist
fogpiszkáló *n* toothpick
fogság *n* captivity
fogszabályzó *n* braces
fogva tart *v* intern
fogvájó *n* pick
fogvatartás *n* detention
fogy *v* diminish, wane
fogyaszt *v* consume
fogyasztás *n* consumption
fogyasztó *n* consumer
fogyatékosság *n* disability
főhadiszállás *n* headquarters
főiskola *n* college
fojt *v* strangle
fojtogat *v* choke
fojtogató *adj* stifling
fok *n* degree
fóka *n* seal
főként *adv* principally
fokhagyma *n* garlic
főkönyv *n* ledger
fokoz *v* boost, enhance, escalate, step up
fokozat *n* grade
fokozatos *adj* gradual
fókusz *n* focus
fókuszál *v* focus
Föld *n* Earth
föld *n* ground, land

föld alatt *adv* underground
földalatti *n* subway
földalatti *adj* underground
földfok *n* cape
földgömb *n* globe
földieper *n* strawberry
földimogyoró *n* peanut
földműves *n* peasant
földrajz *n* geography
földrengés *n* earthquake
földszint *n* ground floor
földtan *n* geology
fölé *prep* over
főleg *adv* chiefly, largely, mainly
fölény *n* supremacy
fólia *n* foil
fölösleges *adj* redundant
folt *n* blemish, freckle, spot, stain
foltos *adj* stained
folyadék *n* fluid, liquid
folyam *n* stream
folyamat *n* process
folyamatban lévő *adj* ongoing
folyamatos *adj* consecutive
folyamodik *v* solicit
folyékony *adj* fluent; liquid
folyékonyan *adv* fluently
folyó *n* river
folyóirat *n* journal
folyópart *n* bank
folyós homok *n* quicksand

folyosó n aisle, corridor
folytat v carry on, keep up, continue, resume
folytat tovább v proceed
folytatás n continuation, sequel
folytatódik v go on
folytonos adj continuous
folytonosság n continuity
fonál n thread
fonat n braid
fondorlatos adj devious
főnemes n peer
főnév n noun
főnök n boss
főnökösködik v boss around
főnökösködő adj bossy
font n pound
fontolgat v deliberate
fontos adj important
fontoskodó adj fussy
főnyeremény n jackpot
fordító n translator
fordul v turn
fordulat n turn, twist
forgalmi dugó n traffic jam
forgalom n traffic
forgalomba hoz v issue
forgás n rotation, turn
forgatókönyv n scenario
forgószél n hurricane
forma n shape

formálisan adv formally
formalitás n formality
formátum n format
formáz v shape
forog v revolve, rotate, spin
forr v boil
forradalmasít v revolutionize
forradalmi adj revolutionary
forradalom n revolution
forraló n boiler
forrás n source, spring
forrásban lévő adj boiling
forraszt v solder
forró adj hot
förtelmes adj heinous
fortély n ruse
fórum n panel
foszlány n shred
fosztogat v loot, pillage
fotó n photo
főtt adj cooked
főváros n capital
főz v cook
főzés n cooking
frekvencia n frequency
friss adj fresh
frissít v freshen, refresh; update
frizura n haircut
front n front
frufru n bangs
frusztrál v frustrate

füge *n* fig
függ *v* hang
függ vmitől *v* depend
független *adj* independent, sovereign
függetlenség *n* independence
függetlenség napja *n* Independence Day
függő *adj* addicted, dependent
függőágy *n* hammock
függőben levő *adj* pending
függőleges *adj* upright, vertical
függöny *n* curtain, drapes
függőség *n* addiction, dependence
fúj *v* blow, wind
fújás *n* blow
fukar *adj* stingy
fül *n* ear; tab
fülbevaló *n* earring, pendant
fuldoklik *v* gag, suffocate
fülfájás *n* earache
fülhallgató *n* earphones
fülke *n* booth
füllentés *n* fib
fülváladék *n* earwax
fundamentális *adj* grassroots
funkció *n* function
funkcionál *v* function
fűnyíró *n* lawn mower
fúr *v* bore, drill
furcsa *adj* odd, strange, weird

furcsaság *n* oddity
fürdik *v* bathe
fürdő *n* bath
fürdőkád *n* bathtub
fürdőköpeny *n* bathrobe
fürdőnadrág *n* swim trunks, swimming trunks
fürdőruha *n* bathing suit, swimsuit
fürdőszoba *n* bathroom
fűrész *n* saw
fűrészáru *n* lumber
fűrészel *v* saw
fürge *adj* agile, brisk, deft
fürj *n* quail
fúró *n* drill
furulya *n* recorder
füst *n* smoke
füstöl *v* smoke
fűszer *n* condiment, spice
fűszeres *adj* aromatic, spicy
fűszerezés *n* seasoning
fűszerezetlen *adj* bland
fut *v* run
fűt *v* heat
futár *n* courier
futás *n* run
fűtés *n* heating
futó *n* runner
fűtő *n* heater
futó pillantás *n* glimpse
fűtőtest *n* radiator

futótűz n wildfire
fütty n whistle
fuvola n flute
füzet n booklet
fűzfa n willow
fúzió n fusion

G

gabona n cereal, grain
galamb n dove, pigeon
galaxis n galaxy
galéria n gallery
gallér n collar
gallon n gallon
gally n twig
galvanizál v galvanize
garancia n guarantee, warranty
garantál v guarantee
garázs n garage
garázsajtó n garage door
gardrób n wardrobe
garnélarák n prawn, shrimp
gát n dam; hurdle, impediment
gaz n weed
gáz n gas
gazda n master
gazdag adj rich, wealthy
gazdagít v enrich
gazdálkodás n farming
gazdálkodó n farmer
gazdaság n economy; farm
gazdasági adj economic
gazdaságos adj economical
gazdaságosan adv economically
gazember n scoundrel, villain
gége n gorge
gejzír n geyser
gél n gel
gén n gene
generáció n generation
generál v generate
generátor n generator
genetikai adj genetic
gengszter n gangster
géniusz n genius
gennyesedik v fester
geometria n geometry
gép n machine
gépel v type
gépfegyver n machine gun
géprabló n hijacker
gereblye n rake
gerenda n beam
gerinc n ridge; spine
gerinctelen adj spineless
gesztenye n chestnut
gesztenyebarna adj maroon
gesztus n gesture
gettó n ghetto
géz n gauze
gigantikus adj gigantic

gitár n guitar
gladiátor n gladiator
gleccser n glacier
globális adj global
globálisan adv globally
globalizáció n globalization
gödör n pit
gól n goal
golfjáték n golf
golfjátékos n golfer
golfpálya n golf course
gólya n freshman
golyó n bullet
golyóálló adj bulletproof
gomb n button
gömb n sphere
gomba n fungus, mushroom
gomblyuk n buttonhole
gömbölyű adj spherical
gond n trouble
gondatlan adj mindless
gondnok n caretaker, janitor, curator
gondol v think
gondolat n thought
göndör adj curly
gondoskodás n provision
gondoskodik v look after
gondoskodó adj caring
gondoz v nurture
gondtalan adj carefree
gondviselés n providence

göngyöleg n roll
gonosz adj evil, mean
gonoszság n evil
görbe adj crooked
görcs n cramp, spasm
görcsös adj cramped
gördeszka n skateboard
görget v scroll
gorilla n gorilla
görnyedt adj hunched
görögdinnye n watermelon
goromba adj bouncy, gross, rough, rude
gorombaság n rudeness
gőz n steam, vapor
gőzök n fumes
gőzöl v fumigate
grafikus adj graphic
gramm n gram
gránát n grenade
gránit n granite
grapefruit n grapefruit
gratuláció n congratulations
gratulál v congratulate
gravitáció n gravity
grillez v charbroil
grillsütő n barbecue, broiler
grimasz n grimace
groteszk adj grotesque
guacamole n guacamole
gubanc n tangle
gügyög v crow

gumi *n* rubber
gumiheveder *n* rubber band
gúny *n* irony
gúnyol *v* mock
gúnyos *adj* sarcastic
gürcöl *v* toil
gurít *v* bowl, roll
gurul *v* roll
gusztus *n* gusto

Gy

gyakori *adj* frequent
gyakorlás *n* exercise
gyakorlat *n* drill, exercise, practice
gyakorlatilag *adv* virtually
gyakorlott *adj* skillful
gyakornok *n* trainee
gyakorol *v* exercise, practice
gyakran *adv* often
gyalázat *n* dishonor, outrage
gyalázatos *adj* dishonorable, outrageous
gyalogátkelő *n* crosswalk
gyalogos *n* pedestrian
gyalogosátkelő-őr *n* crossing guard
gyanú *n* suspicion
gyanús *adj* fishy, suspicious
gyanúsít *v* suspect
gyanúsított *n* suspect
gyanútlan *adj* unsuspecting
gyapjú *n* wool
gyapjú *adj* woolen
gyár *n* factory
gyarapodás *n* gain
gyarapszik *v* flourish
gyarló *adj* feeble
gyarmatosít *v* colonize
gyarmatosítás *n* colonization
gyárt *v* fabricate
gyász *n* grief, mourning
gyászol *v* mourn
gyászos *adj* dismal
gyatra *adj* flimsy, lame
gyáva *n* coward
gyáva *adj* spineless
gyáván *adv* cowardly
gyáván viselkedik *v* chicken out
gyémánt *n* diamond
gyenge *adj* weak
gyenge minőségű *adj* poor
gyengébb fél *n* underdog
gyengéd *adj* affectionate, tender, gentle
gyengéden *adv* gently
gyengédség *n* fondness, tenderness
gyengélkedés *n* ailment
gyengélkedő *adj* indisposed
gyengeség *n* frailty, weakness

gyengít v weaken
gyep n lawn, turf
gyerek n child
gyerekágy n crib
gyerekek n children
gyerekes adj childish
gyerekkor n childhood
gyermeket őriz v babysit
gyermekgondozó n childcare
gyermekkor n boyhood
gyermekörző n babysitter
gyertya n candle
gyertyatartó n candlestick
gyík n lizard
gyilkos n killer, murderer
gyilkosság n homicide, murder
gyógyász n therapist
gyógyfürdő n spa
gyógyhatású adj medicinal
gyógyít v cure
gyógyíthatatlan adj incurable
gyógyítható adj curable
gyógymód n cure
gyógyszer n drug, medication
gyógyszerész n pharmacist
gyógyszertár n drugstore, pharmacy
gyógyul v heal
gyökér n root
gyökerestől kitép v uproot
gyömbér n ginger

gyomorfájdalom n stomachache
gyomorrontás n indigestion
gyöngy n pearl
gyóntató n confessor
gyönyörködtet v delight
gyönyörű adj beautiful
gyönyörűség n delight
gyors adj fast, quick, swift
gyorsan adv fast, quickly, swiftly
gyorsan előreteker v fast forward
gyorsétel n junk food
gyorséttermi étel n fast food
gyorsírás n shorthand
gyorsító n accelerator
gyorsul v accelerate
gyötör v torment
gyötrelem n agony, anguish
győzedelmes adj victorious
győzelem n victory
győztes adj triumphant
győztes n victor
gyufa n match
gyűjt v collect
gyújtás n ignition
gyűjtemény n collection
gyűjtő n collector
gyújtogatás n arson
gyújtogató n arsonist
gyülekezés n rally
gyülekezet n congregation, convention

gyúlékony *n* combustible, flammable
gyűlés *n* assembly, gathering
gyulladás *n* inflammation
gyűlöl *v* hate
gyűlölet *n* hatred, rancor
gyümölcs *n* fruit
gyümölcsös *adj* fruity
gyümölcsöskert *n* orchard
gyümölcsöző *adj* fruitful
gyúr *v* knead
gyűrű *n* ring

H

ha *adv* even if
ha *conj* if; when
hab *n* foam
habar *v* scramble
habár *conj* although
habart *adj* scrambled
háborgat *v* disturb
háborgatás *n* disturbance
háborodott *adj* demented
háború *n* war
hacsak *conj* unless; whenever
hadakozik *v* battle
haderő *n* force
haditengerészet *n* navy
hadnagy *n* lieutenant
hadsereg *n* army
hadviselés *n* warfare
hagy *v* leave
hagyaték *n* inheritance, legacy
hagyma *n* bulb, onion
hagyomány *n* tradition
hagyományos *adj* conventional, traditional
hagyományosan *adv* traditionally
haj *n* hair
hajadon *n* maiden
hajas *adj* hairy
hajít *v* dart, hurl, toss
hajkefe *n* hairbrush
hajkorpa *n* dandruff
hajlam *n* inclination, tendency
hajlamos *adj* inclined, prone
hajlandó *adj* willing
hajlandóság *n* propensity, willingness
hajlandóvá tesz *adj* predisposed
hajlékony *adj* flexible; supple
hajlékonyság *n* flexibility
hajléktalan *adj* homeless
hajlik *v* bend, flex
hajlik vmire *v* incline
hajlítható *adj* pliable
hajlított *adj* curved
hajnal *n* dawn
hajó *n* boat, ship, vessel
hajóból ki *adv* overboard
hajógyár *n* shipyard

hajóhíd *n* raft
hajókázik *v* cruise
hajol *v* bow
hajóorr *n* bow
hajótest *n* hull
hajótörött *n* castaway, shipwreck
hajszol *v* pursue
hajt *v* propel; ride
hajthatatlan *adj* adamant, relentless
hajviselet *n* hairstyle
hal *n* fish
hála *n* gratitude
hálaadás *n* Thanksgiving
halad *v* progress
haladás *n* progress
haladó felfogású *adj* progressive
halál *n* death
halálos *adj* deadly, fatal, lethal
halálos ágy *n* deathbed
halálra ítélt *adj* doomed
halandó *adj* mortal
halandóság *n* mortality
halánték *n* temple
hálás *adj* grateful, thankful
hálásan *adv* gratefully
halász *n* fisherman
halaszt *v* defer
hálátlan *adj* ungrateful
haldokló *adj* dying
halhatatlan *adj* immortal
hall *v* hear

hall *n* lounge
hallás *n* hearing
hallgat *v* listen
hallgató *n* listener
hallgatólagos *adj* implicit
hallgatóság *n* audience
hallgatózik *v* eavesdrop
hallható *adj* audible
hallomás *n* hearsay
halloween *n* Halloween
halmoz *v* pile, stack
háló *n* mesh, net, web
hálófülke *n* cubicle
halogat *v* procrastinate
hálóköntös *n* nightgown
halom *n* batch, mass, heap, pile
halomba rak *v* heap, pile up
hálószoba *n* bedroom
hálóterem *n* dormitory
halott *adj* dead
halottasház *n* mortuary
hálózat *n* network
halrúd *n* fish stick
halucinál *v* hallucinate
halvány *adj* faded
halványul *v* fade
hamarosan *adv* soon
hamburger *n* burger, hamburger
hamis *adj* untrue
hamis eskü *n* perjury
hamisít *v* fake, falsify

hamisítás *n* forgery
hamisított *adj* counterfeit, fake
hamisítvány *n* fake
hámoz *v* peel
hamu *n* ash
hamutartó *n* ashtray
hamvaszt *v* cremate
hang *n* sound, voice
hang- *adj* audio, vocal
hangerő *n* volume
hangfelvételt készít *v* record
hangjegy *n* note
hangmagasság *n* pitch
hangnem *n* key
hangol *v* tune
hangos *adj* loud
hangosan *adv* loudly
hangosan üdvözöl *v* acclaim
hangrendi illeszkedés *n* harmony
hangsúly *n* emphasis
hangsúlyoz *v* emphasize, stress
hangszeres *adj* instrumental
hangszigetelt *adj* soundproof
hangszín *n* tone
hangszóró *n* loudspeaker, speaker
hangulat *n* mood
hangüzenet *n* voice mail
hangvilla *n* pitchfork
hangya *n* ant
hangzik *v* sound
hány *v* vomit, throw up
hányados *n* quotient
hanyag *adj* oblivious
hanyatlás *n* decline, recession
hanyatlik *v* decline
hányinger *n* nausea
hápog *v* quack
harag *n* anger, wrath
harap *v* bite
harapás *n* bite
harc *n* fight
harcias *adj* belligerent
harcol *v* fight
harcos *n* fighter, warrior
hardver *n* hardware
hárfa *n* harp
harisnya *n* stocking
harmadik *adj* third
harmat *n* dew
harminc *n* thirty
harmónia *n* harmony
harmonika *n* accordion
három *n* three
háromlábú állvány *n* tripod
háromszög *n* triangle
harsona *n* trombone
has *n* abdomen, belly, stomach, tummy
hasáb *n* column
hasábburgonya *n* fries
hasad *v* split
hasadás *n* split

hashajtó *adj* laxative
hasít *v* rip, slash, slit
hasítás *n* slash
hasmenés *n* diarrhea
hasnyálmirigy *n* pancreas
hasonlatosság *n* resemblance, likeness
hasonlít *v* resemble
hasonlító *adj* corresponding
hasonló *adj* alike, comparable, like, similar
hasonlóképpen *adv* likewise
hasonlóság *n* similarity
hasonmás *n* counterpart
hasonul *v* assimilate
használ *v* use
használat *n* usage
használható *adj* useable
használt *adj* used
hasznos *adj* expedient, useful
hasznosít *v* utilize
hasznot húz *v* benefit
haszon *n* proceeds, use
haszonállatok *n* livestock
haszonbérbe adás *n* demise
haszontalan *adj* useless
hat *modal v* may
hat *n* six
hát *n* back
háta mögé kerül *v* get behind
hatalmas *adj* enormous, great, huge, mighty, towering
hatalmaskodó *adj* overbearing, domineering
hatalom *n* power
hatálytalanít *v* quash
határ *n* border, boundary, frontier
határidő *n* deadline, time limit
határos *adj* adjacent
határozatlan *adj* indecisive, indefinite, general
határozatlanság *n* indecision
határozatlanul *adv* indefinitely
határozószó *n* adverb
határozott *adj* definite, express
határtalan *adj* boundless
határvonal *adj* borderline
hatás *n* effect
hatásos *adj* effective
hatásosság *n* effectiveness
hatással van *v* affect, impact, impress
hatást gyakorol *v* exert
hatástalan *adj* inefficient
hatástalanít *v* defuse
hatásvadász *adj* pretentious
hátborzongató *adj* creepy, grisly
hatékony *adj* efficient
hatékonyság *n* efficiency
hátgerinc *n* backbone
hátizsák *n* backpack
hatodik *adj* sixth

hatókörzet *n* scope
hátra *adv* backward, behind
hátradől *v* lean back
hátrafelé irányuló *adj* backward
hátrál *v* back, move back
hátrány *n* detriment, disadvantage, drawback, handicap
hátrányos *adj* detrimental
hátrányos helyzetű *adj* handicapped
hátrarúgás *n* kickback
hátsó *adj* back, rear
hátsó ajtó *n* backdoor
hátsó rész *n* back, rear, stern
háttér *n* background
hattyú *n* swan
hatvan *n* sixty
havazik *v* snow
haver *n* buddy, pal
havonta *adv* monthly
ház *n* house
haza *adv* home
hazafi *n* patriot
hazafias *adj* patriotic
hazai *adj* domestic
hazardíroz *v* gamble
házas *adj* married
házasodik *v* marry
házasság *n* marriage, matrimony
házastársi rokon *n* in-laws
hazavágyódó *adj* homesick
házi *adj* domestic
háziállat *n* pet
háziasít *v* domesticate
háziasított *adj* domesticated
háziasszony *n* hostess; housewife; landlady
házifeladat *n* homework
házigazda *n* host
házilag készített *adj* homemade
házimunka *n* chore, housework
háziúr *n* landlord
házsártos *adj* cranky
háztartás *n* household
háztető *n* roof
háztömb *n* block
hazudik *v* lie
hazug *adj* liar
hazugság *n* lie
házvezető *n* housekeeper
Hé! *e* hey
hebeg *v* stutter
heg *n* scab
hegedű *n* fiddle, violin
hegedűművész *n* violinist
hegeszt *v* weld
hegesztő *n* welder
hegy *n* mountain; point
hegycsúcs *n* peak
hegyes *adj* acute, pointed, spiky
hegyfok *n* bluff

hegynek fel *adv* uphill
hegyvonulat *n* range
héj *n* peel, skin
hekkel *v* hack
hekker *v* hacker
helikopter *n* helicopter
Helló! *e* hello
hely *n* place, spot
hélya *n* buzzard
helyes *adj* correct; right, good; cute
helyesbít *v* correct
helyesbítés *n* correction
helyesen *adv* correctly, right
helyesírás *n* spelling
helyet meghatároz *v* locate
helyett *prep* for
helyette *adv* instead
helyettes *adj* alternate
helyettes *n* substitute
helyettesít *v* replace, substitute
helyettesítés *n* replacement
helyez *v* bestow
helyezés *n* place
helyi *adj* local
helyreállít *v* reconstruct
helyszín *n* site
helytelen *adj* improper, incorrect, inappropriate
helytelenít *v* disapprove
helytelenítés *n* disapproval
helytelenül *adv* inappropriately
helyzet *n* setting
henceg *v* brag
hencegő *adj* ostentatious
henger *n* cylinder
hentes *n* butcher
hepehupás *adj* bumpy
herceg *n* prince
hercegnő *n* princess
hernyó *n* caterpillar
hernyóselyem *n* floss
hét *n* seven; week
hetedik *adj* seventh
hetente *adv* weekly
hétfő *n* Monday
hétköznap *n* weekday
hétköznapi *adj* casual, ordinary
hétvége *n* weekend
hetven *n* seventy
hév *n* zeal
heves *adj* ardent, fervent, boisterous, rampant, impetuous
hez *prep* to
hiába *adv* vainly
hiábavaló *adj* ineffective, vain
hiány *n* deficiency, lack, scarcity, shortage; deprivation
hiányol *v* miss
hiányos *adj* defective
hiányosság *n* defect, shortcoming

hiányzik *v* lack
hiányzó *adj* absent, missing
hiba *n* error, mistake, fault, glitch
hibás *adj* faulty, flawed
hibátlan *adj* flawless
hibázik *v* mistake
hibáztat *v* blame
hibernál *v* hibernate
híd *n* bridge
hideg *adj* chilly, cold
hideg *n* cold
hiéna *n* hyena
hierarchia *n* hierarchy
higgadt *adj* placid, serene
higiénia *n* hygiene
hígít *v* dilute
hihetetlen *adj* incredible, unbelievable
hihető *adj* believable, plausible
hím *n* male
hímez *v* embroider
hímnemű *adj* male
hímzés *n* embroidery
hinta *n* swing
hipnotizál *v* hypnotize
hipnózis *n* hypnosis
hipokrata *n* hypocrite
hipotetikus *adj* hypothetical
hipotézis *n* hypothesis
hirdet *v* advertise
hirdetés *n* advertisement, post
hirdetőtábla *n* billboard

hírek *n* news
híres *adj* famous, renowned
híresség *n* celebrity
hírhedt *adj* infamous, notorious
hírnév *n* fame
hírnök *n* messenger
hirtelen *adj* sudden
hirtelenül *adv* suddenly
hisz *v* believe
hisztéria *n* hysteria
hisztérikus *adj* hysterical
hit *n* belief, faith
hitel *n* credit, loan
hiteles *adj* authentic, credible
hitelesít *v* authenticate, calibrate
hitelesség *n* authenticity, credibility
hitelező *n* creditor
hitelkártya *n* credit card
hitelt ad vminek *v* credit
hitetlenség *n* disbelief
hitvány *adj* squalid
hitves *n* spouse
hiúság *n* vanity
hív *v* call
hívás *n* call, calling
hivatalnok *n* official
hivatalnokoskodik *v* officiate
hivatalos *adj* formal, official
hivatalosan *adv* officially
hivatásos *adj* professional

hivatkozás *n* reference
hivatkozik *v* refer
hívő *n* believer
hízeleg *v* flatter
hízelgés *n* adulation, flattery
hízlal *v* fatten
hó *n* snow
hő *n* heat
hobbi *n* hobby
hóbort *n* fad
hód *n* beaver
hódítás *n* conquest
hódító *n* conqueror
hódolat *n* homage
hóesés *n* snowfall
hőguta *n* heatstroke
hogy *conj* that
hogyan *adv* how
hokedli *n* stool
hol *adv* where
hold *n* moon
holdkóros *adj* lunatic
hölgy *n* lady, madam
holmi *n* belongings
holnap *adv* tomorrow
holnap *n* tomorrow
holtpont *n* stalemate
holttest *n* corpse
hólyag *n* blister
homály *n* gloom
homályos *adj* blurred, dim, shady, hazy, obscure
homályosít *v* dim
homár *n* lobster
hőmérő *n* thermometer
hőmérséklet *n* temperature
homlok *n* brow, forehead
homlokát ráncolja *v* frown
homlokzati *adj* front
homok *n* sand
hónalj *n* armpit
hónap *n* month
hópehely *n* snowflake
hord *v* wear
hordágy *n* stretcher
hordár *n* porter
hordó *n* barrel
hordozható *adj* portable
horgászik *v* fish
horgony *n* anchor
horizont *n* horizon
horizontális *adj* horizontal
horkol *v* snore
horpadás *n* dent
horpaszt *v* dent
horzsol *v* bruise
hős *n* hero
hősies *adj* heroic
hősiesség *n* heroism
hossz *n* length
hosszában *prep* alongside
hosszabbít *v* lengthen
hosszadalmas *adj* lengthy
hosszan *adv* long

hosszú *adj* long
hosszúkás *adj* oblong
hosszútávú *adj* long-term
hőszabályzó *n* thermostat
hotdog *n* hotdog
hotel *n* hotel
hóvihar *n* blizzard, snowstorm
hoz *v* bring
hoz *prep* to
höz *prep* to
hozadék *n* increment
hozzáad *v* add
hozzáadás *n* addition
hozzáállás *n* attitude
hozzáértés *n* competence
hozzáértő *adj* competent
hozzáfér *v* access
hozzáférés *n* access
hozzáférhetetlen *adj* inaccessible
hozzáférhető *adj* accessible
hozzájárul *v* consent, endorse; contribute
hozzájárulás *n* consent, endorsement; contribution
hozzászoktat *v* accustom
hozzávaló *n* ingredient
hozzávetőleges *adj* approximate
hozzávetőlegesen *adv* approximately
húgyhólyag *n* bladder
hulladék *n* junk
hullám *n* surge, wave
hullámvasút *n* roller coaster
hüllő *n* reptile
hülye *adj* stupid
hülyeség *n* stupidity
hülyéskedik *v* goof
humánus *adj* humane
humor *n* humor
humorista *n* comedian
humoros *adj* humorous
húr *n* string
hús *n* flesh, meat
hűség *n* allegiance, fidelity, loyalty
hűséges *adj* faithful, loyal, staunch
húsgolyó *n* meatball
húsleves *n* broth
Húsvét *n* Easter
húsz *n* twenty
huszadik *adj* twentieth
hűt *v* chill, cool, refrigerate
hűtlen *adj* disloyal, unfaithful
hűtő *n* cooler, refrigerator
hüvely *n* hull
hüvelyk *n* inch
hűvös *adj* cool
hűvösség *n* chill
húz *v* drag, draw, haul, pull
huzat *n* draft
húzgál *v* tug

I, Í

ibolya *n* violet
ideális *adj* ideal
ideg *n* nerve
idegen *n* alien, stranger
ideges *adj* jumpy, nervous
idegesít *v* annoy
idegesítő *adj* annoying
ideiglenes *adj* temporary
ideiglenesen *adv* temporarily
ideológia *n* ideology
ideológiailag átnevel *v* brainwash
idéz *v* cite, invoke, quote
idézet *n* quotation, quote
idézőjel *n* apostrophe
idióta *n* idiot
idő *n* time
időjárás *n* weather
időköz *n* interval
időközben *adv* meantime
időpont *n* appointment
időrendi *adj* chronological
idős *adj* elderly, senior
időszak *n* period
időszerű *adj* timely
időszerűtlen *adj* untimely
időtartam *n* duration, term, while
időtlen *adj* timeless
időtöltés *n* pastime
időzít *v* time
időzítő *n* timer
ifjú *adj* youthful
ig *prep* to
-ig *prep* up
igaz *adj* true
igazán *adv* truly
igazgató *n* director, principal
igazi *adj* very
igazít *v* adjust
igazol *v* account for, confirm, corroborate, justify, verify, warrant
igazolás *n* verification
igazolatlan *adj* unjustified
igazság *n* justice, truth
igazságos *adj* fair, just
igazságosan *adv* justly
igazságosság *n* fairness, right
igazságtalan *adj* unfair, unjust
igazságtalanság *n* injustice
ige *n* verb
igen *adv* yes
igény *n* demand, need
igényel *v* demand, need, require
ígéret *n* promise, assurance
így *adv* so, thus
iható *adj* drinkable
íj *n* bow
ijedség *n* fright

ijedt *adj* frightened, startled
ijesztő *adj* appalling, daunting, frightening, scary
iker *n* twin
ikon *n* icon
iktat *v* file
iktatókönyv *n* register
illat *n* fragrance, scent, odor
illatos *adj* fragrant
illatosított *adj* scented
illedelmes *adj* well-behaved
illegális *adj* illegal
illegálisan *adv* illegally
illékony *adj* volatile
illem *n* decorum
illesztés *n* joint
illesztődarab *n* adapter
illetlenkedik *v* misbehave
illetlenség *n* indecency
illető *adj* respective
illetően *prep* concerning
illetőleg *prep* regarding
illik rá *v* fit
illusztráció *n* illustration
illusztrál *v* illustrate
illúzió *n* illusion
ilyen *adj* such, this
imád *v* worship
imádkozik *v* pray
imádság *n* prayer
imitáció *n* imitation
imitál *v* imitate

immúnis *adj* immune
importál *v* import
impozáns *adj* imposing
impulzus *n* impulse
inaktív *adj* inactive
incidens *n* incident
inda *n* stalk
index *n* index
indiszkrét *adj* indiscreet
indíték *n* motive
indítvány *n* proposal
indítványoz *v* propose
indok *n* cause
indoklás *n* justification
indokolatlan *adj* undue
indul *v* depart
indulás *n* departure
infláció *n* inflation
influenza *n* flu
információ *n* information
informális *adj* informal
informátor *n* informant
ing *n* shirt
inga *n* pendulum
ingadozik *v* fluctuate
ingatag *adj* fickle, shaky
ingázik *v* commute; shuttle
inger *n* stimulus
ingerel *v* incite
ingerült *adj* edgy, irate
ingerülten megjegyez *v* snap
ingó *adj* wobbly

ingovány *n* quagmire
ingyenes *adj* free
injekció *n* injection, shot
inkább *adv* more, rather
inkluzíve *adv* inclusive
inkompetencia *n* incompetence
inkompetens *adj* incompetent
inkonzisztens *adj* inconsistent
innováció *n* innovation
inog *v* wobble
inspiráció *n* inspiration
inspirál *v* inspire
instabil *adj* unstable
instabilitás *n* instability
ínszalag *n* ligament
int *v* beckon, motion
integet *v* wave
intelligencia *n* intelligence
intelligens *adj* intelligent
intenzitás *n* intensity
intenzív *adj* intensive
intenzíven *adv* intensively
interaktív *adj* interactive
interjú *n* interview
interjúzik *v* interview
internet *n* internet
intéz *v* administer, arrange
intézkedés *n* measure
intézmény *n* institution
intolerancia *n* intolerance
intuíció *n* intuition
invázió *n* invasion
invitál *v* invite
íny *n* gum
ipar *n* industry
iparkodó *adj* industrious
iparmágnás *n* tycoon
ír *v* write
irány *n* course, direction, orientation
irányában *prep* down; to
irányelv *n* policy
irányelvek *n* guidelines
irányít *v* direct, handle
irányíthatatlan *adj* uncontrollable
irányítószám *n* zip code
iránytű *n* compass
irányult *adj* oriented
írás *n* writing
írástudatlan *adj* illiterate
írástudó *adj* literate
iratkapocs *n* paperclip
irattekercs *n* scroll
irgalmas *adj* merciful
irigy *adj* envious
irigyel *v* envy
irigység *n* envy
írnok *n* clerk
író *n* writer
íróasztal *n* desk
iroda *n* office
irodalom *n* literature
irodaszer *n* stationery
írógép *n* type writer

ironikus *adj* ironic
írott *adj* written
irracionális *adj* irrational
irraciónálisan *adv* irrationally
irreális *adj* unreal
irritál *v* irritate
irritáló *adj* irritating
irtózatos *adj* dire
iskola *n* school
iskolabusz *n* school bus
iskolatábla *n* blackboard, chalkboard
ismeretlen *adj* unfamiliar, unheard-of, unknown
ismerős *n* acquaintance
ismerős *adj* familiar
ismertetés *n* briefing
ismérv *n* criteria
ismétel *v* recap, repeat
ismételget *v* reiterate
ismétlés *n* repetition
ismétlődés *n* recurrence
ismétlődik *v* recur
ismétlődő *adj* repetitive
istálló *n* stable, stall
Isten *n* God
isteni *adj* divine
istennő *n* goddess
istenség *n* divinity
istentelen *adj* godless
iszik *v* drink
iszlám *n* Islam

iszonyú *adj* horrendous, terrible
ital *n* beverage, drink
italos kartondoboz *n* juice box
ítélet *n* judgment, sentence, verdict
itt *adv* here
ivókút *n* water fountain
ivólé *n* juice
íz *n* flavor
ízesít *v* savor, season
ízetlen *adj* tasteless
izgalmas *adj* exciting
izgalom *n* excitement
izgatás *n* incitement
izgatott *adj* ablaze, excited
ízlel *v* taste
ízlelés *n* taste
ízlés *n* taste
ízléstelen *adj* tasteless, tacky
ízletes *adj* tasteful
izmos *adj* sturdy
izom *n* muscle
ízületi gyulladás *n* arthritis
izzad *v* perspire, sweat
izzadás *n* sweat
izzadság *n* perspiration
izzadt *adj* sweaty
izzás *v* glow
izzó *adj* glowing

J

jacht *n* yacht
jaguár *n* jaguar
jajgat *v* wail
jamgyökér *n* yam
január *n* January
jár vhova *v* frequent
jár vmivel *v* amount to
járatos *adj* expert
járda *n* sidewalk
járdaszegély *n* curb
járhatatlan *adj* impractical
jármű *n* vehicle
járóbeteg *n* outpatient
járókelő *n* passer-by
járőr *n* scout
jártas *adj* proficient, versed
jártasság *n* craft
járvány *n* epidemic
játék *n* game, quiz, toy
játékos *n* player
játékos *adj* playful
játéktábla *n* board
játékterem *n* arcade
játékvezető *n* referee
játszik *v* play
játszótér *n* playground
javaslat *n* proposition, suggestion, recommendation
javasol *v* recommend, suggest
javít *v* mend, touch up
jávorszarvas *n* reindeer
javul *v* improve, progress
javulás *n* improvement
jázmin *n* jasmine
jég *n* ice
jégcsap *n* icicle
jeges *adj* icy
jéghegy *n* iceberg
jéghideg *adj* ice-cold
jégkocka *n* ice cube
jégkorcsolyázik *v* ice skate
jégkorong *n* hockey
jégkrém *n* ice cream, popsicle
jégszekrény *n* icebox
jegy *n* ticket
jegyes *n* fiancé
jegypénztár *n* box office
jegyzet *n* annotation, note
jegyzetel *v* annotate, note
jegyzetpapír *n* notebook paper
jegyzettömb *n* pad
jegyző *n* notary
jel *n* signal; token
jeladó *n* beacon
jelen idő *n* present
jelenet *n* scene
jelenleg *adv* currently
jelenlegi *adj* current, present
jelenlét *n* presence
jelenlévő *adj* present

jelenség *n* occurrence, phenomenon
jelentéktelen *adj* insignificant, meaningless, minor
jelentéktelen külsejű *adj* homely
jelentés *n* meaning
jelentkezés *n* application
jelentkezik *v* apply; come forward
jelentkező *n* applicant
jelentős *adj* major, significant
jelentőség *n* importance, significance
jelentőségteljes *adj* meaningful
jelet ad *v* signal
jelez *v* indicate, signify
jelkép *n* emblem, symbol
jelképes *adj* symbolic
jelleg *n* complexion
jelleget kölcsönöz *v* feature
jellegzetes *adj* distinctive
jellegzetesen *adv* distinctly
jellem *n* character
jellemző *adj* characteristic, specific
jellemző vonás *n* trait
jelöl *v* denote; nominate
jelölés *n* mark, sign, notation
jelölt *n* candidate
jelszó *n* password
jelvény *n* badge
jelzálog *n* mortgage
jelzés *n* indication, stamp, marker, sign, signal
jelző *n* indicator
jó *adj* fine, good
jó *n* good
Jó éjszakát! *e* good night
jó hírnév *n* reputation
jobb *adj* better; right
jobb oldal *n* right
jobban *adv* better
jobbra *adv* right
jog *n* law, right
jóga *n* yoga
jogász *n* lawyer
joghurt *n* yogurt
jogi képviselet *n* representation
jóindulat *n* benevolence
jóindulatú *adj* amicable, benevolent
jóízű *adj* tasty
jókedvű *adj* jolly
jóképű *adj* handsome
jókora *adj* sizable
jókora darab *n* chunk
jól *adv* well
jól öltözött *adj* well-dressed
jólét *n* welfare, prosperity
jön *v* come
jön vhonnan *v* come from
jóság *n* goodness
jóslat *n* oracle

jószág *n* cattle
jószándék *n* goodwill
jószívű *adj* charitable
jótáll *v* vouch for
jótálló *n* guarantor
jótékonyság *n* charity
jótevő *n* benefactor
jóváhagy *v* approve, validate
jóváhagyás *n* approval, confirmation
jóvátesz *v* atone
jóvátétel *n* atonement, remedy
jövedelmező *adj* profitable
jövő *n* future
jövőbeli *adj* future
joystick *n* joystick
józan *adj* sober
józan ész *n* common sense
józanság *n* sanity
juh *n* sheep
juhász *n* shepherd
július *n* July
június *n* June
Jupiter *n* Jupiter
jutalmaz *v* reward, treat
jutalom *n* reward
juttat *v* allot
juttatás *n* allowance

K

kába *adj* dizzy
kabát *n* coat
kábel *n* cable
kábeltelevízió *n* cable television
kabin *n* cabin
kábítószer *n* drug
kábítószerfüggő *n* drug addict
kábult *adj* dazed
kacagás *n* laughter
kacagtató *adj* ludicrous
kacérkodik *v* flirt
kacsa *n* duck
kacsint *v* wink
kád *n* tub
kagyló *n* clam, seashell, shell
kakaó *n* cocoa
kakas *n* rooster
kaktusz *n* cactus
kaland *n* adventure
kalap *n* hat
kalapács *n* hammer
kalapál *v* hammer
kaliforniai paprika *n* bell pepper
kalória *n* calorie
kalóz *n* pirate
kalózkodás *n* piracy
kamasz *n* youngster
kamat *n* interest

kamera *n* camera
kampány *n* campaign
kampányol *v* campaign
kampó *n* hook
kamra *n* chamber
kanál *n* spoon
kanálnyi *n* spoonful
kanapé *n* couch, sofa
kanári *n* canary
kanca *n* mare
kancellár *n* chancellor
kancsó *n* jug, pitcher
kandalló *n* fireplace
kannibál *n* cannibal
kántálás *n* chant
kanyar *n* curve
kanyargó *adj* winding
kanyaró *n* measles
kanyon *n* canyon
káosz *n* chaos
kaotikus *adj* chaotic
kapacitás *n* capacity
kapar *v* scrape
kapcsol *v* switch
kapcsolat *n* connection, link, relation, relationship, affiliation
kapcsolatot felvesz *v* affiliate
kapcsoló *n* switch
kapcsolódik *v* connect
kapcsolódó *adj* related
kapcsológomb *n* button

kapitány *n* captain
kapocs *n* clip, link
kápolna *n* chapel
káposzta *n* cabbage
káprázatos *adj* gorgeous
kapszula *n* capsule
kaptár *n* hive
kapu *n* gate
kapualj *n* doorway
kapucni *n* hood
kapus *n* goalkeeper
kapzsi *adj* greedy
kapzsiság *n* greed
kar *n* arm
kár *n* damage
Karácsony *n* Christmas, X-mas
karakter *n* character
karám *n* pen
karamell *n* caramel
karantén *n* quarantine
karate *n* karate
karaván *n* caravan
karbantartás *n* maintenance
karcol *v* scratch
karcolás *n* scratch
karcsú *adj* slender
kard *n* sword
karfiol *n* cauliflower
kárhoztatás *n* condemnation
karika *n* hoop
karikatúra *n* caricature
karima *n* rim, brim

karizmatikus *adj* charismatic
karkötő *n* bracelet
karmester *n* conductor
karó *n* stake
karom *n* claw
káromkodik *v* swear
karóra *n* watch
káros *adj* damaging
karosszék *n* armchair
kárpitozás *n* upholstery
kárpótol *v* recompense, make up for
karrier *n* career
kártékony *adj* noxious
kártevő *n* pest
kartonpapír *n* cardboard
kártya *n* card
kártyacsomag *n* deck
kastély *n* castle
kaszál *v* mow
kaszinó *n* casino
kaszt *n* caste
katalogizál *v* catalog
katalógus *n* catalog
katasztrófa *n* catastrophe
katedrális *n* cathedral
kategória *n* category, class
kategorizál *v* categorize
katona *n* soldier
katonai *n* military
kattint *v* click
kávé *n* coffee

kávézó *n* café
kavics *n* pebble
kazal *n* stack
kecses *adj* graceful
kecsesen *adv* gracefully
kecsesség *n* grace
kecske *n* goat
kedd *n* Tuesday
kedélyes *adj* jovial
kedvel *v* like
kedvenc *adj* favorite
kedves *adj* darling, dear, kind, sweet
kedves *n* sweetheart
kedvesen *adv* kindly
kedvesség *n* kindness
kedvezmény *n* discount
kedvezményezett *n* beneficiary
kedvező *adj* favorable
kedvezőtlen *adj* unfavorable
kefe *n* brush
kefél *v* brush
kegyelem *n* clemency, mercy
kegyes *adj* lenient
kegyesség *n* leniency
kegyetlen *adj* atrocious, cruel, merciless, ruthless
kegyetlenkedik *v* brutalize
kegyetlenség *n* atrocity, cruelty
kék *adj* blue
kék szín *n* blue
keksz *n* biscuit, cracker

kelepce *n* pitfall
kelet *n* east
keleten *adv* east
keleti *adj* east, eastern
keletre tartó *adj* eastbound
kell *modal v* must, have to
kellemes *adj* agreeable, congenial, pleasant, pleasing
kellemetlen *adj* unpleasant
kellemetlenség *n* hassle
kellene *modal v* should
kellett volna *modal v* ought to
kelt tészta *n* dough
keltez *v* date
kém *n* spy
kemence *n* furnace
kemény *adj* firm, hard
kémény *n* chimney
keményen *adv* hard
keményít *v* harden
keményítő *n* starch
kémia *n* chemistry
kémiai *adj* chemical
kémkedés *n* espionage
kémkedik *v* spy
kémlelőnyílás *n* loophole
kempingasztal *n* picnic table
ken *v* lubricate
kenés *n* lubrication
kenguru *n* kangaroo
kenőcs *n* ointment
kenőpénz *n* bribe

kenu *n* canoe
kényelem *n* comfort, convenience
kényelmes *adj* casual, comfortable, convenient, handy
kényelmetlen *adj* inconvenient, uncomfortable
kényelmetlenség *n* discomfort
kenyér *n* bread
kenyérpirító *n* toaster
kényeztet *v* pamper
kényszer *n* compulsion, constraint, pressure
kényszerít *v* coerce
kényszerítés *n* coercion
kényszerítő *adj* compelling
kényszerítő erejű *adj* compulsive
kép *n* image, picture
képernyő *n* screen
képes *adj* able, capable, susceptible
képeslap *n* postcard
képesség *n* ability, capability, caliber
képlet *n* formula
képmutatás *n* hypocrisy
képtelen *adj* incapable, unable; absurd
képtelenné tesz *v* incapacitate
képtelenség *n* inability
képvisel *v* represent

kerület

képvisel vmit *v* stand for
képviselő *n* delegate, representative
képzel *v* imagine
képzelet *n* fantasy, imagination
képzeletbeli *adj* imaginary
képzetlen *adj* unqualified
képzett *adj* qualified
képzettség *n* qualification
képződés *n* formation
kér *v* plead
kerámia *n* ceramic
kérdés *n* question
kérdez *v* ask, quiz
kérdezősködő *adj* inquisitive
kérdőív *n* questionnaire
kéreg *n* crust
kerek *adj* round
kerék *n* wheel
kerékagy *n* hub
kerékpár *n* bicycle, bike
kerékpáros *n* cyclist
kerékpározás *n* cycling
kérelem *n* petition
kérelmez *v* call on
Kérem! *e* please
keres *v* search, look for; earn
kérés *n* request
keresés *n* quest, search
kereset *n* earnings
kereskedelem *n* commerce, trade

kereskedelmi *adj* commercial
kereskedik *v* trade
kereskedő *n* dealer, trader
kereszt *n* cross
keresztbe *prep* across
keresztben *adv* across
keresztény *adj* Christian
Kereszténység *n* Christianity
keresztez *v* cross
keresztezés *n* crossing
kereszteződés *n* intersection
kereszteződik *v* intersect
keresztnév *n* first name
keresztrejtvény *n* crossword puzzle
keresztül *adv* through
keresztül *prep* via
keresztülmegy *v* go through
keret *n* frame
kérges *adj* crusty
keringés *n* circulation
keringési pálya *n* orbit
keringő *n* waltz
keringtet *v* circulate
kerítés *n* fence, fencing
kérkedik *v* flaunt
kert *n* garden
kertész *n* gardener
kerül vmibe *v* cost
kerül vmit *v* shun
kerület *n* borough, district; perimeter

kerülőút *n* detour
kés *n* knife
keselyű *n* vulture
keserű *adj* bitter
keserűség *n* bitterness
keservesen *adv* bitterly
késés *n* delay
késik *v* delay
keskeny *adj* narrow
késlekedik *v* linger
késlekedő *adj* lingering
később *adv* later
későbbi *adj* later
késői *adj* late
késön *adv* late
készenlét *n* alert
készítő *n* maker
készlet *n* stock
készletek *n* supplies
készleten tart *v* stock
készpénz *n* cash
készség *n* facility, skill
készséges *adj* ready
készségesen *adv* readily, willingly
kesztyű *n* glove
készülék *n* appliance, gadget
készülődik *v* prepare
ketchup *n* ketchup
kételkedik *v* doubt
kételkedő *adj* doubtful, skeptical, unconvinced
kétéltű *adj* amphibious
kétely *n* doubt
kétes *adj* dubious, precarious
kétnyelvű *adj* bilingual
ketrec *n* cage
kétség *n* suspense
kétségbe von *v* question
kétségbeesés *n* despair
kétségbeesett *adj* desperate
kétségtelenül *adv* undoubtedly
kétszer *adv* twice
kettő *n* two
kettős *adj* dual
kettőspont *n* colon
kever *v* mix, stir; shuffle
keveredik *v* blend, mingle
keverék *n* blend, compound, mixture
keverőgép *n* blender
kevés *adj* few
kevésbé *adv* less
kevesebb *adj* fewer, less; minus
kevéssé *adv* little
kéz *n* hand
kézbesít *v* deliver
kézbesítés *n* delivery
kezd *v* begin, set out
kezdeményezés *n* initiative
kezdet *n* inception, outset, start
kezdetben *adv* initially
kezdeti *n* beginning

kezdeti *adj* initial
kezdetleges *adj* rudimentary
kezdő *n* beginner, novice
kezdőbetű *n* initial
kezdőrúgás *n* kickoff
kezel *v* handle, wield; treat
kezelés *n* treatment
kezelhető *adj* manageable
kézfogás *n* handshake
kézi *adj* manual
kézi erővel mozgat *v* manhandle
kézifegyver *n* handgun
kézikönyv *n* handbook, manual
kézírás *n* handwriting
kézirat *n* manuscript, script
kézitáska *n* handbag
kézzel *adv* manually
kézzel készített *adj* handmade
kézzelfogható *adj* concrete
ki *pron* who
kiabál *v* shout
kiabálás *n* shout
kiábrándító *adj* disappointing
kiábrándulás *n* disillusion
kiábrándult *adj* disenchanted
kiad *v* give out, hand out
kiadás *n* edition; expenditure
kiadó *n* publisher
kiadott *adj* out
kiadvány *n* brochure
kiaknáz *v* exploit
kiáll *v* stand out
kiállít *v* exhibit
kiállítás *n* exhibition
kiáltvány *n* proclamation
kiáradás *n* outpouring
kiárusítás *n* sale, sellout
kiárusított *adj* sold-out
kiás *v* excavate, unearth
kibérel *v* charter, lease
kibocsát *v* emit
kibocsátás *n* emission
kibogoz *v* unravel
kibök *v* prick
kibont *v* unwrap
kicserél *v* interchange
kicsi *adj* little, small, petite
kicsinyes *adj* petty
kicsomagol *v* unpack
kiderül *v* turn up
kidolgozott *adj* finished
kidudorodás *n* bulge
kidug *v* stick out
kié *adj* whose
kiegyenlít *v* equate, level
kiegyensúlyozott *adj* balanced
kiegyezés *n* compromise
kiegyezik *v* compromise
kiejt *v* pronounce, utter
kiejtés *n* pronunciation
kiejtésmód *n* accent
kielégít *v* satisfy
kielégítő *adj* satisfying
kiemel *v* underline

kiemelkedő *adj* outstanding, prominent, significant
kienged *v* deflate; let out
kiengesztel *v* placate
kiesik *v* drop out
kieszel *v* devise
kifecseg *v* divulge
kifejez *v* express; represent
kifejezés *n* expression, phrase
kifejezett *adj* explicit
kifejezetten *adv* explicitly, expressly, specifically
kifejező *adj* demonstrative
kifelé tartó *adj* out, outward
kificamít *v* dislocate, sprain
kificamodott *adj* sprained
kifinomult *adj* refined
kifizet *v* buy off, disburse
kifizet vkit *v* pay off
kifizetődő *adj* rewarding
kifogás *n* plea
kifogásolható *adj* substandard
kifogástalan *adj* immaculate, impeccable
kifogy vmiből *v* run out
kifordítva *adv* inside out
kifoszt *v* plunder
kifőz *v* brew
kifüggeszt *v* post
kifutópálya *n* runway
kigombol *v* unbutton
kigúnyol *v* ridicule
kígyó *n* serpent, snake
kigyomlál *v* weed
kihagy *v* exclude, omit, skip
kihagyás *n* lapse; omission
kihal *v* die out
kihalt *adj* extinct
kihangsúlyoz *v* highlight
kihátrál *v* back out, bail out
kihív *v* challenge
kihívás *n* challenge
kihívó *n* challenger
kihívó *adj* challenging
kihúz *v* cross out; unplug
kiírt *v* eradicate, exterminate
kijárási tilalom *n* curfew
kijárat *n* exit
kijátszik *v* double-cross
kijelent *v* claim, state
kijelentés *n* claim, statement
kijelentkezik *v* check out; log off
kijelöl *v* appoint, assign, designate; check
kijelző *n* display
kijön *v* come out
kikapcsol *v* switch off, turn off
kikapcsolódás *n* recreation
kikel *v* hatch
kikényszerít *v* compel
kikérdez *v* debrief, interrogate
kikerül *v* evade, sidestep
kikiált *v* proclaim
kiköt *v* dock; stipulate

kirándulás

kiköt vhol *v* wind up
kikötő *n* dock, harbor, port
kikövez utat *v* pave
kiközösített *adj* outcast
kilakoltat *v* evict
kilátás *n* expectancy, prospect
kilehel *n* exhale
kilenc *n* nine
kilencedik *adj* ninth
kilencven *n* ninety
kilép *v* step out
kilincs *n* doorknob
kilogramm *n* kilogram (kilo)
kilométer *n* kilometer
kilövell *v* eject
kilövés *v* launch
kilowatt *n* kilowatt
kimegy *v* get out, go out
kimenet *n* output
kimenetel *n* outcome
kimenő *adj* outgoing
kimerít *v* exhaust
kimerítő *adj* exhausting
kimerült *adj* weary
kimerültség *n* exhaustion
kimondhatatlan *adj* unspeakable
kimozdul *v* move out
kimutat *v* manifest
kincs *n* treasure
kinéz *v* look out
kínlódik *v* agonize
kínos *adj* embarrassing

kínos helyzet *n* predicament
kínoz *v* torture
kint *adv* outdoor
kinyilatkoztatás *n* revelation
kinyit *v* open, unfold, unlock
kinyomoz *v* trace
kinyúlik *v* protrude
kínzás *n* torture
kínzó *adj* excruciating, agonizing
kiöl *v* extinguish
kiold *v* untie
kioldoz *v* loose, unfasten
kiolvaszt *v* defrost
kiönt *v* spill
kiöntés *n* spill
kioszt *v* allocate; pass out
kiosztás *n* allocation
kipárnáz *v* bolster, cushion, pad
kipárnázott *adj* padded
kiprésel *v* squash
kipufogó *n* exhaust
kipufogódob *n* muffler
kipusztít *v* obliterate
kirak *v* unload
király *n* king
királyi *adj* royal
királyi méltóság *n* royalty
királynő *n* queen
királyság *n* kingdom
kirándulás *n* excursion

kirohan ellene *v* lash out
kis *pron* little
kis állólétra *n* stepladder
kisalakos nyomtatás *n* fine print
kisbetű *n* lowercase
kisbolygó *n* asteroid
kisebbség *n* minority
kisegít *v* bail out
kísér *v* accompany
kísérlet *n* experiment
kísérleti *adj* tentative
kísért *v* haunt; tempt
kísértés *n* temptation
kísérteties *adj* eerie, spooky
kísértetjárta *adj* haunted
kisiklik *v* derail
kiskereskedelem *n* retail
kiskereskedő *n* retailer
kiskorú *n* minor
kiskorú *adj* underage
kisugároz *v* illuminate
kisvendéglő *n* tavern
kiszáll *v* get off
kiszámít *v* calculate, compute
kiszámítás *n* calculation
kiszámíthatatlan *adj* incalculable
kiszámláz *v* bill
kiszárít *v* drain
kiszélesít *v* widen
kiszínez *v* dye
kitalál *v* figure out, find out

kitalálósdi *n* charade
kitalált *adj* trumped-up
kitár *v* spread
kitart *v* hang on, keep on, hold out
kitart mellette *v* persevere
kitart vmi mellett *v* stick to
kitartó *adj* persistent, strenuous
kitér vmi elől *v* dodge, elude
kiterjed *v* expand, branch out
kiterjedés *n* dimension
kiterjedésű *adj* dimensional
kiterjedt *adj* extensive
kiterjeszt *v* extend
kiterjesztés *n* extension
kitérő *adj* evasive
kitervel *v* plan
kitett *adj* exposed
kitettség *n* exposure
kitisztít *v* purge
kitör *v* erupt
kitör vhonnan *v* break out
kitörés *n* eruption, outburst
kitöröl *v* erase
kiürít *v* empty
kiút *n* way out
kiutasítás *n* expulsion
kiűz *v* dislodge
kivág *v* cut out
kivágás *n* clipping
kiváló *adj* excellent, great, distinguished, fine

kiválogat *v* sort
kiválóság *n* excellence
kivált *v* evoke
kiváltság *n* privilege
kiváltságos *adj* privileged
kíván *v* request
kívánatos *adj* desirable
kíváncsi *adj* curious, nosy
kíváncsiság *n* curiosity
kivándorol *v* emigrate
kívánság *n* wish
kivasal *v* iron
kivesz *v* take out
kivétel *n* exception
kivételes *adj* exceptional
kivetít *v* project
kivetítő *n* projector
kivéve *prep* except, excluding
kivezetés *n* outlet
kivirágzik *v* bloom
kivitel *n* make
kivitelez *v* carry out
kivizsgálás *n* checkup
kivon *v* deduct, subtract; extract
kivonás *n* subtraction
kivonat *n* excerpt, extract
kivonható *adj* deductible
kívül *adv* out; outside
kívül vmin *adv* beyond
kívülálló *n* outsider
kizár *v* disqualify

klarinét *n* clarinet
klassz *adj* classy; plush
klasszikus *adj* classical
klasszikus mű *n* classic
klaszter *n* cluster
klíma *n* climate
klinika *n* clinic
klónoz *v* clone
klónozás *n* cloning
klub *n* club
kő *n* stone
kóbor *adj* stray
kóborol *v* roam
kocka *n* cube
kocka alakú *adj* cubic
kockára vág *v* dice
kockázat *n* risk, venture
kockázatos *adj* risky
kockáztat *v* risk
kocog *v* jog
kocsma *n* bar
kód *n* code
köd *n* fog, haze, mist
köddé válik *v* vanish
ködös *adj* foggy, hazy, misty
kőfejtő *n* quarry
koffein *n* caffeine
koffeinmentes *adj* decaffeinated
köhög *v* cough
köhögés *n* cough
kohol *v* fabricate

kókusz *n* coconut
kolbász *n* sausage
kölcsönad *v* lend
kölcsönhatás *n* interaction
kölcsönös *adj* mutual
kölcsönösen *adv* conversely; mutually
kölcsönöz *v* loan
kölcsönvesz *v* borrow
köldök *n* belly button, navel
koldus *n* beggar
kollázs *n* collage
kolléga *n* colleague
kollekció *n* set
kölni *n* cologne
kolónia *n* colony
kolosszális *adj* colossal
kolostor *n* monastery
költ *v* spend
költés *n* expense
költészet *n* poetry
költő *n* poet
költség *n* cost
költséges *adj* costly
költségvetés *n* budget
kölyök *n* cub; kid
kölyökkutya *n* puppy
kóma *n* coma
kombináció *n* combination
kombinál *v* combine
komédia *n* farce
komisz *adj* wicked

kommentár *n* commentary
kommentátor *n* commentator
kommunikáció *n* communication
kommunikál *v* communicate
kommunista *adj* communist
kommunizmus *n* communism
komoly *adj* serious
komolyan *adv* earnestly
komor *adj* gloomy, somber
komornyik *n* butler
komp *n* ferry
kompakt *adj* compact
kompatibilis *adj* compatible
kompatibilitás *n* compatibility
kompenzáció *n* compensation
kompenzál *v* compensate
komposzt *n* compost
kompozíció *n* composition
kőműves *n* bricklayer
koncentráció *n* concentration
koncentrál *v* concentrate
koncepció *n* concept
koncert *n* concert
koncesszió *n* concession
kondenzáció *n* condensation
kondicionáló *n* conditioner
konferencia *n* conference
konfliktus *n* conflict
kongresszus *n* congress
konnektor *n* plug
könny *n* tear
könnyedén *adv* easily, lightly

könnyedség *n* ease
könnyen *adv* easily
könnyezik *v* tear, weep
könnyít *v* lighten
könnyű *adj* light
könnyűsúly *n* lightweight
konok *adj* obstinate
konszenzus *n* consensus
kontárkodik *v* botch
kontextus *n* context
kontinens *n* continent
kontinentális *adj* continental
köntös *n* gown
konty *n* bun
konverzió *n* conversion
konyha *n* cuisine; kitchen
könyök *n* elbow
könyörög *v* beg
könyörületes *adj* compassionate
könyv *n* book
könyvbeszámoló *n* book report
könyvelő *n* accountant, bookkeeper
könyvesbolt *n* bookstore
könyvszekrény *n* bookcase
könyvtár *n* library
könyvtárjegy *n* library card
könyvtáros *n* librarian
konzerv *n* can
konzervál *v* conserve
konzerválás *n* conservation
konzervált *adj* canned
konzervatív *adj* conservative
konzervnyitó *n* can opener
konzol *n* console
konzultáció *n* consultation
koordináció *n* coordination
koordinál *v* coordinate
koordináta *n* coordinate
koordinátor *n* coordinator
köp *v* spit
kopár *adj* bleak
kopasz *adj* bald
köpeny *n* cape, cloak
kopog *v* knock, tap
kopogás *n* knock
kopoltyú *n* gill
koponya *n* skull
koporsó *n* coffin
kopott *adj* seedy, shabby
kor *n* age
kor *prep* at
kör *n* circle, ring; lap
kör alakú *adj* circular
korábban *adv* formerly
korábbi *adj* former
korai *adj* early, precocious
korai iskolaelhagyó *n* dropout
korall *n* coral
korán *adv* early
körbe *adv* around
körbead *v* pass around
körbevesz *v* ring
korcsolya *n* skate

korcsolyázás *n* skating
korcsolyázik *v* skate
kórház *n* hospital
kórházba szállít *v* hospitalize
korlát *n* handrail; limit
korlátlan *adj* unlimited
korlátoz *v* confine, restrict, limit
korlátozás *n* confinement, limitation, restriction
kormánykerék *n* steering wheel
kormányoz *v* govern, rule, steer
kormányrúd *n* rudder
kormányzat *n* government
kormányzó *n* governor
környék *n* neighborhood
környezet *n* environment, surroundings
környezeti *adj* environmental
környezetvédő *n* environmentalist
köröm *n* fingernail, nail
koromfekete *adj* pitch-black
korona *n* crown
koronázás *n* coronation
korong *n* disc
koros *adj* aged
kóros *adj* pernicious
köröz *v* circle
korrektül *adv* fairly
korrodál *v* corrode
korrupt *adj* corrupt
korszak *n* era
kortárs *adj* contemporary
kortárs *n* contemporary
körte *n* pear
korty *n* gulp
kortyolgat *v* sip
körül *prep* around
körülárkolt *adj* entrenched
körülbelül *adv* about, around
körülmény *n* circumstance
körülményes *adj* circumstantial
körülrajzol *v* outline
körülvesz *v* surround
kórus *n* chorus
körutazás *adj* round-trip
körvonal *n* contour, silhouette, outline
kos *n* ram
kosár *n* basket
kosárlabda *n* basketball
kösz *n* thanks
kószál *v* stroll
kószáló *n* stroller
köszönöm *n* thank you
koszorú *n* wreath
koszorúslány *n* bridesmaid
kosztüm *n* costume
köteg *n* bundle, packet
kötél *n* rope
kötelék *n* bond

köteleő *adj* obligatory
kötelesség *n* duty
kötelességmulasztó *adj* delinquent
kötelez *v* bind, obligate
kötelezettség *n* obligation
kötelező *adj* binding, compulsory, mandatory
kötény *n* apron
kötés *n* bandage
kötetlen *adj* free
kötőjel *n* hyphen
kötőszó *n* conjunction
kötött *adj* bound
kötszer *n* dressing
kotyvalék *n* concoction
kotyvaszt *v* concoct
kovács *n* blacksmith
kovácsol *v* forge
kövér *adj* fat, plump
követ *v* follow, track
követ titokban *v* stalk
követel *v* assert, claim
követelés *n* assertion
követelmény *n* requirement
következetes *adj* consequent
következetesen *adv* consequently
következetesség *n* consistency
következmény *n* consequence
következő *adj* following, next
következtet *v* deduce, infer
következtetés *n* conclusion
követő *n* follower
kövület *n* fossil
közbelép *v* intervene
közben *adv* between
közben *prep* during
közeg *adj* medium
közel *prep* around
közel *adv* nearby
közelben *adv* about
közeledő *adj* coming, forthcoming
közelgő *adj* imminent, upcoming
közeli *adj* near, nearby, close
közellátó *adj* nearsighted
közelről *adv* closely
közelség *n* proximity, vicinity
közép *n* middle
közepette *prep* amid
középiskola *n* high school, middle school
középkori *adj* medieval
középpont *n* center
középső *adj* intermediate, middle
középszerű *adj* mediocre
középszerűség *n* mediocrity
közgazdaságtan *n* economics
közgazdász *n* economist
közhelyszerűvé tesz *v* trivialize
közismert *adj* public; well-known
közlekedési lámpa *n* traffic light

kozmetikus *n* cosmetic
kozmikus *adj* cosmic
közömbös *adj* disinterested, indifferent
közönséges *adj* plain; vulgar
közöny *n* indifference
közös *adj* common
közösség *n* community, fellowship
közösségi háló *n* social network
között *prep* among, between
központ *n* center
központi *adj* central
központi iroda *n* main office
központosít *v* centralize
köztársaság *n* republic
köztiszteletben álló *adj* illustrious
közül *prep* of
közvetett *adj* indirect
közvetít *v* broadcast, relay, televise; mediate
közvetítés *n* broadcast
közvetítő *n* broadcaster; mediator; middleman
közvetlen *adj* blunt, direct
közvetlenül *adv* direct
közvilágítás *n* streetlight
közzétesz *v* air, publish, release
közzététel *n* publication, release
kráter *n* crater

kreatív *adj* creative
kreativitás *n* creativity
krém *n* cream
krematórium *n* incinerator
krémes *adj* creamy
krémszínű *adj* cream
kréta *n* chalk
krikett *n* cricket
krimi *n* thrill
kristály *n* crystal
kritika *n* criticism
kritikus *n* critic
kritikus *adj* crucial, critical
kritizál *v* criticize
krízis *n* crisis
krokodil *n* crocodile
krónikus *adj* chronic
krumplilepény *n* hash browns
kudarc *n* failure
kudarcot vall *v* fail
kukorica *n* corn
kukucskál *v* peep
kukucskáló *n* peephole
kulacs *n* canteen
kulcs *n* key
kulcstartó *n* key ring
küld *v* send
küldemény *n* consignment
küldetés *n* mission
küldő *n* sender
külföldi *adj* foreign
külföldi *n* foreigner

külföldön *adv* abroad
kulisszák mögött *adv* backstage
külön *adv* separately
különálló *adj* separate
különben *adv* otherwise
különbözik *v* differ
különböző *adj* different, unlike, various
különbség *n* difference
különbséget tesz *v* distinguish
különc *adj* eccentric
különleges *adj* special
különös *adj* peculiar, quaint
különösen *adv* particularly; specially
különösképpen *adv* especially
külső *adj* external, outer, outside
külső *n* looks
külső munkatárs *n* contributor
külső oldal *n* outside
külsőleges *adj* exterior
kultúra *n* culture
kulturális *adj* cultural
kultusz *n* cult
külváros *n* outskirts, suburb
kuncog *v* chuckle, giggle
kunyhó *n* cottage, hut, shack
kúp *n* cone
kupac *n* mound
kuplung *n* clutch
kupon *n* coupon

kurbli *n* crank
kürt *n* horn
kurzus *n* course
kusza *adj* intricate
kúszik *v* crawl
küszködés *n* struggle
küszöb *n* doorstep
küszöbérték *n* threshold
küszöbön álló *adj* impending
kút *n* well
kutat *v* research; seek
kutatás *n* research; scrutiny
kutató *n* researcher
kutya *n* dog
kutyaól *n* dog house, kennel
küzd *v* combat, contend
küzdelem *n* combat
küzdő fél *n* combatant
kvóta *n* quota

L, Ly

láb *n* leg; foot, feet
lábadozó *adj* convalescent
lábas *n* casserole
lábbeli *n* footwear
labda *n* ball
labdarúgás *n* football, soccer
lábfej *n* foot
labirintus *n* labyrinth, maze

lábjegyzet *n* footnote
lábköröm *n* toenail
lábnyom *n* footprint, track
laboratórium *n* laboratory
lábszár *n* shin
lábtörlő *n* doormat, mat
lábujj *n* toe
lábujjhegy *v* tiptoe
lacrosse *n* lacrosse
láda *n* chest, crate
lagúna *n* lagoon
lágy *adj* mellow
lágyan *adv* softly
lágyék *n* groin
lakályos *adj* cozy
lakat *n* padlock
lakatos *n* locksmith
lakbér *n* rent
lakberendezés *n* décor
lakható *adj* habitable, inhabitable
lakik *v* dwell, inhabit, live, reside
lakó *n* occupant
lakó- *adj* residential
lakóhely *n* residence, dwelling
lakoma *n* feast
lakos *n* inhabitant, resident
laktanya *n* barracks
lámpa *n* lamp
lámpaernyő *n* lampshade
lámpakapcsoló *n* light switch

lámpaoszlop *n* lamppost
lámpás *n* lantern
lánc *n* chain
láncfűrész *n* chainsaw
lándzsa *n* spear
láng *n* flame
langyos *adj* lukewarm, tepid
lány *n* gal, girl
lány unoka *n* granddaughter
lánya vkinek *n* daughter
lánykori név *n* maiden name
lánytestvér *n* sister
láp *n* marsh, swamp
lapát *n* shovel
lapátol *v* shovel
lapátra tesz *v* lay off
lapít *v* flatten
lapok *n* leaves
lapok leterítése *n* showdown
lapos *adj* flat
laposfogó *n* tongs
laptop *n* laptop
lárma *n* racket
lármás *adj* rowdy
lassan *adv* slowly
lassú *adj* slow
lassú mozgás *n* slow motion
lasszó *n* lasso
lasszóz *v* lasso
lát *v* see
látás *n* eyesight, sight
láthatatlan *adj* invisible

látható *adj* visible
láthatóság *n* visibility
látogatás *n* visit
látogató *n* visitor
latolgat *v* ponder
látomás *n* vision
látszat *n* appearance
látszólag *adv* apparently
látvány *n* sight, view
látványos *adj* spectacular
látványosság *n* spectacle
lavina *n* avalanche
láz *n* fever
laza *adj* slack
lazac *n* salmon
lázad *v* revolt
lázadás *n* rebellion
lázadó *n* rebel
lazán *adv* loosely
le *prep* off
lead *v* hand down
lealacsonyít *v* degrade
lealacsonyítás *n* degradation
lealacsonyító *adj* degrading, demeaning
lealáz *v* mortify
leapad *v* ebb
learat *v* reap
leáraz *v* discount
lebarnul *v* tan
lebarnulás *n* tan
lebeg *v* float, hover, soar
lebegtet *v* flutter
lebegve *adv* afloat
lebeszél *v* dissuade
lebilincselő *adj* gripping, riveting
lebont *v* dismantle
lecke *n* lesson
lecsavar *v* unscrew
lecsendesít *v* hush
ledől *v* come down
lédús *adj* juicy
leégés *n* sunburn
leendő *adj* would-be
leereszkedés *n* descent
leereszkedik *v* condescend; descend
leereszt *v* get down, let down
leértékel *v* depreciate, devalue
leértékelés *n* devaluation
leesik *v* fall down
lefegyverez *v* disarm
lefele *adv* down, downhill
lefelé *adv* downward
lefoglal *v* impound
lefokoz *v* demote
lefölöz *v* skim
lefordít *v* translate
leforgat *v* shoot
leforráz *v* scald
lefricskáz *v* flick
leg- *adj* most
legális *adj* legal
legálisan *adv* legally

legalizál v legalize
legel v graze
legelő n pasture
legenda n legend
legendás adj legendary
legénység n crew
legfelső adj supreme
legfőbb adj chief, paramount
legfontosabb adj prime
légikísérő n flight attendant
leginkább adv mostly
légiposta n airmail
légitársaság n airline
legjobb adj best
legjobban adv best, most
legkevésbé pron least
legkevésbé adv least
legkevesebb adj least
légmentes adj airtight
legrosszabb adj worst
legrosszabbul adv worst
legtöbb adj utmost
legutóbbi adj latest
legutolsó n last
légy n fly
legyengült adj unfit
legyőz v beat, defeat, overpower
legyőzhetetlen adj invincible, unbeatable
legyőzött adj beaten
légzés n respiration

léha adj frivolous
lehagy v outrun
lehajol v bend down
lehajt v recline
lehámoz v strip
lehangolt adj subdued
lehelet n breath, puff
lehet modal v may
lehetetlen adj impossible
lehetetlenség n impossibility
lehetőség n chance, opportunity, possibility
lehetséges adj possible
lehetségesen adv possibly
lehorzsol v graze
lehoz v bring down
lehull v drop off
lehűt v cool down
leír v depict, describe; transcribe
leírás n description
leíró adj descriptive
lejár v expire
lejárati idő n expiration
lejárt adj overdue
lejt v slant
lejtő n slope
lék n leak
lekezel v snub
lekicsinyel v belittle
lekopik v wear down
leköt v engage
lekötelez v oblige

lekötelezett *adj* obligated, obliged
lekuporodik *v* crouch, squat
leküzd *v* vanquish
lekvár *n* marmalade
lelassít *v* slow down
lelátó *n* grandstand
lélegzetelállító *adj* breathtaking
lélegzik *v* breathe
lélek *n* soul, spirit
lelép *v* step down
leleplez *v* debunk, unmask, unveil, uncover
leleplező *adj* revealing
lelkes *adj* eager
lelkesedés *n* eagerness, enthusiasm, zest
lelkesítő *adj* rousing
lelkész *n* clergyman, minister
lelkészség *n* ministry
lelkiismeret *n* conscience
lelkiismeretes *adj* scrupulous
lelkipásztor *n* pastor
leltár *n* inventory
lemarad *v* fall behind
lemaradás *n* backlog
lemegy *v* go down
lemerül *v* duck, submerge
lemészárol *v* slaughter
lemez *n* record
lemezjátszó *n* record player
lemezlovas *n* disc jockey (DJ)
lemezmeghajtó *n* disk drive
lemond *v* call off, cancel
lemond róla *v* relinquish, waive
lemond vmiről *v* renounce
lemondás *n* cancellation
lencse *n* lens; lentil
lendületes *adj* dashing
lenéz *v* overlook, look down
leng *v* sway, swing
lenni *v* be
lenti *adj* downstairs
lényeg *n* point
lényegtelen *adj* irrelevant
lenyír *v* shear
lenyom *v* depress
lenyomat *n* print
lenyűgöző *adj* impressive, mind-boggling, striking
lenyugszik *v* calm down, chill out
leopárd *n* leopard
lép *v* step
lepárol *v* distill
lépcső *n* stair
lépcsőfok *n* step
lépcsőház *n* staircase
lépcsősor *n* stairs
lépdel *v* stride
lepedő *n* sheet
lepel *n* veil
lépés *n* footstep, step
lépésről lépésre *adv* step-by-step

lépked *v* pace
leporol *v* dust
lepottyan *v* slump
lepra *n* leper, leprosy
lerak *v* dump
lerakat *n* depot
lerakó *n* landfill
lerohan *v* overrun
lerombol *v* bulldoze
leront *v* debase
lerövidít *v* shorten
leskelődik *v* lurk
lesre állít *v* ambush
lesújtó *adj* distressing
leszáll *v* land
leszáll vmiről *v* dismount
leszállás *n* landing
leszálló *n* landing
leszámít *v* discount
leszármazott *n* descendant, offspring
leszármaztatott *adj* derivative
leszid *v* scold
letarol *v* devastate
letartóztat *v* arrest
leteker *v* unwind
letelepedik *v* settle, settle down
letép *v* deface
letér *v* deviate
letérés *n* deviation
létesít *v* establish
létesítmények *n* facilities

letét *n* deposit
letétbe helyez *v* deposit
létezés *n* being, existence
létezik *v* exist
létfenntartás *n* sustenance
létfontosságú *adj* essential, vital
letölt *v* download
letör *v* break down
letöröl *v* wipe
létra *n* ladder
létrehoz *v* create
levág *v* cut off
levegő *n* air
levegőzés *n* outing
levegőztet *v* air
levehető *adj* detachable
levél *n* letter
levelezés *n* correspondence
levélpapír *n* notepaper
levert *adj* dejected
leves *n* soup
leveszi magáról *v* take off
levetkőzik *v* strip, undress
levon *v* recoup
levonás *n* deduction
lexikon *n* thesaurus
lezár *v* block; conclude
lézer *n* laser
lezser *adj* easygoing
lezuhan *v* plummet
liba *n* goose

liberális *adj* liberal
lift *n* elevator
liga *n* league
liheg *v* wheeze
lila *adj* violet
lila szín *n* violet
lime *n* lime
limonádé *n* lemonade
lista *n* list
listáz *v* list
liszt *n* flour
liter *n* liter
ló *n* horse
lő *v* shoot
lobbizik *v* lobby
loccsan *v* splash
lőfegyver *n* firearm
lóg *v* dangle
logika *n* logic
logikátlan *adj* illogical
logikus *adj* logical
logikusan *adv* logically
lök *v* shove
lökhárító *n* bumper, fender
lomha *adj* sluggish
lop *v* steal
lopás *n* larceny, theft
lopódzik *v* creep
lottó *n* lottery
lovag *n* knight
lovagias *adj* gallant
lovász *n* groom

lövell *v* squirt
lövés *n* shot
lüktet *v* pulsate
lüktetés *n* pulse
lusta *adj* lazy, tardy
lustaság *n* laziness
luxus *adj* deluxe
lyuk *n* cavity, hole

M

ma *adv* today
ma éjjel *adv* tonight
ma éjjel *n* tonight
macska *n* cat
madár *n* bird
madártoll *n* feather
mag *n* core; seed
maga *pron* itself
maga után von *v* entail
magába foglal *v* involve
magad *pron* yourself
magam *pron* myself
magán *adj* private
magánélet *n* privacy
magánhangzó *n* vowel
magány *n* loneliness, solitude
magányos *adj* desolate, lonesome, solitary
magányosan *adv* lonely

magára von v incur
magas adj high, lofty, tall; high
magasan adv high, highly
magasság n elevation, height
magasztal v glorify
magatartás n manner
magazin n magazine
magenta n magenta
mágikus adj magical
mágnes n magnet
mágneses adj magnetic
mágnesesség n magnetism
magnó n tape recorder
magol v mug
magtalan adj seedless
magunk pron ourselves
magyaráz v explain
magyarázat n explanation
magyarázó körülírás v paraphrase
mai nap n today
máj n liver
majdnem adv almost, near, nearly
majom n monkey
majonéz n mayonnaise
majszol v nibble
május n May
makacs adj stubborn
makaróni n macaroni
makk n acorn
makulátlan adj spotless

malac n pig
malacpersely n piggy bank
malária n malaria
málna n raspberry
mancs n paw
mandarin n tangerine
mandula n almond
mandzsetta n cuff
mangó n mango
mániákus adj maniac
manikűr n manicure
manipuláció n manipulation
manipulál v manipulate
mankó n crutch
manó n elf
manőver n maneuver
már adv already
marad v stay
maradandó adj lasting, steady
maradék n leftovers, remainder, rest
maradvány n remains, residue, remnant
marcangol v maul
március n March
marék n handful
marha n beef
márka n brand
máról holnapra adv overnight
Mars n Mars
mártás n dip
márvány n marble

más *adv* else, other
máshová *adv* elsewhere
másképpen *adv* otherwise
második *adj* second
másodikként *adv* second
másodlagos *adj* secondary
másodperc *n* second
másol *v* copy, duplicate
másolás *n* duplication
másolat *n* copy
másológép *n* copier
mássalhangzó *n* consonant
masszázs *n* massage
masszíroz *v* massage
masszív *adj* massive
masszőz *n* masseuse
mászás *n* climbing
maszat *n* smear
mászik *v* climb
maszk *n* mask
mászóka *n* jungle gym
matek *n* math
matematika *n* mathematics
materializmus *n* materialism
matrac *n* mattress
matrica *n* sticker
maximális *adj* maximum
mazsola *n* raisin
meccs *n* match
mecset *n* mosque
meddő *adj* sterile
medence *n* basin; pool

média *n* media
meditáció *n* meditation
meditál *v* meditate
medúza *n* jellyfish
medve *n* bear
még akkor is *adv* even if
még egy *pron* another
meg nem érdemelt *adj* undeserved
megadja magát *v* capitulate, surrender
megakadályoz *v* check, hinder
megalapozatlan *adj* unfounded
megaláz *v* humiliate
megalázkodik *v* cringe
megáll *v* stop, halt
megállapít *v* diagnose
megálló *n* stop
megalvad *v* curdle
megátkoz *v* curse
megbabonáz *v* bewitch, mesmerize
megbán *v* regret
megbánás *n* regret
megbecsül *v* esteem
megbecsülés *n* appreciation
megbélyegez *v* brand
megbénít *v* cripple, immobilize
megbénul *v* paralyze
megbeszél *v* discuss
megbeszélés *n* discussion
megbilincsel *v* handcuff

megbirkózik vmivel v cope
megbíz v delegate
megbízás n assignment, errand; mandate
megbízhatatlan adj unreliable
megbízható adj dependable, reliable, responsible, trustworthy
megbocsát v excuse, forgive, pardon
megbocsátás n forgiveness, pardon
megbocsáthatatlan adj inexcusable
megbocsátható adj forgivable
megborzong v thrill
megbosszul v retaliate
megbotoz v bludgeon
megbuktat v overthrow
megcáfol v disprove, rebut, refute
megcsíp v sting
megcsonkít v maim
megcsúszik v slip
megdöbben v shock
megdorgál v rebuke
megdupláz v double
megegyező adj identical
megél v get by
megelégszik v settle for
megélhetés n livelihood
megelőz v prevent

megelőz időben v precede
megelőző adj preceding, prior; preventative
megemészt v digest
megemlékezik v commemorate
megenged v allow, permit
megérik v mature
megérkezik v arrive
megerőltet v strain
megerősít v affirm; fortify, reinforce, enforce
megerősítés n reinforcements
megerősítő adj affirmative
megért v comprehend, understand, see
megértő adj understanding
megfagy v freeze
megfázás n cold
megfejt v decipher
megfékez v curb, restrain
megfékezés n restraint
megfelel v correspond
megfelelő adj adequate, appropriate, eligible, fitting, proper, suitable
megfelelően adv adequately, appropriately, duly, properly
megfélemlít v daunt
megfelez v halve
megfeneklett adj stranded
megfeszül v strain
megfiatalít v rejuvenate

megfigyel *v* observe
megfigyelés *n* observation, surveillance
megfizethető *adj* affordable
megfogad *v* vow
megfojt *v* smother
megfoltoz *v* patch
megfontol *v* consider
megfontolás *n* consideration
megfontolt *adj* prudent
megfordít *v* flip, reverse
megfordítható *adj* reversible
megfordul *v* veer; turn over
megfoszt *v* curtail, deprive
megfullad *v* drown
meggondolatlan *adj* inconsiderate, rash
meggondolatlanság *n* rash
meggondolt *adj* thoughtful
meggyaláz *v* desecrate
meggyilkol *v* murder
meggyorsít *v* precipitate
meggyőz *v* convince
meggyőzés *n* persuasion
meggyőző *adj* convincing, persuasive
meggyőződés *n* conviction
meggyőződött *adj* convinced
meghajtó *n* drive
meghal *v* die
meghalad *v* transcend
meghall *v* overhear
meghallgatás *n* audition
meghat vkit *v* move
meghatároz *v* specify
meghatározás *n* definition
meghatározó *adj* decisive
meghátrál *v* back down
meghibásodás *n* breakdown
meghitt *adj* intimate
meghittség *n* intimacy
meghiúsít *v* foil
meghiúsul *v* fall through
meghívó *n* invitation
meghódít *v* conquer
meghökkent *v* appall
meghosszabbít *v* prolong
megidéz *v* summon
megígér *v* promise
megijeszt *v* frighten, scare, intimidate, startle
megindító *adj* touching
mégis *adv* notwithstanding, still, though
mégis *conj* yet
megismerkedik *v* meet
megítél *v* judge
megjavít *v* repair
megjegyez *v* remark
megjegyzés *n* comment
megjegyzést tesz *v* comment
megjelenés *n* appearance
megjelenik *v* appear, show up
megjelöl *v* highlight, mark

megjósol v foretell, predict
megjósolhatatlan adj unpredictable
megjósolható adj predictable
megkap v get
megkaparint v snatch
megkeményít v toughen
megkérdez v query
megkérdőjelezhető adj questionable
megkéri a kezét v propose to
megkerül v bypass, go around
megkerülés n bypass
megkezd v commence
megkísérel v attempt
megkönnyebbül v rear
megkönnyebbült adj relieved
megkoronáz v crown
megköszön v thank
megköt v clinch
megkövesedett adj petrified
megközelít v approach
megközelítés n approach
megközelítőleg adv about
megkülönböztet v differentiate
megkülönböztetés n distinction
megkülönböztetést abbahagy v desegregate
megkülönböztethető adj distinct
megküzd v tackle
meglágyul v mellow
meglát v behold
meglátogat v call on, visit, see
meglazít v loosen, slacken
meglehetősen adv considerably, pretty
meglehetősen pron enough
meglep v astound, surprise
meglepetés n surprise
meglepett adj surprised
meglepő adj astounding, surprising
megmagyarázhatatlan adj inexplicable
megmarad v remain
megmaradó adj remaining
megmarkol v grasp
megment v rescue; salvage
megmentő n savior
megmunkálható adj workable
megmutat v show
megművelés n cultivation
megnyerő adj affable
megnyugtat v reassure
megnyúz v skin
megold v resolve, solve, sort out
megoldás n solution
megölel v cuddle, hug
megolvad v melt
megőriz v preserve
megőrjít v madden

megvéd

megörökít *v* record
megoszt *v* share
megóv *v* save
megperzsel *v* scorch
megpróbáltatás *n* ordeal, tribulation
megragad *v* clutch, grab
megrak *v* load
megránt *v* jerk
megráz *v* convulse
megrázkódtatás *n* convulsion, shock
megrázó *adj* shocking
megrémít *v* dismay, terrify; bewilder
megrendítő *adj* poignant
megromlik *v* spoil
megront *v* demoralize
megsemmisít *v* annihilate
megsért *v* insult, offend
megszabadít *v* disentangle, rid
megszabadul *v* dispose, rid of
megszakít *v* abort
megszegés *n* breach
megszégyenít *v* shame
megszégyenülve *adj* ashamed
megszelídít *v* tame
megszemélyesít *v* impersonate
megszemlél *v* muster
megszerez *v* acquire
megszerzés *n* acquisition
megszilárdít *v* solidify
megszökik *v* escape, get away
megszokott *adj* routine
megszólít *v* address
megszorít *v* tighten
megszüntet *v* abrogate
megszűr *v* strain
megtagad *v* repudiate
megtakarítás *n* savings
megtalál *v* find
megtart *v* keep
megtartás *n* hold
megtehet *v* afford
megterhelt *adj* laden
megtérít *v* reimburse
megtervez *v* program
megtestesít *v* embody
megtéveszt *v* deceive
megtévesztés *n* deception
megtévesztő *adj* deceptive
megtilt *v* forbid
megtisztel *v* dignify
megtisztít *v* purify
megtorlás *n* reprisal
megújít *v* renew
megússza vmivel *v* get away with
megüt *v* punch, strike
megvalósítható *adj* feasible
megvált *v* redeem
megváltás *n* redemption, salvation
megvéd *v* fend, secure

megver (bottal) v club
megveszteget v bribe, corrupt
megvet v despise, scorn
megvetendő adj despicable
megvetés n contempt, disdain
megvető adj scornful
megvilágít v light
megvitat v dispute
megvizsgál v explore, inspect
megy v go
megye n county
megzavar v distract
méh n bee
méhkaptár n beehive
mélabú n gloom
meleg adj warm
melegít v warm
melegítő n sweatpants
melegség n warmth
mell n breast
mellbimbó n nipple
mellék n extension
mellékes adj marginal
mellékhatás n side effect
mellékhelyiség n restroom
melléknév n adjective
melléknévi igenév n participle
mellékszakirány n minor
mellékszakirányt végez v minor
mellény n vest
mellett prep by, near
melletti adj next to

mellkas n chest
mellőz v leave out
melltartó n bra
méltányol v appreciate
méltatlan adj derogatory
méltó adj worthy
méltóság n dignity
méltóságteljes adj dignified
mély adj deep
mélyen adv deeply
mélység n abyss, depth
mélyül v deepen
memória n memory
memorizál v memorize
menedék n recourse, refuge, shelter
menedékhely n asylum
menekül v flee
menekült n refugee
menetel v march
menetelés n march
mennydörgés n thunder
mennyei adj celestial, heavenly
mennyezet n ceiling
mennyiség n amount, quantity
mennyország n heaven
menta n mint
mentén prep along
mentes adj devoid
mentőautó n ambulance
mentőmellény n life jacket
menü n menu

meny *n* daughter-in-law
menyasszony *n* bride
mer *v* venture
mér *v* gauge, measure
meredek *adj* steep
méreg *n* poison, venom
méreganyag *n* toxin
merénylő *n* assassin
mérés *n* measurement
merész *adj* daring, intrepid, valiant
merészel *v* dare
méret *n* size
méretet csökkent *v* downsize
méretre szabott *adj* custom-made
merev *adj* rigid, stiff, stark
merevedik *v* stiffen
merevség *n* stiffness
mérföld *n* mile
mérföldek száma *n* mileage
mérföldkő *n* milestone
mérgez *v* poison
mérgező *adj* poisonous, toxic
mérhetetlen *adj* vast
merítőkanál *n* ladle
Merkúr *n* Mercury
mérleg *n* scale
mérlegre tesz *v* weigh
mérlegsúly *n* weight
mérnök *n* engineer
mérő *n* gauge, meter

mérőszalag *n* tape measure
mérsékel *v* subdue
mérsékelt *adj* low-key, moderate
mert *conj* because, since
mértékegység *n* unit
mértékletesség *n* moderation
merül *v* sink
mérvadó *adj* standard
mese *n* fable, tale, yarn
messze *adv* far
messzebb *adv* farther
messzi *adj* far
mester *n* craftsman; master
mesterien elsajátít *v* master
mesterkéltség *n* mannerism
mesterséges *adj* artificial, man-made
mészárlás *n* massacre
metafóra *n* metaphor
meteor *n* meteor
méter *n* meter
metrikus *adj* metric
metszet *n* engraving
metsző *adj* cross
mexikói töltött lepény *n* taco
mez *n* jersey
méz *n* honey
mezítlábas *adj* barefoot
mező *n* field
mezőgazdaság *n* agriculture
mezőgazdasági *adj* agricultural

meztelen *adj* bare, naked, nude
mi *pron* we
mialatt *conj* while
miatt *prep* for
microhullámú sütő *n* microwave
micsoda *adj* what
mielőtt *conj* before
miénk *adj* our
míg *conj* whereas
migráns *n* migrant
migrén *n* migraine
mihelyt *conj* once
mikor *adv* when
mikrocsip *n* microchip
mikrofon *n* microphone
mikrofonos fejhallgató *n* headset
mikroszkóp *n* microscope
milliárd *n* billion
milliárdos *n* billionaire
milligramm *n* milligram
milliméter *n* millimeter
millió *n* million
milliomos *adj* millionaire
mind *adj* all
mindazonáltal *adv* nevertheless, nonetheless
mindegyik *adj* each, every
minden *pron* everything
minden egyes *pron* each
minden rendben *adj* all right
mindenható *adj* almighty
mindenhol *adv* everywhere
mindenki *pron* everybody, everyone
mindennapi *adj* everyday
mindig *adv* always
mindkét *adj* both, either
mindketten *pron* both
miniatűr *n* miniature
minimális *adj* minimal
minimalizál *v* minimize
minimum *n* minimum
miniszoknya *n* miniskirt
miniszter *n* minister
minisztérium *n* ministry
minitorta *n* cupcake
minket *pron* us
minőség *n* quality
minőségi *adj* prime
mint *prep* as, like; than
mint *conj* than
mint például *idiom* such as
minta *n* model, sample; pattern
mintaszerű *adj* model
mintáz *v* model, mold
mínusz *pron* less
mínusz *n* minus
misszionárius *n* missionary
misztifikál *v* mystify
misztikus *adj* mystic
mítosz *n* myth
miután *conj* after
mivel *adv* since

motivál

mixer *n* mixer
mobiltelefon *n* cell phone, mobile phone
moccan *v* budge
mocskos *adj* filthy
mód *n* way
modell *n* model
modem *n* modem
modern *adj* contemporary, modern
modernizál *v* modernize
modor *n* demeanor, manners
módosít *v* amend, modify
módosítás *n* modification
módszer *n* method
módszeres *adj* methodical
módszertan *n* methodology
mogorva *adj* grumpy
mögött *prep* after, behind
mogyoró *n* hazelnut
mogyoróvaj *n* peanut butter
moha *n* moss
mohamedán *adj* Islamic
mohó *adj* avid
móka *n* fun
mókus *n* squirrel
molesztálás *n* harassment
móló *n* pier
moly *n* moth
monarchia *n* monarchy
mond *v* say, tell
mondás *n* saying

mondat *n* sentence
monitor *n* monitor
monológ *n* monologue
monopólium *n* monopoly
morajlás *n* murmur
morajlik *v* murmur
morgó *adj* grouchy
morog *v* grouch, grumble
morózus *adj* sullen
morzsa *n* crumb
morzsolódik *v* crumble
mos *v* wash
mosható *adj* washable
mosoda *n* laundry
mosogató *n* sink
mosogatógép *n* dishwasher
mosógép *n* washer, washing machine
mosoly *n* smile
mosolyog *v* smile
mosómedve *n* raccoon
mosószer *n* detergent
most *adv* now
mostanában *adv* nowadays
mostohaanya *n* stepmother
mostohaapa *n* stepfather
mostohafiú *n* stepson
mostohafivér *n* stepbrother
mostohalány *n* stepdaughter
mostohanővér *n* stepsister
motiváció *n* motivation
motivál *v* motivate

motor *n* engine, motor
motorháztető *n* hood
motorkerékpár *n* motorcycle
mottó *n* motto
motyog *v* mumble
mozaik *n* mosaic
mozaikjáték *n* jigsaw
mozdíthatatlan *adj* immobile
mozdulat *n* move
mozdulatlan *adj* motionless, stationary
mozdulatlanság *n* standstill
mozgalmas *adj* hectic
mozgalom *n* movement
mozgás *n* motion
mozgáskoordináció *n* coordination
mozgat *v* move
mozgó *adj* mobile
mozgólépcső *n* escalator
mozgósít *v* mobilize
mozi *n* cinema, movie theater
műalkotás *n* artwork
műanyag *n* plastic
műfogsor *n* dentures
műhely *n* workshop
műhold *n* satellite
működés *n* operation
működik *v* work
működtet *v* run
műkorcsolyázás *n* figure skating

mulandó *adj* perishable
múlandó *adj* fleeting
mulat *v* revel
mulatságos *adj* fun
multimédiás *adj* multimedia
múmia *n* mummy
mumpsz *n* mumps
munka *n* work
munkaadó *n* employer
munkaerő *n* labor, manpower
munkafüzet *n* workbook
munkanélküli *adj* jobless, unemployed
munkanélküliség *n* unemployment
munkás *n* worker
műsor *n* program, show
mustár *n* mustard
műszak *n* shift
műszer *n* instrument
műszerfal *n* panel
mutató *n* cursor
mutatvány *n* feat
művel *v* cultivate
művész *n* artist
művészet *n* art
művészi *adj* artistic
művezető *n* foreman
múzeum *n* museum
müzli *n* granola
muzulmán *adj* Muslim

N

nád *n* cane
nadrág *n* pants, trousers
nadrágtartó *n* suspenders
nagy *adj* big, grand
nagy alapossággal *adv* in depth
nagy darabokra vág *v* junk
nagy igényeket támasztó *adj* demanding
nagy mennyiség *n* bulk
nagyanya *n* grandmother
nagyapa *n* grandfather
nagybácsi *n* uncle
nagybetű *n* capital letter, uppercase
nagycsalád *n* extended family
nagyfokú *adj* intense
nagyjából *adv* roughly
nagyjavítást végez *v* overhaul
nagykabát *n* overcoat
nagyképű *adj* opinionated
nagykövet *n* ambassador
nagykövetség *n* embassy
nagylelkű *adj* noble, generous
nagylelkűség *n* bounty, generosity
nagynéni *n* aunt
nagyobb *adj* more
nagyobbít *v* magnify
nagyon *pron* much
nagyon *adv* really, very
nagyon aggódik *v* stress out
nagyság *n* greatness
nagyságrend *n* magnitude
nagyszabású *adj* monumental
nagyszerű *adj* magnificent
nagyszülők *n* grandparents
nagyujj *n* thumb
naív *adj* naive
nak *prep* to
nak a *prep* to
nál *prep* at
-nál *prep* by
nap *n* day; sun
nap- *adj* solar
napbarnított *n* suntan
napfelkelte *n* sunrise
napfény *n* daylight, sunlight
napfogyatkozás *n* eclipse
napirend *n* agenda, routine
napló *n* diary, journal, log
napnyugta *n* sundown, sunset
naponta *adv* daily
napos *adj* sunny
nappal *n* daytime
nappali szoba *n* living room
naprakész *adj* up-to-date
napsütés *n* sunshine
napszemüveg *n* sunglasses
naptár *n* calendar
naptej *n* sun block
narancs *n* orange

narancssárga *adj* orange
narancssárga szín *n* orange
nászút *n* honeymoon
navigáció *n* navigation
navigál *v* navigate
nedv *n* sap
nedves *adj* humid, wet
nedvesít *v* moisturize
nedvesség *n* moisture
negatív *adj* negative
negatívum *n* negative
négy *n* four
negyedelés *n* quart
negyedévenkénti *adj* quarterly
negyedik *adj* fourth
negyven *n* forty
négyzet *n* square
néha *adv* sometimes
néhány *pron* some
nehéz *adj* hard, tough; difficult
nehezen megfogható *adj* elusive
nehézkes *adj* cumbersome
nehézség *n* difficulty, hardship
neheztelés *n* grudge, resentment
nejlon *n* nylon
nek *prep* to
nek a *prep* to
nekilódul *v* lunge
nekünk *pron* us
nél *prep* at; by
nélkül *prep* minus, without
nélkülöz *v* spare
nélkülözhetetlen *adj* indispensable
nem *n* gender, sex
nem *adv* not
nem engedelmeskedik *v* disobey
nem hivatalos *adj* unofficial
nem hivatalosan *adv* unofficially
nem őszinte *adj* insincere
nem tágít *v* persist
nem tud *v* cannot
nem vesz észre *v* overlook
Nem! *e* no
néma *adj* dumb, mute
nemes *adj* noble
nemesi kúria *n* mansion
nemesség *n* nobility
nemi aktus *n* sex
némileg *adv* somewhat
nemkívánatos *adj* undesirable
nemtörődöm *adj* reckless
nemz *v* procreate
nemzet *n* nation
nemzeti *adj* national
nemzetközi *adj* international
népek *n* folks
népesség *n* population
népies *adj* folksy
népszámlálás *n* census
népszerű *adj* popular

nyalóka

népszerűsít *v* populate
népszerűtlen *adj* unpopular
Neptunusz *n* Neptune
név *n* name
nevében *n* behalf
nevelés *n* upbringing
névelő *n* article
nevet *v* laugh
nevetés *n* laugh
nevetség tárgya *n* laughing stock
nevetséges *adj* laughable, ridiculous
névmás *n* pronoun
névtelen *adj* anonymous
névtelenség *n* anonymity
néz *v* look, view
nézet *n* view
nézeteltérés *n* disagreement
néző *n* spectator
nézőtér *n* auditorium
nikkel *n* nickel
nincs tudatában *adj* unaware
nincstelen *adj* destitute, penniless
nő *n* woman, female
női felső *n* top
nőies *adj* feminine, ladylike
nők *n* women
nőnemű *adj* female
nonstop *adv* nonstop
norma *n* norm, standard

normális *adj* normal
normálisan *adv* normally
nosztalgia *n* nostalgia
notebook *n* notebook
nőtlen *adj* unmarried
növekedés *n* increase
növekedett *adj* grown
növekedik *v* increase
növekszik *v* augment, grow
növel *v* heighten
november *n* November
növény *n* herb, plant
növény levele *n* leaf
növénytan *n* botany
növényzet *n* vegetation
nővér *n* nurse
nukleáris *adj* nuclear

Ny

nyafog *v* whine
nyak *n* neck
nyakkendő *n* necktie, tie
nyaklánc *n* necklace
nyakörv *n* collar
nyal *v* lick
nyál *n* saliva
nyáladzik *v* drool
nyalóka *n* lollipop

nyár *n* summer
nyaralás *n* holiday
nyel *v* gulp, swallow
nyeles serpenyő *n* saucepan
nyelőcső *n* esophagus
nyelv *n* language; tongue
nyelvtan *n* grammar
nyer *v* win
nyereg *n* saddle
nyeremény *n* prize
nyerészkedő *adj* lucrative
nyers *adj* rare, raw
nyertes *n* winner
nyes *v* prune, trim
nyíl *n* arrow
nyilalás *n* pang
nyílás *n* opening, slot vent
nyílt *adj* outright
nyíltan *adv* frankly, freely
nyilvánosan *adv* publicly
nyilvánosság *n* public; publicity
nyilvánvaló *adj* evident, obvious, apparent
nyilvánvalóan *adv* clearly, evidently, obviously
nyilvánvalóság *n* clarity
nyirkos *adj* damp, moist
nyitás *n* opening
nyitott *adj* open
nyitottság *n* openness
nyitva *adj* open
nyög *v* moan

nyolc *n* eight
nyolcadik *adj* eighth
nyolcvan *n* eighty
nyom *n* clue, trace, lead
nyom *v* press
nyomás *n* pressure
nyomást gyakorol *v* pressure
nyomasztó *adj* depressing
nyomda *n* press, printer
nyomdahiba *n* misprint
nyomornegyed *n* slum
nyomorult *adj* miserable
nyomoz *v* investigate
nyomozás *n* investigation
nyomozó *n* detective
nyomtat *v* print
nyomtatás *n* print
nyomtató *n* printer
nyomtatott betűkkel ír *v* print
nyomvonal *n* path, track
nyöszörgés *n* groan
nyöszörög *v* groan
nyűg *n* nuisance
nyugalom *n* composure, tranquility
nyugat *n* west
nyugat felé *adv* westbound
nyugati *adj* west, western
nyugati ember *adj* westerner
nyugatra *adv* west
nyugdíj *n* retirement
nyugdíjas *n* senior citizen

oltár

nyughatatlan *adj* restless
nyugodt *adj* calm, composed, cool
nyugta *n* receipt
nyugtalan *adj* concerned, uneasy, apprehensive
nyugtalanság *n* commotion, unrest
nyugtató *adj* relaxing
nyújt *v* stretch
nyújtás *n* stretch
nyúl *n* rabbit
nyüszítő *adj* squeaky
nyüzsög *v* bustle

O, Ó

ó! *e* oh
oázis *n* oasis
objektív *n* lens
obszervatórium *n* observatory
óceán *n* ocean
ocsmány *adj* hideous
odaad *v* give away
odaadás *n* devotion
odaadja magát *v* devote
odaér *v* reach
odafigyel *v* watch out
odaítél *v* award
odaszegez *v* nail

odu *n* burrow
odú *n* den
odüsszea *n* odyssey
offline *adj* offline
óhajt *v* wish
ok *n* reason
oklevél *n* diploma
okol *v* incriminate
okos *adj* clever, smart, sharp
okoz *v* cause, induce, inflict
oktat *v* educate, instruct
oktatás *n* education, instruction, training
oktatási *adj* educational
oktató *n* instructor, tutor
október *n* october
olaj *n* oil
olajos *adj* oily
ólálkodik *v* loiter
olcsó *adj* cheap, inexpensive
oldal *n* facet; page; side
oldalsó *adj* lateral
oldalt *adv* aside, sideways
oldat *n* solution
olimpia *n* olympics
oliva *n* olive
olivaolaj *n* olive oil
olló *n* scissors
ólom *n* lead
oltalmaz *v* shelter
oltalmazó *n* guardian
oltár *n* altar

olvad v thaw
olvas v read
olvasás n reading
olvashatatlan adj illegible
olvasható adj legible
olvasó n reader
olvasztó n merger
olyan adj that, such
ómen n omen
omlett n omelet
on prep at; on, upon
ón n tin
online adj online
opera n opera
operál v operate
optikai adj optical
optikus n optician
optimista adj optimistic
optimizmus n optimism
óra n clock; hour
órakor adv o'clock
orális adj oral
orálisan adv orally
óramutató járásával megegyezően adv clockwise
óránként adv hourly
ordít v howl, yell
organikus adj organic
orgona n organ
óriás n giant
óriás adj jumbo

óriási adj giant, stupendous, immense
óriáskígyó n python
ormány n trunk
oroszlán n lion
orr n nose
orrlyuk n nostril
orrszarvú n rhinoceros
ország n country
ortodox adj orthodox
orvlövész n sniper
orvos n doctor, physician
orvosi adj medical
orvosi recept n prescription
orvosi vizsgálat n physical
orvosol v rectify
orvosság n remedy
orvostudomány n medicine
orvul megöl v assassinate
ostoba adj foolish
ostoba ember n fool
ostor n lash, whip
ostoroz v whip
ostorral ver v lash
ostrom n siege
ostromol v besiege
ostya n wafer
oszlop n column, post
osztály n class
osztályoz v grade
osztálytárs n classmate
osztályterem n classroom

osztályzat *n* grade
osztás *n* division
oszthatatlan *adj* indivisible
osztható *adj* divisible
osztriga *n* oyster
óta *prep* since
ott *adv* there
otthon *n* home
otthoni *adj* home
ováció *n* ovation
óvakodik *v* beware
ovális *adj* oval
óvatlan *adj* careless
óvatlanság *n* carelessness
óvatlanul *adv* carelessly
óvatos *adj* cautious, careful, wary
óvatosan *adv* carefully, gingerly
óvatosság *n* caution
óvoda *n* daycare, nursery
óvóhely *n* bunker
oxigén *n* oxygen

Ö, Ő

ő *pron* he; she
ő *adj* him; her
öblít *v* flush, rinse
öböl *n* bay, gulf
ők *pron* they
ők maguk *pron* themselves
őket *pron* them
ököl *n* fist
ökológia *n* ecology
ökör *n* ox
öl *v* kill
öl *n* lap
ölel *v* embrace
ölelés *n* hug
ölelnivaló *adj* cuddly
ölés *n* killing
öltés *n* stitch
öltöny *n* suit
öltözék *n* outfit
öltözet *n* garment
öltöző *n* locker room
öltözőszekrény *n* locker
öltöztet *v* dress
öltöztető *n* dresser
ön *prep* at; on, upon
ön- *n* auto
önbecsülés *n* self-respect
önelégült *adj* smug
önérzet *n* self-esteem
öngyilkosság *n* suicide
öngyújtó *n* lighter
önhittség *n* pretension
önként jelentkezik *v* volunteer
önkéntes *n* volunteer
önkiszolgáló étterem *n* cafeteria
önmaga *pron* herself; himself; oneself

önmaga *n* self
önt *v* pour
öntelt *adj* arrogant, cocky
önteltség *n* arrogance
öntet *n* dressing
öntőforma *n* mold
öntöz *v* irrigate, water
öntözés *n* irrigation
öntöző *n* sprinkler
öntudatos *adj* self-conscious
öntvény *n* cast
önvédelem *n* self-defense
önzés *n* selfishness
önző *adj* selfish
őr *n* guard, ward
öreg *adj* old
öregkor *n* old age
őriz *v* guard
őrizet *n* custody
őrjárat *n* patrol
őrjöng *v* rave
őrjöngő *adj* frantic, mad
őrjöngve *adv* furiously
örlőfog *n* molar
őrmester *n* sergeant
őrnagy *n* major
örökkévaló *adj* everlasting, perennial
örökkévalóság *n* eternity
öröklakás *n* condo
örökletes *adj* hereditary
örököl *v* inherit

örökös *n* heir
örökösnő *n* heiress
örökre *adv* forever
örökség *n* heritage
őröl *v* grind
öröm *n* joy
örömet szerez *v* please
örömteli *adj* gratifying, joyful
örömtűz *n* bonfire
örül *v* rejoice
őrület *n* frenzy
őrült *adj* crazy, mad
őrült ember *n* madman
őrülten *adv* madly
őrültség *n* madness
örvendező *adj* jubilant
örvendő *adj* glad
örvény *n* whirlpool
ős *n* ancestor
ősatya *n* patriarch
ősi *adj* ancient
őskori *adj* prehistoric
őslakó *adj* native
össze nem függő *adj* unrelated
összead *v* sum; wed
összeáll *v* consolidate
összeállít *v* compose
összebújik *v* huddle
összecsap *v* clash
összeesküvés *n* conspiracy
összeesküvést sző *v* plot

összeférhetetlen *adj* incompatible
összeférhetetlenség *n* incompatibility
összefoglal *v* summarize
összefoglalás *n* summary
összefüggés *n* rapport
összefüggésbe hoz *v* relate
összefüggéstelen *adj* incoherent
összefüggéstelenül *adv* incoherently
összefüggő *adj* coherent
összefüggően *adv* coherently
összefut *v* run into
összefűz *v* knit; staple
összeg *n* sum, total
összegyűjt *v* gather
összegyűlik *v* assemble; get together
összehajt *v* fold
összehangol *v* harmonize, coordinate
összehasonlít *v* compare
összehasonlítás *n* comparison
összehúzódás *n* contraction
összehúzódik *v* contract
összeillő *adj* matching
összejön *v* congregate
összejövetel *n* function
összekeveredés *n* mix-up
összeköt *v* link
összekuszál *v* entangle
összekuszált *adj* tangled
összeomlik *v* collapse
összes *adj* total
összesen *adv* totally
összeszedi magát *v* recuperate
összeszorít *v* clench
összetart *v* converge
összeterel *v* herd
összetett *adj* complex
összetéveszt *v* confuse
összetévesztés *n* confusion
összetevő *n* component
összetömörít *v* compact
összetört szívű *adj* heartbroken
összetűz *v* pin
összeütközés *n* clash, confrontation; collision
összeütközik *v* collide
összevarr *v* stitch
összezavar *v* baffle, confound
összezúz *v* mash, shatter
összhang *n* conformity
összpontosít *v* focus
összpontosul *v* center
ösvény *n* trail
ősz *n* autumn, fall
őszibarack *n* peach
őszinte *adj* candid, frank, honest, sincere, straight
őszintén *adv* honestly, sincerely

őszinteség *n* candor, honesty, sincerity
ösztön *n* instinct
ösztöndíj *n* scholarship
ösztönző *n* drive
ösztönző *adj* impulsive
ösztönzőerő *n* incentive
öszvér *n* mule
öt *n* five
őt *pron* her, him
ötcentes *n* nickel
ötlet *n* idea
ötödik *adj* fifth
ötszög *n* pentagon
ötven *n* fifty
ötvenedik *adj* fiftieth
ötven-ötven *adv* fifty-fifty
öv *n* belt
övé *pron* hers
övé *adj* his; its
övék *adj* their
övez *v* encircle
övezet *v* resort
özön *n* torrent
özönvíz *n* deluge
özvegyasszony *n* widow
özvegyember *n* widower

P

pácol *v* marinate
pad *n* bench
padló *n* floor
pajesz *n* sideburns
pajzs *n* shield
paktum *n* pact
palack *n* bottle
palacknyak *n* bottleneck
palackoz *v* bottle
palacsinta *n* pancake
palást *n* robe
pálca *n* baton, stick
pálmafa *n* palm tree
palota *n* palace
pálya *n* course
pamut *n* cotton
panasz *n* complaint
panaszkodik *v* complain, moan
páncél *n* armor
páncélfiók *n* safe
panda *n* panda
pánik *n* panic, stampede
panoráma *n* panorama
pantomim *n* mime
panzió *n* pension
pap *n* priest
papagáj *n* parrot
papi *adj* clerical
papír *n* paper

papírkosár *n* wastebasket
papírlap *n* sheet
papírmunka *n* paperwork
paplan *n* quilt
paprika *n* pepper
papság *n* clergy
papucs *n* slipper
pár *n* couple, pair
parádé *n* parade
paradicsom *n* paradise; tomato
parafa *n* cork
paraméter *n* parameter
parancs *n* command
parancsnok *n* commander
parancsol *v* command
paranoiás *adj* paranoid
páratartalom *n* humidity
páratlan *adj* odd
parazita *n* parasite
parázs *n* embers
párbaj *n* duel
párbeszéd *n* dialog
parcella *n* lot, parcel
párduc *n* panther
parfüm *n* perfume
párhuzamos *adj* collateral, parallel
park *n* park
párkány *n* ledge
párkapcsolat *n* relationship
parkolás *n* parking
parkolóhely *n* parking lot
parkosít *v* park
parlament *n* parliament
párna *n* cushion, pillow
párnahuzat *n* pillowcase
párnázás *n* pad
paróka *n* wig
parókia *n* parish
párol *v* simmer
párolog *v* evaporate
páros *adj* even
part *n* strand
pártfogó *n* patron
pártfogol *v* patronize
partner *n* partner
partnerség *n* partnership
parton *adv* ashore
partra száll *v* disembark
partvonal *n* coastline
passz *n* pass
passzív *adj* passive
passzus *n* passage
paszta *n* paste
pásztorbot *n* crook
pata *n* hoof
patak *n* creek, stream
patkány *n* rat
pattan *v* bounce
pattanás *n* pimple
pattogatott kukorica *n* popcorn
páva *n* peacock
pazar *adj* lavish, sumptuous
pazarló *adj* wasteful

pazarol

pazarol *v* waste
pázsit *n* grass
pecsét *n* seal
pecsétel *v* seal
pedál *n* pedal
pedáns *adj* meticulous
pék *n* baker
pékség *n* bakery
példa *n* example, instance; precedent
példány *n* copy, issue; specimen
példás *adj* exemplary
példáz *v* exemplify
példázat *n* parable
pelenka *n* diaper
pelikán *n* pelican
penész *n* mold
penészes *adj* moldy
penge *n* blade
penicillin *n* penicillin
péntek *n* Friday
pénz *n* money
pénzjegy *n* bill
pénztárca *n* purse
pénztáros *n* cashier
pénztelen *adj* broke
pénzügy *n* finance
pénzügyi *adj* financial
pénzügyi alap *n* fund
pénzügyileg *adv* financially
pénzzel támogat *v* fund

pép *n* pulp
per *n* lawsuit
perbeszédet tart *v* plead
perc *n* minute
perel *v* sue
perem *n* edge, margin, verge
periódikus *adj* cyclical
permet *n* spray
perverz *adj* perverse
pesszimista *adj* pessimistic
pesszimizmus *n* pessimism
pestis *n* plague
petárda *n* firecracker
petrezselyem *n* parsley
petróleum *n* petroleum
petty *n* speck
pettyes minta *n* polka dot
piac *n* market
piaci kosár *n* hamper
piacra dob *v* market
piercing *n* piercing
pihen *v* rest
pihenés *n* rest
pihentet *v* rest
pihentető *adj* restful
pikkely *n* scale
piknik *n* picnic
pillanat *n* instant, moment
pillanatfelvétel *n* snapshot
pillanatnyilag *adv* momentarily
pillangó *n* butterfly
pillantás *n* glance

pillantást vet *v* glance
pillér *n* pillar
pilóta *n* pilot, aviator, flier
pilótafülke *n* cockpit
pince *n* cellar
pincér *n* waiter
pincérnő *n* waitress
pincészet *n* winery
pingvin *n* penguin
pióca *n* leech
pipa *n* checkmark; pipe
piramis *n* pyramid
pirítós *n* toast
piros *adj* red
piros szín *n* red
pirula *n* pill
pislákolás *n* glimmer
pislog *v* blink
piszkálódik *v* nag
piszkos *adj* dirty, soiled
piszok *n* dirt, grime
pisztoly *n* pistol
pite *n* pie
pittyeg *v* beep
pizsama *n* pajamas
pizza *n* pizza
platform *n* platform
platina *n* platinum
pletyka *n* gossip
pletykál *v* gossip
plusz *prep* plus
pocsék *adj* lousy

pocsolya *n* pond
pofa *n* muzzle
poggyász *n* baggage, luggage
pohár *n* glass
pók *n* spider
pókháló *n* cobweb, spider web
pokol *n* hell
polc *n* shelf
polgári *adj* civil
polgármester *n* mayor
polip *n* octopus
politika *n* politics
politikai *adj* political
politikus *n* politician
pollen *n* pollen
pompás *adj* glamorous; splendid
pompomlány *n* cheerleader
póniló *n* pony
pont *n* dot; period
pontatlan *adj* imprecise, inaccurate
pontos *adj* accurate, exact; punctual
pontosan *adv* accurately, exactly, precisely, just, right; definitely
pontosság *n* accuracy, precision
pontot szerez *v* score
pontszám *n* score
ponyvatető *n* awning

por *n* dust, powder
póráz *n* leash
porcelán *n* porcelain
porlaszt *v* pulverize, spray
pörög *v* whirl
poroló *n* duster
poros *adj* dusty
porózus *adj* porous
porszívóz *v* vacuum
portré *n* portrait
pórus *n* pore
posta *n* mail
postadíj *n* postage
postahivatal *n* post office
postai küldemény *n* mail order
postaláda *n* mailbox
postán elküld *v* mail
postás *n* mail carrier, postman
poszter *n* poster
pót- *adv* extra
pótalkatrész *n* spare part
pótdíj *n* surcharge
potenciális *adj* potential
potenciálisan *adv* potentially
potens *adj* potent
póz *n* poise
pozíció *n* position
pozitív *adj* plus; positive
pozitívan *adv* positively
pózna *n* pole
pózol *v* pose
praktikus *adj* practical

precíz *adj* precise
prédikál *v* preach
prédikátor *n* preacher
préri *n* prairie
présel *v* squeeze
prevenció *n* prevention
primitív *adj* primitive
próbafülke *n* fitting room
próbálkozik *v* try
probléma *n* hitch, problem
problémás *adj* problematic
produkció *n* production
produktív *adj* productive
professzor *n* professor
profil *n* profile
profit *n* profit
program *n* program
programozó *n* programmer
progresszív *adj* progressive
projekt *n* project
prológus *n* prologue
promóció *n* promotion
propaganda *n* propaganda
propeller *n* propeller
provokál *v* provoke
próza *n* prose
pszichiáter *n* psychiatrist
pszichiátria *n* psychiatry
pszichikai *adj* psychic
pszichológia *n* psychology
pszichológiai *adj* psychological
pszichológus *n* psychologist

pszichopata *n* psychopath
publikus *adj* public
puding *n* pudding
puffadt *adj* puffy
pufók *adj* chubby
puha *adj* soft
puhakötésű könyv *n* paperback
puhul *v* soften
pukkan *v* pop
pulóver *n* sweater
pult *n* counter
pulyka *n* turkey
pumpa *n* pump
pumpál *v* pump
púp *n* hump, hunchback
pupilla *n* pupil
püré *n* puree
puska *n* rifle
puskalövés *n* gunshot
puskapor *n* gunpowder
puszta *adj* barren; mere, waste
pusztán *adv* merely
pusztítás *n* demolition, havoc
pusztító *adj* devastating
pusztulás *n* devastation
pusztuló *adj* dying

R

ra *prep* by; for; on; onto; to
ráakad *v* come across
rab *n* prisoner
rabbi *n* rabbi
rábíz *v* confide, entrust
rablás *n* heist, robbery, mugging
rabló *n* robber
rabol *v* rob
rabszolga *n* slave
rabszolgaság *n* bondage, slavery
rabul ejt *v* captivate
radar *n* radar
rádió *n* radio
radír *n* eraser
rádiusz *n* radius
ráfordítás *n* input
rág *v* chew
ragadós *adj* sticky
rágalmaz *v* defame, denigrate
rágalmazás *n* libel
rágalom *n* slander
ragaszkodik *v* abide by; insist; hold on to
ragaszt *v* glue
ragasztó *n* glue
ragasztószalaggal leragaszt *v* tape

rágcsál *v* gnaw
rágcsáló *n* rodent
rágógumi *n* bubble gum, gum
ragu *n* stew
ragyog *v* blaze; shine
ragyogás *n* splendor; glare
ragyogó *adj* brilliant; lurid
raj *n* swarm
rajong *v* adore
rajongó *n* fan
rajtaüt *v* raid
rajtaütés *n* raid
rajz *n* drawing
rajzfilm *n* cartoon
rajzik *v* swarm
rajzkréta *n* crayon
rajzol *v* draw
rajzoló *n* drawer
rajzszeg *n* thumbtack
rak *v* put
rákbetegség *n* cancer
rakéta *n* missile, rocket
rákfélék *n* shellfish
rakomány *n* cargo, freight, load
rákos *adj* cancerous
rákövetkező *adj* subsequent
raktár *n* warehouse
raktárkészlet *n* stockpile
rámenős *adj* assertive
rámutat *v* point
ránc *n* crease, wrinkle
ráncos *adj* wrinkled

ráncosodik *v* crease
randevú *n* date
ránéz *v* look at
rang *n* class, rank, title
rangidős *adj* senior
rangidősség *n* seniority
rangsorol *v* classify, prioritize
ránt *v* twitch
rántás *n* jerk
rasszista *adj* racist
rasszizmus *n* racism
rászed *v* bluff, con, dupe, trick
rászedhető *adj* gullible
rászoruló *adj* needy
rátér a lényegre *v* get down to
rátermettség *n* caliber
rátesz *v* impose
ravasz *adj* cunning, wily
ravasz *n* trigger
rávesz *v* persuade
ráz *v* jolt; shake
rázás *n* jolt
re *prep* by; for; on; onto; to
reagál *v* react
reakció *n* reaction
reális *adj* down-to-earth
reccsenés *n* crack
recepció *n* reception
recepciós *n* receptionist
recept *n* recipe
redő *n* pleat
redőzött *adj* pleated

reflektor *n* spotlight
reform *n* reform
reformál *v* reform
régen *adv* back
regény *n* novel
regényíró *n* novelist
régészet *n* archaeology
reggel *n* morning
reggeli *n* breakfast
régies *adj* archaic
régimódi *adj* old-fashioned
régió *n* region
régiós *adj* regional
regiszter *n* register
regisztráció *n* registration
regisztrál *v* register
rehabilitál *v* rehabilitate
rejtekhely *n* hideaway
rejtély *n* mystery
rejtélyes *adj* mysterious
rejtett *adj* covert, undercover; hidden
rejtjel *n* code
rejtvény *n* puzzle
rekedt *adj* hoarse, husky
rekesz *n* compartment
reklám *n* commercial
rekord *n* record
relatív *adj* relative
relaxáció *n* relaxation
relaxál *v* relax
relevancia *n* relevance

releváns *adj* relevant
rémálom *n* nightmare
remeg *v* quake, tremble, waver, quiver
remegés *n* tremor
remek *adj* superb
remekmű *adj* classic
remekmű *n* masterpiece
remél *v* hope
remélhetően *adv* hopefully
remény *n* hope, outlook, promise
reménytelen *adj* hopeless
reményteli *adj* hopeful
remete *n* hermit
rémisztő *adj* gruesome
rémítő *adj* terrifying
rémület *n* dismay
rémült *adj* scared
rendbe hoz *v* fix
rendben *adv* alright, okay
rendbenlévő *adj* okay
rendel *v* order
rendelés *n* order
rendelet *n* decree
rendellenesen *adv* abnormally
rendellenesség *n* abnormality
rendes *adj* neat; usual
rendesen *adv* neatly
rendetlen *adj* deranged; messy
rendetlenség *n* disorder, mess
rendez *v* settle

rendezvény *n* event
rendhagyó *adj* unconventional
rendkívül *adv* especially
rendkívüli *adj* exquisite, extraordinary, phenomenal
rendkívülien *adv* exceedingly
rendőr *n* police officer
rendőrörs *n* police station
rendőrség *n* police
rendszámtábla *n* license plate
rendszer *n* system
rendszeres *adj* regular, systematic
rendszeresen *adv* regularly
rendszerint *adv* ordinarily, usually
rendszertelen *adj* irregular
renovál *v* refurbish
répa *n* carrot
reped *v* crack
repedés *n* crack; rupture
repesz *n* fragment
repeszt *v* rupture
replika *n* replica
reprodukál *v* reproduce, replicate
repül *v* fly
repülés *n* aviation
repülő *n* aircraft, plane
repülőgép *n* airplane
repülőjegy-ár *n* airfare
repülőtér *n* airfield, airport

repülőút *n* flight
rés *n* crevice, gap, rift, slit
résen van *v* look out
réshang *v* hiss
rész *n* part, lot
részben *adv* partly
részeg *adj* drunk
reszel *v* file
reszelő *n* file
részesedés *n* share
részleg *n* department
részleges *adj* partial
részlegesen *adv* partially
részlet *n* detail; installment
részletes *adj* detailed
részletez *v* detail, itemize
részösszeg *n* subtotal
részrehajlás *n* bias
részrehajló *adj* biased
részt vesz *v* attend; participate
résztvevő *n* attendant, participant
részvény *n* stock
részvényes *n* shareholder
részvétel *n* involvement, participation; attendance
részvétnyílvánítás *n* condolences
rét *n* meadow
réteg *n* layer
retek *n* radish
retesz *n* latch

retteg *v* dread
rettenetes *adj* awful, ghastly
rettenthetetlen *adj* fearless
rettentő *adj* horrific; formidable
rév *n* haven
revü *n* revue
révület *n* trance
réz *n* copper
rezeg *v* vibrate
rezgés *n* vibration
rezgő *adj* vibrant
rezsim *n* regime
riadt *adj* afraid
riaszt *v* alert
riasztás *n* alarm
rideg *adj* unkind, frigid
ridegen *adv* sternly
rikító *adj* flamboyant
rím *n* rhyme
rímel *v* rhyme
ringat *v* rock
ritka *adj* infrequent, rare
ritkán *adv* rarely, seldom; thinly
ritmus *n* rhythm
rizs *n* rice
robban *v* detonate
robbanás *n* blast, explosion
robbanó *adj* explosive
robog *v* dash
robogó *n* scooter
robosztus *adj* robust
robot *n* robot

rock *n* rock
röfög *v* grunt
rög *n* clot, lump
rögeszme *n* obsession
rögeszmével tölt el *v* obsess
rögtön *adv* instantly
rögtönöz *v* improvise
rögzít *v* chain
rögzített *adj* fixed
roham *n* seizure, stroke
rohan *v* rush
rojt *n* fringe
róka *n* fox
rokkant *adj* disabled
rokkant *n* invalid
rokon *adj* akin, related
rokon *n* relative
rokonság *n* relation
rokonszenves *adj* likable
ról *prep* from; of
ről *prep* from; of
roló *n* blind
rom *n* ruin
romantika *n* romance
romantikus *adj* romantic
romba dönt *v* ruin
rombolás *n* destruction
romboló *adj* destructive
rombusz *n* diamond, rhombus
romlás *n* decay; deterioration
romlik *v* decay; deteriorate
romlott *adj* sleazy; tainted

romlottság *n* depravity
roncs *n* debris, wreckage
rongál *v* impair
rongy *n* cloth; rag
rongyos *adj* ragged
röntgen *n* X-ray
röpirat *n* pamphlet
röplabda *n* volleyball
röplap *n* handout, leaflet
ropogós *adj* crisp, crispy, crunchy
röppálya *n* trajectory
roppant nagy *adj* enormous
roppantul *adv* enormously
rossz *adj* bad, mischievous
rossz helyre tesz *v* misplace
rossz hírbe hoz *v* discredit
rosszabb *adj* worse
rosszabbodik *v* worsen
rosszabbul *adv* worse
rosszall *v* dislike
rosszindulat *n* malice, spite
rosszindulatú *adj* spiteful
rosszkedvű *adj* moody
rosszul *adv* badly
rosszul bánik *v* mistreat
rosszul betűz *v* misspell
rosszul ítél meg *v* misjudge
rosszul kezel *v* mismanage
rost *n* fiber
rostély *n* grill
rostélyos *n* steak

roston sül *v* grill
roston süt *v* broil
rothad *v* rot
rothadt *adj* putrid, rotten
rovar *n* insect
rovarirtó *n* pesticide
rövid *adj* short
rövid életű *adj* short-lived
rövidebb út *n* shortcut
rövidesen *adv* shortly
rövidít *v* abbreviate
rövidítés *n* abbreviation
rövidlátó *adj* myopic, shortsighted
rövidnadrág *n* shorts
rövidre fog *v* abridge
rövidség *n* brevity
rövidtávú *adj* short-term
rövidujjú *n* T-shirt
rozmár *n* walrus
rozoga *adj* frail, shaky
rozs *n* rye
rózsa *n* rose
rózsás *adj* rosy
rózsaszín *n* pink
rózsaszínű *adj* pink, rosy
rozsda *n* rust
rozsdamentes *adj* rust-proof
rozsdás *adj* rusty
rozsdásodik *v* rust
rubin *n* ruby
rúd *n* bar, rod

rúg *v* kick
rugalmas *adj* resilient
rugalmatlan *adj* inflexible
rúgás *n* kick
rúgó *n* spring
rügy *n* bud
ruha *n* clothes; dress
ruhaujj *n* sleeve
ruházat *n* apparel, clothing
rusztikus *adj* rustic

S

sablon *n* pattern, template
saját *adj* own
sajátja *pron* own
sajnál *v* deplore; repent
sajnálatos *adj* regrettable
sajnálatos módon *adv* unfortunately
sajt *n* cheese
sajtó *n* press
sakk *n* chess
sál *n* scarf
salak *n* cinder
saláta *n* lettuce; salad
salátaöntet *n* salad dressing
salsatánc *n* salsa
sampon *n* shampoo
sántít *v* limp

sántítás *n* limp
sápadt *adj* pale
sapka *n* cap
sapkával ellát *v* cap
sár *n* mud, slob
sárga *adj* yellow
sárga szín *n* yellow
sárgabarack *n* apricot
sárgadinnye *n* cantaloupe
sarkantyú *n* spur
sárkány *n* dragon; kite
sarki *adj* polar
sarló *n* sickle
sarok *n* corner; heel
sarokba szorít *v* corner
sáros *adj* muddy
sas *n* eagle
satöbbi *adv* etcetera
sátor *n* tent
sav *n* acid
sáv *n* bracket; strip
savanyú *adj* sour
savanyúság *n* pickle
scanner *n* scanner
se *conj* nor
seb *n* gash, wound
sebes *adj* rapid, speedy
sebesség *n* pace, rate, speed, velocity
sebességet vált *v* shift
sebességhatár *n* speed limit
sebesült *adj* wounded

sebész *n* surgeon
sebészet *n* surgery
sebészi *adj* surgical
sebhely *n* scar
sebtében *adv* hurriedly
séf *n* chef
segéd *n* aide
segéd *adj* auxiliary
segély *n* aid, relief
segít *v* aid, assist, help
segítő *n* assistant, helper
segítőkész *adj* helpful
segítség *n* assistance, help
segítséget kér *v* appeal
segítségkérés *n* appeal
sehol *adv* nowhere
sejt *n* cell
sejtés *n* conjecture
sekély *adj* shallow
selejt *n* refuse
selejtes *adj* shoddy
selló *n* mermaid
selyem *n* silk
sem *pron* neither
séma *n* pattern; scheme
semleges *adj* neutral
semmi *pron* nothing
semmi *n* nothing, zero
semmibe vesz *v* ignore
semmilyen *adj* no
senki *pron* no one, nobody
seper *v* sweep

seprű *n* broom
serdülő *n* adolescent
serdülőkor *n* adolescence, puberty
seregek *n* troops
sérelem *n* grievance
serényen *adv* busily
seriff *n* sheriff
serpenyő *n* frying pan, pan
sertés *n* pork
sértés *n* affront, insult
sértetlen *adj* unharmed
sértő *adj* abusive
sérül *v* damage, traumatize
sérülékeny *adj* vulnerable
sérülés *n* casualty, injury, sore
sérült *adj* hurt, injured
séta *n* walk
sétál *v* walk
sétány *n* promenade
sétapálca *n* staff
sétaudvar *n* patio
settenkedik *v* sneak
síel *v* ski
siet *v* hasten, hurry, speed, hustle
sietősen *adv* hastily
sietség *n* haste, hurry
sikátor *n* lane
siker *n* success
sikeres *adj* successful
sikeresen *adv* successfully

sikerrel jár *v* succeed
sikertelen *adj* unsuccessful
sikít *v* scream
sikkaszt *v* embezzle
siklik *v* glide; slither
sikolt *v* shriek
sikoltás *n* shriek
sikoly *n* scream
sima *adj* flat, smooth
simán *adv* smoothly
simaság *n* smoothness
simít *v* smooth
sín *n* rail; splint
sípol *v* whistle
sír *v* cry
sír *n* grave, tomb
siralmas *adj* deplorable
sirály *n* seagull
siránkozik *v* lament
sírás *n* cry
sírkő *n* gravestone, tombstone
sisak *n* helmet
sivatag *n* desert
skála *n* range, scale
skalp *n* scalp
skorpió *n* scorpion
sláger *n* hit
smaragd *n* emerald
smink *n* makeup
sms *n* text message
sms-t küld *v* text
snowboardozás *n* snowboarding

só *n* salt
sóder *n* gravel
sodródik *v* drift
sofőr *n* chauffeur, driver
softball *n* softball
sógor *n* brother-in-law
sógornő *n* sister-in-law
soha *adv* never
sóhaj *n* sigh
sóhajt *v* sigh
sok *adj* much
sokan *pron* many
sokaság *n* mob; multitude
sokat *adv* lot
sokatmondó *adj* telling
sokféle *adj* varied
sokk *n* shock
sokkal *adv* much
sokoldalú *adj* versatile
sokszorosít *v* multiply
sokszorosítás *n* multiplication
sólyom *n* hawk
sonka *n* ham
sor *n* line, row; series
sör *n* beer
sorakoztat *v* range
sorba állít *v* align; rank
sorbaállás *n* alignment
sörfőzde *n* brewery
sorozat *n* range; series
sorrend *n* order, sequence
sors *n* fate

sós *adj* salty
sötét *adj* dark
sötétedik *v* darken
sötétség *n* dark, darkness
sovány *adj* lean, skinny; underweight
sóvárgás *n* craving
sóvárog *v* crave
spagetti *n* spaghetti
spam *n* spam
spárga *n* asparagus
speciális *adj* special
specialista *n* specialist
specialitás *n* specialty
specializál *v* specialize
spekuláció *n* speculation
spekulál *v* speculate
spenót *n* spinach
sperma *n* sperm
spirális *adj* spiral
spirituális *adj* spiritual
spontán *adj* spontaneous
spórol *v* save
sport *n* sport
sportember *n* sportsman
sportos *adj* sporty
sportpálya *n* court, field
spriccel *v* sprinkle
stabil *adj* stable
stabilitás *n* stability
stabilizál *v* stabilize
stadion *n* stadium

stádium *n* phase, stage
stagnáló *adj* stagnant
statikus *adj* static
statisztika *n* statistic
statisztikai *adj* statistical
statisztikus *n* statistician
státusz *n* status
steril *adj* sterile
sterilizál *v* sterilize
stílus *n* style
stílusos *adj* stylish
stimulál *v* stimulate
stimuláló *adj* stimulating
stimuláns *n* stimulant
stoplámpa *n* stop light
stopli *n* cleats
stoppolás *n* hitchhike
strandőr *n* lifeguard
stratégia *n* strategy
stratégiai *adj* strategic
stressz *n* stress
stresszes *adj* stressful
strucc *n* ostrich
struktúra *n* structure
stúdió *n* studio
sugalmaz *v* instill
sugár *n* jet; ray
sugárút *n* avenue, boulevard
sugárzás *n* radiation
süket *adj* deaf
süketít *v* deafen
süketítő *adj* deafening

sült *adj* fried
sültek *n* fries
súly *n* heaviness, weight
súlyos *adj* serious, severe, grave; heavy
súlyosbít *v* aggravate
súlyosság *n* gravity
súlyzó *n* weights
sündisznó *n* porcupine
sürgős *adj* pressing, urgent
sürgősség *n* urgency
sűrít *v* compress
súrlódás *n* friction
súrol *v* scour, scrub
sűrű *adj* dense
sűrűség *n* consistency, density
süt *v* bake; fry; roast
sütemény *n* cake
süti *n* cookie
sütkérezik *v* bask
sütő *n* oven
suttog *v* whisper
suttogás *n* whisper

Sz

szabad *adj* free, unoccupied; unattached
szabadban *adv* outdoors
szabaddá tesz *v* free, liberate; clear
szabaddá tétel *n* clearance
szabadidő *n* leisure
szabadon *adv* freely
szabadság *n* freedom, liberty; vacation
szabály *n* rule
szabályoz *v* control, regulate
szabályozás *n* regulation
szabályozható *adj* adjustable
szabálysértés *n* offense
szabályszerű *adj* formal
szabálytalanság *n* foul
szabó *n* tailor
szabotál *v* sabotage
szabotázs *n* sabotage
szabványosít *v* standardize
szaft *n* gravy
szag *n* smell
szagol *v* smell
szagtalan *adj* odorless
száguld *v* speed
száj *n* mouth
szájpadlás *n* palate
szájpecek *n* gag
szak *n* major
szakács *n* cook
szakadás *n* disruption
szakadék *n* chasm, precipice
szakáll *n* beard, whiskers
szakállas *adj* bearded

szakasz *n* section
szakember *n* professional
szakértelem *n* expertise, proficiency
szakértő *n* expert
szakít *v* break away
szakít vkivel *v* split up
szakképzett *adj* skilled
szakma *n* profession, trade
szakmailag *adv* professionally
szakosodik *v* major in
szakszerűtlen *adj* unprofessional
szaktanácsadó *n* consultant
szaktekintély *n* authority
szakterület *n* field
szaktudás *n* know-how
szalag *n* band, ribbon, tape
szállít *v* transport
szállítás *n* transportation
szállítmány *n* shipment
szállítóautó *n* van
szalon *n* salon
szalonna *n* bacon
szalvéta *n* napkin
szám *n* number
szamár *n* donkey
szamárság *n* nonsense
számít *v* matter
számít rá *v* rely
számítógép *n* computer
számítógépes chip *n* chip

számjegy *n* digit, figure
számla *n* account, bill, invoice
számlap *n* dial
számol *v* count
számolás *n* count
számológép *n* calculator
számos *adj* many, numerous, several
számos *pron* several
számtalan *adj* countless
számtan *n* arithmetic
száműz *v* banish, exile
száműzetés *n* exile
szán *n* sleigh
szánalmas *adj* pathetic
szánalom *n* compassion, pity
szánalomra méltó *adj* pitiful
szandál *n* sandal
szándék *n* intention, purpose
szándékos *adj* deliberate, intentional, voluntary
szándékosan *adv* deliberately, purposely
szándékozik *v* intend
szankció *n* sanction
szankcionál *v* sanction
szánkó *n* sled
szánt *v* till
szaporodás *n* reproduction
szaporodik *v* reproduce
szappan *n* soap
szappanhab *n* lather

szár *n* stem
száraz *adj* dry
szárazföld *n* mainland
szárazföldi *adj* inland, terrestrial
szardínia *n* sardine
szárít *v* dry
szárító *n* dryer
szárított *adj* dried
szarkazmus *n* sarcasm
származik *v* derive, descend
szárny *n* wing
szarv *n* horn
szarvas *n* deer
szatíra *n* satire
Szaturnusz *n* Saturn
szavahihető *adj* truthful
szavaz *v* vote
szavazás *n* poll
szavazat *n* vote
szavazócédula *n* ballot
szaxofon *n* saxophone
száz *n* hundred
századik *adj* hundredth
százalék *n* percent
százalékos részesedés *n* percentage
százszorszép *n* daisy
szed *v* pick
szedál *v* sedate
szédít *v* daze
szegecs *n* tack

szegély *n* fringe
szegény *adj* poor
szegényesen *adv* poorly
szegénység *n* poverty
szegés *n* hem
szegfű *n* carnation
szegmens *n* segment
szégyen *n* disgrace, shame
szégyenkezés *n* embarrassment
szégyenletes *adj* disgraceful, shameful
szégyenlős *adj* bashful
szégyentelen *adj* shameless
szék *n* chair
szekér *n* carriage
szekerce *n* hatchet
székrekedéses *adj* constipated
szekrény *n* cabinet, cupboard
szektor *n* sector
szél *n* wind
szélcsend *n* lull
szelep *n* valve
szeles *adj* windy
széles körben *adv* widely
széles látólörű *adj* open-minded
széleskörű *adj* widespread
szélesség *n* breadth, width
szélességi fok *n* latitude
szelet *n* slice
szeletel *v* slice
szeletelt *adj* sliced
szélhámos *n* con man, fraud

szélhámos *adj* phony
szélhámosság *n* scam
szelíd *adj* mild, tame
szellem *n* ghost
szellemi *adj* mental
szellemileg *adv* mentally
szellemiség *n* mentality
szellő *n* breeze
széllökés *n* gust
szellőztet *v* ventilate
szellőztetés *n* ventilation
szélmalom *n* windmill
szélsőséges *adj* extremist, radical
szélsőségesen *adv* extremely
szélvédő *n* windshield
szem *n* eye
szembeállít *v* contrast
szembekötő *n* blindfold
szemben *prep* against
szemben *adv* opposite
szembenéz *v* face
szembesít *v* confront
szembeszáll *v* defy
szembetűnő *adj* eye-catching, conspicuous
személy *n* person
személyazonosság *n* identity
személyes *adj* personal
személyes varázs *n* charisma
személygépkocsi *n* automobile
személyiség *n* personality

személytelen *adj* impersonal
személyzet *n* personnel
szemére vet *v* reproach
szemét *n* garbage, trash, waste, litter
szemetes *n* garbage can, trash can
szemeteskocsi *n* garbage truck
szemétgyűjtő *n* trash collector
szemétlapát *n* dustpan
szemétlerakó *n* dump
szemétre dob *v* scrap
szemhéj *n* eyelid
szemhéjfesték *n* eyeshadow
szemlélő *n* bystander, onlooker
szemléltet *v* demonstrate
szemöldök *n* eyebrow
szempilla *n* eyelash
szempillafesték *n* mascara
szempont *n* viewpoint
szemrehányás *n* blame
szemrevaló *adj* good-looking
szemtanú *n* eyewitness
szemtelen *adj* cheeky
szemüveg *n* eyeglasses, glasses
szén *n* coal
széna *n* hay
szénaboglya *n* haystack
szenátor *n* senator
szenátus *n* senate
szendvics *n* sandwich
szenny *n* filth

szennyeskosár *n* laundry basket
szennyez *v* pollute
szennyezés *n* pollution
szennyvíz *n* sewage
szennyvízcsatorna *n* sewer
szent *adj* holy
szent *n* saint
szentbeszéd *n* sermon
szentel *v* dedicate
szentelt *adj* sacred
szentély *n* sanctuary
szentimentális *adj* sentimental
szentség *n* sanctity
szenved *v* suffer
szenvedély *n* passion
szenvedélyes *adj* fiery, passionate
szenvedélymentes *adj* stoic
szenvedés *n* affliction, suffering, misery
szenzáció *n* sensation
szép *adj* nice
szépen *adv* nicely
szépít *v* adorn, beautify
szeplős *adj* freckled
szépség *n* beauty
szeptember *n* September
szer *prep* times
szerda *n* Wednesday
szerelő *n* mechanic
szerenád *n* serenade
szerencse *n* fortune, luck
szerencsés *adj* fortunate, lucky
szerencsetárgy *n* mascot
szerencsétlen *adj* unlucky; wretched
szerencsétlenség *n* disaster
szerény *adj* humble, modest, unassuming, lowly
szerénység *n* modesty
szerep *n* part, role
szerepet játszik *v* act
szeret *v* love
szeretet *n* love
szeretetre méltó *adj* lovable
szeretett *adj* beloved
szerető *adj* fond, loving
szerető *n* lover
szerez *v* gain, obtain, secure
szerint *prep* according to
szerkeszt *v* edit
szerkesztő *n* editor
szerkezet *n* mechanism; texture
szerszám *n* hardware
szerszámláda *n* toolbox
szertartás *n* ceremony, ritual
szerv *n* organ
szerves *adj* organic
szervez *v* organize
szervezet *n* organization
szervezett *adj* organized
szerzetes *n* monk
szerzetesi *adj* monastic
szerző *n* author

szerződés *n* contract
szerződik *v* contract
szerzői jog *n* copyright
szerzői jogbitorlás *n* piracy
szeszély *n* whim
szeszes *adj* alcoholic
szeszes ital *n* liquor
szét *adv* apart, asunder
szétesés *n* disintegration
szétesik *v* disintegrate, come apart, fall apart
szétkapcsol *v* disconnect
szétoszt *v* dispense, distribute
szétosztás *n* distribution
szétreped *v* burst
szétroncsol *v* mangle
szétszed *v* take apart
szétszór *v* scatter; spread
szétszóródik *v* spread
szétszórt *adj* disorganized
szett *n* set
széttép *v* shred
szétterjed *v* diffuse
szétválaszt *v* divide
szétválasztás *n* division
szétválik *v* part
szétzúz *v* crush, smash
szezon *n* season
szezonális *adj* seasonal
Szia! *e* hi
sziget *n* island, isle
szigetel *v* insulate

szigetelés *n* insulation
szignál *v* initial
szigony *n* harpoon
szigor *n* rigor
szigorú *adj* austere, strict, rigorous, stringent
szigorúság *n* austerity
szíj *n* strap
szikla *n* cliff, rock
szikladarab *n* boulder
sziklás *adj* rocky
szikra *n* spark
szikrázik *v* sparkle
szilánk *n* chip, splinter
szilánkokra hasít *v* splinter
szilárd *adj* solid; steady
szilárd test *n* solid
szilárdan *adv* firmly
szilva *n* plum
szimatol *v* sniff
szimbolizál *v* symbolize
szimfónia *n* symphony
szimmetria *n* symmetry
szimmetrikus *adj* symmetrical
szimuláció *n* simulation
szimulál *v* simulate
szín *n* color
színdarab *n* play
színes *adj* colorful
színész *n* actor
színésznő *n* actress
színez *v* color

színház *n* theater
színházi próba *n* rehearsal
színhely *n* scene
szinkronizál *v* synchronize
színlel *v* pretend
színlelés *n* pretense, sham
szinoníma *n* synonym
színpad *n* stage
színpadi fellépés *n* performance
szint *n* level
színtelen *adj* colorless
szintén *adv* also, too
szintetikus *adj* synthetic
sziréna *n* siren
szirom *n* petal
szirup *n* syrup
szita *n* strainer
szitál *v* drizzle; sift
szitálás *n* drizzle
szituáció *n* situation
szív *n* heart
szivacs *n* sponge
szivacsos *adj* spongy
szivar *n* cigar
szivárgás *n* leakage
szivárog *v* leak
szivárvány *n* rainbow
szívből jövő *adj* heartfelt, wholehearted
szívélyes *adj* cordial, warm, hearty, gracious
szívesség *n* favor

szívfájdalom *n* heartbreak
szívósság *n* persistence
szívószál *n* straw
szívszaggató *adj* harrowing
szívtelen *adj* heartless
szívverés *n* heartbeat
szkeptikus *n* skeptic
szleng *n* slang
szlogen *n* slogan
sznob *n* snob
szó *n* term, word
sző *v* weave
szó szerint *adv* literally, verbatim
szó szerinti *adj* literal
szoba *n* room
szobalány *n* maid
szóban *adv* verbally
szóban forgó *adj* involved
szobatárs *n* roommate
szóbeli *adj* verbal; vocal
szóbeszéd *n* rumor
szobor *n* sculpture, statue
szobrász *n* sculptor
szocializálódik *v* socialize
szöcske *n* grasshopper
szóda *n* soda
szoftver *n* software
szög *n* angle; nail
szójegyzék *n* glossary
szokás *n* convention, custom, habit

szokásos *adj* customary, habitual, regular
szokatlan *adj* uncommon, unusual
szökdécsel *v* skip
szőke *adj* blonde
szőke nő *n* blonde
szökevény *n* fugitive
szókimondó *adj* outspoken
szókincs *n* vocabulary
szoknya *n* skirt
szökőár *n* tidal wave
szökőév *n* leap year
szökőkút *n* fountain
szokott *idiom* used to
szólás *n* idiom
szólásmondás *n* figure of speech
szolga *n* servant
szolgál *v* serve
szolgálat *n* service
szolgáltatás *n* service
szolidaritás *n* solidarity
szőlő *n* grape, vine
szőlőskert *n* vineyard
szőlőtőke *n* grapevine
szombat *n* Saturday
szomjas *adj* thirsty
szomjazik *v* thirst
szomorít *v* afflict
szomorkodik *v* grieve
szomorú *adj* down, sad, sorry
szomorúság *n* sadness
szomszéd *n* neighbor
szomszédos *adj* adjoining, next door
szondáz *v* probe
szőnyeg *n* carpet, rug
szopik *v* suck
szor *prep* times
szór *v* disperse
ször *prep* times
szőr *n* fur
szórakozás *n* amusement, entertainment
szórakozási lehetőségek *n* amenities
szórakozik *v* play
szórakozottság *n* preoccupation
szórakoztat *v* amuse, entertain
szórakoztató *adj* amusing, entertaining
szórakoztató *n* entertainer
szörf *n* surfing
szörfdeszka *n* surfboard
szörfözik *v* surf
szorgalmas *adj* diligent, hard-working
szorító *n* ring
szörny *n* monster
szörnyű *adj* monstrous; grim
szórófej *n* nozzle
szőrös *adj* furry
szorosan *adv* close, closely
szórványos *adj* sparse

szósz *n* sauce
szótag *n* syllable
szótár *n* dictionary
szótlan *adj* speechless
szőtt *adj* woven
szöveg *n* text
szövetkezik *v* ally
szövetség *n* alliance, league
szövetséges *n* ally
szövetségi *adj* federal
szövőszék *n* loom
sztár *n* star
sztereo *n* stereo
sztereotípia *n* stereotype
sztrájk *n* strike
szubjektív *adj* subjective
szűk *adj* tight
szűken *adv* tight
szűkös *adj* scarce
szükség *n* necessity
szükséges *adj* necessary
szükségszerű *adj* inevitable
szükségszerűen *adv* inevitably
szükségtelen *adj* needless, unnecessary
szülésznő *n* midwife
születés *n* birth
születésnap *n* birthday
született *adj* born
szülő *n* parent
szülőföld *n* homeland
szülőváros *n* hometown

szundikálás *n* nap
szundít *v* snooze
szünetel *v* pause
szüntelen *adj* incessant
szúnyog *n* mosquito
szunyókál *v* nap
szuper *adj* super
szuperhatalom *n* superpower
szupermarket *n* supermarket
szúr *v* pierce
szűr *v* filter
szúrás *n* puncture
szürke *adj* gray
szürkehályog *n* cataract
szürkület *n* gray
szűrő *n* filter
szurok *n* tar
szúrós *adj* stinging
szuverenitás *n* sovereignty
szűz *n* virgin

T

tábla *n* slab
táblagép *n* tablet
táblázat *n* chart, table, spreadsheet
tabletta *n* tablet
tábor *n* camp
tábornagy *n* marshal

tábornok *n* general
táborozik *v* camp
tábortűz *n* campfire
tag *n* member
tág *adj* wide
tagad *v* deny; disown
tagadás *n* denial
tagadhatatlan *adj* undeniable
tágan *adv* broadly
tágas *adj* ample, roomy, spacious
tagság *n* membership
tágul *v* broaden
táj *n* landscape
tájékoztat *v* brief
tájkép *n* scenery
takarás *n* covering
takarékos *adj* frugal
takarékosan *adv* sparingly
takarékoskodik *v* economize
takarító *n* cleaner
takaró *n* blanket, cover
takaros *adj* tidy
taktika *n* tactic
taktikus *adj* tactical
tál *n* bowl, dish
talaj *n* soil
találgat *v* guess
találgatás *n* guess
található *adj* located
találkozás *n* encounter
találkozik *v* encounter, meet

találkozó *n* meeting
találmány *n* invention
talán *adv* maybe, perhaps
talán *modal v* might
talány *n* riddle
tálca *n* tray
talicska *n* cart
taliga *n* wheelbarrow
tálka *n* saucer
talp *n* sole
támad *v* assault, attack
támadás *n* attack
támadó *n* aggressor, attacker; offense
támadó *adj* offensive
támaszkodik *v* lean on
támaszkodó *n* leaning
támaszpont *n* base
támaszt *v* lean
támogat *v* advocate, back, sponsor, support, back up
támogatás *n* backing, support
támogató *n* sponsor, supporter
támogató *adj* supportive
tanács *n* advice, tip; council
tanácsadás *n* counseling
tanácsadó *n* adviser, guidance counselor
tanácskozik *v* consult
tanácsol *v* advise
tanácsos *v* counsel
tanácstalan *adj* puzzled

tanár n teacher
tánc n dancing
táncest n ball
táncol v dance
táncos n dancer
tandíj n tuition
tangens n tangent
tanít v teach
tanítvány n disciple
tank n tank
tankol v refuel
tankönyv n textbook
tanonc n apprentice
tantárgy n subject
tanterv n curriculum
tantestület n faculty
tántorgás adj staggering
tántorog v stagger
tanú n witness
tanul v learn, study
tanulás n learning
tanulatlan adj uneducated
tanulékony adj docile
tanulmány n study
tanulmányi kirándulás n field trip
tanuló n learner, student
tanulószoba n study
tanult adj educated
tanúsít v attest, testify
tanúvallomás n testimony
tanya n ranch
tanyaudvar n farmyard
tányér n plate
tányéralátét n placemat
tapad v adhere, grip
tapadás n grip, traction
tapadó adj adhesive
tapasz n patch
tapasztal v experience
tapasztalat n experience
tapasztalatlan adj inexperienced
tapasztalt adj experienced
tapintat n tact
tapintatos adj considerate, tactful
tapintható adj tangible
táplál v feed, nourish
táplálék n nourishment
táplálkozás n nutrition
tápláló adj nutritious, wholesome
tapos v stamp, trample, tread
taps n applause, clap
tapsol v applaud
tarantellapók n tarantula
tárca n wallet
tárcsa n disk
tárcsahang n dial tone
tárcsáz v dial
taréj n crest
tárgy n object
tárgyalás n trial
tárgyi adj factual

tárgyilagos *adj* impartial
tárgyilagosan *adv* objectively
tárgykör *n* domain
tarisznyarák *n* crab
tárol *v* store
tároló *n* storage
tároló kazetta *n* cartridge
társ *n* companion, mate, fellow
társadalmi *adj* social
társadalom *n* society
társas *adj* gregarious
társaság *n* companionship, company
társaságot kedvelő *adj* outgoing
társasjáték *n* board game
társul *v* associate
tart *v* hold
tart vhová *v* head for
tart vmeddig *v* last
tartalék *adj* spare
tartalmaz *v* contain
tartalom *n* content
tartály *n* container, tank
tartó *n* bin, folder, rack
tartomány *n* province
tartós *adj* durable
tartozás *n* debit
tartozik *v* owe
tartozik vhova *v* belong
tartózkodás *n* abstinence; stay
tartózkodási hely *n* whereabouts

tartózkodik *v* abstain, refrain; stay
tartózkodó *adj* close
táska *n* bag
tavasz *n* spring
távcső *n* binoculars
távirányító *n* remote control
távlat *n* perspective
távol *adv* afar, away, off
távol marad *v* keep out
távol otthonról *adv* out
távolabb *adv* further
távolabbi *adj* further
távoli *adj* distant, faraway, remote
távollét *n* absence
távolság *n* distance
távolsági *adj* long-distance
távozik *v* leave
taxi *n* cab, taxi
te *pron* you
tea *n* tea
teáskanál *n* teaspoon
teáskanna *n* teapot
technika *n* technique
technikai *adj* technical
technikailag *adv* technically
technikus *n* technician
technológia *n* technology
tégla *n* brick
téglalap *n* rectangle
téglalap alakú *adj* rectangular

tegnap *adv* yesterday
tegnap *n* yesterday
tegnap éjjel *adv* last night
tehén *n* cow
teher *n* burden
teherautó *n* truck
teherautó-sofőr *n* trucker
tehetetlen *adj* helpless
tehetős *adj* well-to-do
tehetség *n* talent
tehetséges *adj* gifted, talented
tej *n* milk
tejes *adj* milky
tejgazdaság *n* dairy farm
tejsodó *n* custard
tejüzem *n* dairy
teke *n* bowling
teker *v* twist
tekercs *n* coil; reel
tekint *v* regard
tekintély *n* authority; prestige, credit
tekintélyelvű *adj* authoritarian
tekintélyes *adj* prestigious
tekintet *n* look
tekintet nélkül *adv* regardless
teknős *n* turtle
teknősbéka *n* tortoise
tél *n* winter
telefon *n* phone, telephone
telefonál *v* phone
telek *n* plot
telepes *n* settler
telepít *v* deploy; install
telepítés *n* deployment; installation
település *n* settlement
teleszkóp *n* telescope
televízió *n* television
telhetetlen *adj* insatiable
teli *adj* full
telik *v* elapse
telít *v* saturate
teljes *adj* absolute, complete, entire
teljesen *adv* absolutely, all, completely, entirely, fully, quite
teljesen rendben *adv* all right
teljesen új *adj* brand new
teljesít *v* accomplish, perform
teljesítés *n* compliance
teljesítmény *n* accomplishment, performance
teljesség *n* integrity
téma *n* theme, topic
temetés *n* burial, funeral
temető *n* cemetery, graveyard
templom *n* church, temple
tendencia *n* trend
tengely *n* axis; axle
tenger *n* sea
tenger feletti magasság *n* altitude

tengeralattjáró *n* submarine
tengeren túl *adv* overseas
tengerész *n* sailor
tengeri *adj* marine
tengeri gyümölcs *n* seafood
tengeribeteg *adj* seasick
tengerkék *n* navy blue
tengeröböl *n* cove
tengerpart *n* beach, coast, seashore, shore
tengerparti *adj* coastal
tengerszoros *n* strait
tenisz *n* tennis
teniszütő *n* racket
tenor *n* tenor
tény *n* fact
tenyér *n* palm
tenyérrel megüt *v* spank
tenyészt *v* breed
tényező *n* factor
tényleg *adv* really
tényleges *adj* virtual
tép *v* pluck; tear
tépőfog *n* fang
tér *n* room, space; square
terápia *n* therapy
terasz *n* terrace
térd *n* knee
térdel *v* kneel
térdkalács *n* kneecap
terem *n* hall
terem *v* yield

teremszolga *n* usher
teremtmény *n* creature
terep *n* terrain
terhelés *n* strain
terhes *adj* pregnant; burdensome
terhesség *n* pregnancy
terjed *v* catch on
terjedelem *n* coverage, extent, stretch
terjedelmes *adj* broad, bulky, large
terjeszkedés *n* expansion
térkép *n* map
termék *n* product
termékeny *adj* fertile
termékenyít *v* fertilize
termékenység *n* fertility
termelés *n* production
termény *n* produce
termés *n* crop
terméskő *n* rubble
természet *n* nature
természetes *adj* natural
természetesen *adv* naturally
természetszerű *adj* natural
természetszerűen *adv* naturally
termetes *adj* burly
terminál *n* terminal
terminológia *n* terminology
terror *n* terror
terrorista *n* terrorist

terrorizál *v* terrorize
terrorizmus *n* terrorism
terület *n* area; territory
terv *n* plan
tervez *v* contemplate, scheme, design, project
tervezés *n* design
tervezet *n* plan, program
tervező *n* designer
tervrajz *n* blueprint
test *n* body, torso
testápoló *n* lotion
testi *adj* bodily
testőr *n* bodyguard
testre szab *v* customize
testtartás *n* pose, posture
testvér *n* sibling
testvéries *adj* brotherly
testvériesség *n* fraternity
tesz *v* do; depose
teszt *n* test
tészta *n* noodles, pasta
tesztel *v* test
tétel *n* item
tetem *n* carcass
tető *n* top
tetőablak *n* skylight
tetőpont *n* climax
tetőtér *n* attic
tétova *adj* hesitant, vague
tetoválás *n* tattoo
tétováz *v* hesitate
tétovázás *n* hesitation
tetőz *v* culminate
tetszik vkinek *v* appeal
tetszőleges *adj* arbitrary
tett *n* deed
tettet *v* feign
tetű *n* lice, louse
teve *n* camel
tévedés *n* fallacy, flaw, oversight
tévedhetetlen *adj* infallible
tevékenység *n* activity
téves *adj* erroneous, false, mistaken, wrong
téves irányba *adv* astray
tévesen *adv* wrong
tied *pron* your
tied *adj* your
tiedet *pron* yours
tigris *n* tiger
tilalom *n* ban, prohibition
tilt *v* inhibit
tiltakozás *n* protest
tiltakozik *v* object, protest
tiltott *adj* illicit
tinédzser *n* teenager
tinta *n* ink
tintahal *n* squid
tipikus *adj* typical
típus *n* type, form
tiszta *adj* clean, pure, clear; plain

tisztaság *n* purity; cleanliness
tisztátlan *adj* impure
tisztáz *v* clarify; vindicate
tisztázás *n* clarification
tisztel *v* respect
tisztelet *n* respect, reverence
tiszteleti *adj* complimentary
tiszteletlen *adj* disrespectful
tiszteletlenség *n* disrespect
tiszteletreméltó *adj* respectable
tiszteletteljes *adj* respectful
tisztes *adj* decent
tisztesség *n* decency
tisztességtelen *adj* crooked, dishonest
tisztít *v* clean
tisztítószer *n* cleanser
tisztított *adj* refined
tisztviselő *n* officer
titkár *n* secretary
titkos *adj* clandestine, secret, stealthy
titok *n* secret
titokban *adv* secretly
titoktartás *n* secrecy
titokzatoskodó *adj* secretive
tíz *n* ten
tízcentes *n* dime
tizedel *v* decimate
tizedes *adj* decimal
tizedik *adj* tenth
tizenegy *n* eleven

tizenegyedik *adj* eleventh
tizenegyes *n* penalty
tizenéves *adj* teenage
tizenhárom *n* thirteen
tizenhat *n* sixteen
tizenhét *n* seventeen
tizenkettedik *adj* twelfth
tizenkettő *n* twelve
tizenkilenc *n* nineteen
tizennégy *n* fourteen
tizennyolc *n* eighteen
tizennyolcadik *adj* eighteenth
tizenöt *n* fifteen
tizenötödik *adj* fifteenth
tó *n* lake
toalett *n* lavatory, toilet
több *pron* more
több mint *prep* over
többé *adv* anymore
többes szám *n* plural
többlet *n* excess, surplus, plus
többlet- *adj* extra
többség *n* majority
többség *pron* most
többszörös *adj* multiple
toboroz *v* enlist; recruit
tócsa *n* puddle
tojás *n* egg
tojásfehérje *n* egg white
tojássárgája *n* yolk
tök *n* pumpkin
tőke *n* capital

tőkehal *n* cod
tökéletes *adj* perfect
tökéletesség *n* perfection
tökéletlenség *n* imperfection
tökfilkó *n* goof
tol *v* push
tól *prep* from; of
től *prep* from; of
tolakodó *adj* pushy
tolás *n* push
tolerál *v* tolerate
tolerancia *n* tolerance
toleráns *adj* tolerant
tölgy *n* oak
toll *n* pen
tolmács *n* interpreter
tolmácsol *v* interpret
tolong *v* crowd
tolószék *n* wheelchair
tölt *v* charge; fill
töltelék *n* filling, stuffing
töltés *n* charge
töltött *adj* loaded
tolvaj *n* thief
töm *v* cram, stuff
tömb *n* block
tombola *n* drawing, raffle
tömeg *n* crowd, mass
tömény kivonat *n* essence
tömés *n* filling
tömjén *n* incense
tömör *adj* brief, concise

tömören *adv* briefly
tömörítés *n* compression
tömött *adj* congested
tompa *adj* blunt; dull
tompít *v* dampen
tonhal *n* tuna
tönkretesz *v* ravage, vandalize
tonna *n* ton
tőr *n* dagger
töredék *n* fraction
törékeny *adj* breakable, brittle, fragile
törekszik *v* aspire
törekvés *n* aspiration
törés *n* break, fracture
töretlen *adj* unbroken
törik *v* break
torlasz *n* barricade, block
torlódás *n* congestion
torna *n* gymnastics; tournament
tornác *n* porch
tornacipő *n* sneakers
tornádó *n* tornado, twister
tornász *n* gymnast
tornaterem *n* gymnasium (gym)
törődés *n* care
törődik *v* bother, care, care for
törődik vele *v* care about
torok *n* throat
töröl *v* delete
torony *n* tower
törött *adj* broken

törpe *n* dwarf
torta *n* tart
történelem *n* history
történelmi *adj* historical
történés *n* happening
történész *n* historian
történet *n* story
történik *v* happen
tortilla *n* tortilla
törülköző *n* towel
törvény *n* act
törvényen kívüli *n* outlaw
törvényes *adj* lawful, legitimate
törvényhozás *n* legislation, legislature
törvényhozó *n* lawmaker
törvényhozó *adj* legislative
törvényszék *n* courthouse
törvényt alkot *v* legislate
törvénytelen *adj* unlawful
torzít *v* disfigure; distort
torzítás *n* distortion
törzs *n* tribe
tósztot mond *v* toast
totyogó *n* toddler
tovább *adv* along; onward
továbbá *adv* furthermore
továbbad *v* transmit
további *adj* additional
továbbít *v* forward
trágár *adj* obscene
tragédia *n* tragedy

tragikus *adj* tragic
trágya *n* dung, manure, fertilizer
traktor *n* tractor
transzparens *n* banner
tranzakció *n* transaction
traumás *adj* traumatic
tréfál *v* kid
tréfás *adj* comical
tréfásan *adv* jokingly
tripla *adj* triple
triviális *adj* trivial
trófea *n* trophy
trombita *n* trumpet
trón *n* throne
trópusi *adj* tropical
trükk *n* trick
trükkös *adj* tricky
tű *n* needle, pin
tuba *n* tuba
tucat *n* dozen
tücsök *n* cricket
tud *modal v* can
tud *v* know
tudás *n* knowledge
tudat *n* consciousness
tudatlan *adj* ignorant
tudatlanság *n* ignorance
tudatos *adj* conscious, aware
tudatosan *adv* knowingly
tudatosság *n* awareness
tudna *modal v* could

tüdő *n* lung
tudomány *n* science
tudományos *adj* academic, scientific
tudós *n* scholar, scientist
tudósító *n* correspondent, reporter
tükör *n* looking glass, mirror
túladagolás *n* overdose
tulajdon *n* property
tulajdonít *v* attribute
tulajdonjog *n* ownership
tulajdonos *n* owner
tulajdonság *n* feature, quality
tulajdonul bír *v* own
túlbecsül *v* overestimate
túlcsordul *v* overflow
túlél *v* outlast, outlive, survive
túlélés *n* survival
túlélő *n* survivor
túlerőben van *v* outnumber
tulipán *n* tulip
túllép *v* exceed
túllép vmin *v* overstep
túlnő *v* outgrow
túlóra *n* overtime
túloz *v* exaggerate
túlságos *adj* excessive
túlságosan *adv* over
túlsúlyban van *v* outweigh
túlsúlyos *adj* overweight
túlterhel *v* overcharge

túltesz *v* excel, surpass
túltesz rajta *v* outperform
túlteszi magát rajta *v* get over
túlzásba visz *v* overdo
túlzásba vitt *adj* overdone
túlzott *adj* superfluous
tumor *n* tumor
tündér *n* fairy
tündérmese *n* fairy tale
tünet *n* symptom
tűnik *v* seem
tunkol *v* dunk
túra *n* hike, tour
túrázik *v* hike
turbulencia *n* turbulence
türelem *n* patience
türelmes *adj* patient
türelmetlen *adj* impatient
türelmetlenség *n* impatience
tűrhetetlen *adj* intolerable
tűrhető *adj* bearable, tolerable
turista *n* tourist
turizmus *n* tourism
tüske *n* spike, thorn
tüskés *adj* thorny
tüsszent *v* sneeze
tüsszentés *n* sneeze
túsz *n* hostage
tűvé tesz *v* ransack
tűz *n* fire
tűzálló *adj* fireproof
tűzcsap *n* fire hydrant

tüzel *v* fire
tüzérség *n* artillery
tüzes *adj* fierce
tűzhely *n* stove
tűzifa *n* firewood
tűzijáték *n* fireworks
tűzjelző *n* fire alarm
tűzőgép *n* stapler
tűzoltó *n* firefighter
tűzoltó készülék *n* fire extinguisher
tűzoltóállomás *n* fire station
tűzoltóautó *n* fire truck
tűzoltóság *n* fire department
tv csatorna *n* channel

Ty

tyúk *n* hen

U, Ú

uborka *n* cucumber
udvar *n* backyard, yard, courtyard
udvarias *adj* civil, courteous, polite
udvariasan *adv* politely
udvariasság *n* courtesy, politeness
udvariatlan *adj* impolite
udvariatlanul *adv* rudely
udvarlás *n* courtship
udvarló *n* boyfriend
udvarol *v* court
ugat *v* bark
ugatás *n* bark
ugrál *v* bound, hop
ugrás *n* jump, leap
ugrat *v* tease
ugrik *v* jump, leap
ugrókötél *n* jump rope
ugyanaz *adj* same
ugyanaz *pron* same
úgyhogy *conj* so
úgynevezett *adj* so-called
új *adj* new, recent
újabban *adv* recently
újból *adv* anew
újdonság *n* novelty
újdonsült pár *n* newlywed
újév *n* New Year's
ujj *n* finger
újjáépít *v* rebuild
ujjatlan *adj* sleeveless
ujjhegy *n* fingertip
ujjlenyomat *n* fingerprint
ujjong *v* exult
újonc *n* conscript, recruit; newcomer

újonc *adj* rookie
újonnan *adv* newly
újra *adv* again
újra beállít *v* reset
újra felszínre jön *v* resurface
újra feltölt *v* replenish
újra megjelenik *v* reappear
újraalkot *v* recreate
újraburkol *v* resurface
újracsinál redo
újraegyesítés *n* reunion
újraegyesül *v* reunite
újrafelhasznál *v* reuse
újrahasznosít *v* recycle
újrahasznosító kuka *n* recycle bin
újrahasznosított *adj* recycled
újraindít *v* reboot
újrajátszás *n* reenactment
újraszámlálás *n* recount
újratölt *v* recharge
újság *n* newspaper
újságcikk *n* article
újságíró *n* journalist
újságos *n* newsstand
újszülött *n* newborn
ultimátum *n* ultimatum
unalmas *adj* boring, dull
unalom *n* boredom
unatkozó *adj* bored
uncia *n* ounce
undor *n* disgust
undorító *adj* disgusting, distasteful, sickening
undorodik *v* loathe
undorodó *adj* disgusted
undort kelt *v* sicken
unió *n* union
univerzális *adj* universal
univerzum *n* universe
unoka *n* grandchild
unokahúg *n* niece
unokaöccs *n* nephew
unokatestvér *n* cousin
unszol *v* urge
úr *n* Mister, sir
uralkodik *v* dominate, reign
uralkodó *n* emperor, ruler
uralkodó *adj* prevalent
uralom *n* domination, reign
uránusz *n* uranus
úriember *n* gentleman
urna *n* urn
úrrá lesz rajta *v* overcome
úszás *n* swimming
úszik *v* swim
uszít *v* instigate
úszó *n* swimmer
úszómedence *n* swimming pool
uszony *n* fin
út *n* road; trip; way
utál *v* abhor, detest, hate
utal rá *v* imply

utal vmire v refer
utálatos adj detestable, hateful, odious
utalvány n voucher
után prep past
utána adv afterward
utánfutó n trailer
utánnyomás n reprint
utánoz v mimic
utántölt v refill
utas n passenger
utasít v order
utasítás n directions, order
utazás n journey, travel, ride, voyage
utazik v travel, trip
utazó n traveler, voyager
utazóláda n trunk
utca n street
útcanévtábla n street sign
útikalauz n guidebook
útiterv n itinerary
útkereszteződés n crossroads
útlevél n passport
útmérő n odometer
útmutatás n guidance
utóbbi adj latter
utód n successor
utókor n posteriority
utólagos bölcsesség n hindsight
utolér v catch up
utoljára adv last

utolsó adj last
útonállás n hold-up
útsáv n lane
úttörő n pioneer
útvonal n route

Ü, Ű

üdítő adj exhilarating, refreshing
üdvös adj benign
üdvözlés n greeting
üdvözlet n regards
üdvözöl v greet, welcome
ügy n affair, matter, issue
ügyes adj astute
ügyész n prosecutor
ügyetlen adj awkward, clumsy
ügyfél n client
ügyfélkör n clientele
ügyintézés n administration
ügyintéző n administrator
ügylet n business
ügynök n agent
ügynökség n agency
ügyvéd n attorney
ül v sit
üldöz v chase
ülés n seat; session
üllő n anvil

ültet v plant
ünnepel v celebrate
ünnepélyes adj solemn
ünnepies adj festive
ünneplés n celebration, party
ünnepség n festivity
űr n space
üreg n cavern
üreges adj hollow
üres adj vacant, empty, blank
üresedés n vacancy
üresjárat n neutral
üresség n emptiness
űrhajó n spaceship
űrhajós n astronaut
űrlap n form
űrtartalom n volume
üstökös n comet
üt v hit
ütem n beat
ütemez v schedule
ütemterv n schedule
ütés n hit
ütközés n crash
ütközet n battle
ütközik v crash, impact
ütlegel v batter
ütő n bat
ütődés n bump
üveg n glass
üveggolyó n marble
üvegház n greenhouse

üvölt v roar
üvöltés n howl, roar
üzem n mill
üzemanyag n fuel, gas
üzemanyagszint-visszajelző n gas gauge
üzembiztos adj foolproof
üzemel v operate
üzemeltet v run
üzemzavar n malfunction
üzenet n message
űzés n hunting
üzletasszony n businesswoman
üzletember n businessman

V

vacak adj trashy
vacsora n dinner, supper
vad adj barbaric, ferocious, savage, wild
vád n accusation
vadász n hunter
vadászik v hunt
vadászpuska n shotgun
vádat emel v prosecute
vaddisznó n boar, wild boar
vádli n calf
vádlott n culprit
vadnyúl n hare

vádol *v* accuse, charge, denounce
vadon *n* wilderness
vadvilág *n* wildlife
vág *v* cut
vágás *n* cut
vagon *n* wagon
vágtázik *v* gallop
vagy *adv* either
vagy *conj* or
vágy *n* desire, urge
vágyik *v* desire
vagylagos *adj* alternative
vagylagosan *adv* alternatively
vágyódik *v* long for
vagyon *n* asset, fortune, wealth
vaj *n* butter
vajon *conj* whether
vak *adj* blind
vakar *v* groom
vakcina *n* vaccine
vakít *v* blind
vakmerő *adj* audacious
vakmerőség *n* audacity, nerve, dare
vakond *n* mole
vakság *n* blindness
vaku *n* flashlight
vákuum *n* vacuum
val *prep* by; with
valaha *adv* ever; once
valahogy *adv* somehow
valahogyan *adv* someway
valahol *adv* somewhere
valaki *pron* anybody, somebody, someone
valami *pron* any; something
valamikor *adv* someday
valamilyen *adj* any
valamivel *adv* any
válás *n* divorce
válasz *n* answer, reply
válaszol *v* answer, reply
választ *v* choose, select; elect
választás *n* choice, election; option, alternative
választék *n* selection, variety
választható *adj* optional
Valentin-nap *n* Valentine's Day
válik vmivé *v* become
vall *v* confess
váll *n* shoulder
vállal *v* undertake
vállalat *n* corporation
vállalati *adj* corporate
vállalkozó *n* entrepreneur
vallás *n* religion
vallásos *adj* religious
vállat von *v* shrug
vallomás *n* confession
valóban *adv* indeed
valódi *adj* actual, real
válogatás *n* assortment
válogatós *adj* choosy

válogatott *adj* assorted
valójában *adv* actually
valóság *n* reality
valószínű *adv* likely, probable
valószínűleg *adv* probably
valószínűség *n* likelihood, probability
valószínűtlen *adj* improbable, unlikely
vált *v* shift
váltás *n* shift
váltogat *v* alternate
változás *n* change
változatlanul *adv* invariably
változatos *adj* diverse
változatosság *n* diversity
változékony *adj* unsteady
változik *v* vary
változó *adj* variable
változtat *v* alter, change
változtatás *n* alteration, amendment
váltságdíj *n* ransom
valuta *n* currency
vámpír *n* vampire
vandál *n* vandal
vandalizmus *n* vandalism
vándor *n* wanderer
vándorol *v* migrate
vanília *n* vanilla
vár *v* wait
várakozási sor *n* queue

várakozik *v* await
varangy *n* toad
váratlan *adj* unexpected, unforeseen
váratlanul *adv* abruptly
varázslás *n* sorcery
varázslat *n* magic
varázslatos *adj* magic
varázsló *n* magician, sorcerer, wizard
várbörtön *n* dungeon
variáció *n* variation
variál *v* diversify
varjú *n* crow
város *n* city, town
városháza *n* city hall, town hall
városi *adj* civic, urban
városnézés *n* sightseeing
varr *v* sew
varrás *n* seam; sewing
varrat nélküli *adj* seamless
varrónő *n* seamstress
vas *n* iron
vasaló *n* iron
vasalódeszka *n* ironing board
vásár *n* fair
vásárlás *n* purchase
vásárló *n* buyer, customer
vasárnap *n* Sunday
vásárol *v* purchase, shop
vásott kölyök *n* brat
vastag *adj* thick

vastagbél n colon
vastagít v thicken
vastagság n thickness
vasút n railroad, railway
vászon n canvas; linen
váz n framework
váza n vase
vázlat n draft, outline, sketch
vázlatos adj rough, sketchy
vázol v draft, outline, sketch
vécépapír n toilet paper
védekezik v defend
védelem n defense, protection
védelmez v protect, shield
védetté tesz v immunize
védettség n immunity
védő n defender
védőszemüveg n goggles
védtelen adj defenseless, unprotected
vég n end
végakarat n will
véges adj finite
vegetariánus n vegetarian
véghezvisz v achieve
végig prep over
végleges adj eventual, final, definitive
véglegesít v finalize
végrehajt v execute
végrehajtási parancs n warrant
végrendelet n testament

végső adj conclusive; ultimate
végtag n limb
végtelen adj endless, unending; infinite
végtelenül adv infinitely
végül adv eventually, finally, lastly
vegyész n chemist
vegyítetlen adj pure
vegyszer n chemical
vegytisztít v dry-clean
végzet n destiny; doom
végzetes adj disastrous, fateful
vékony adj fine, slim, thin
vel prep by; with
vél v conceive reckon
vélekedik v deem
vélelmez v presuppose
vélemény n opinion
véletlen adj accidental; random
véletlenszerűen adv randomly
véletlenül adv incidentally
véletlenül egybeeső adj coincidental
vén n elder
vendég n guest
vendégszeretet n hospitality
ventilátor n fan
ver v beat
vér n blood
veréb n sparrow
veregetés n pat, tap

verés *n* beating
véres *adj* bloody, gory
vérmérséklet *n* temper
vers *n* poem, verse
versengés *n* rivalry
versengő *n* contender
verseny *n* competition, contest, race, racing
versenyez *v* compete, race
versenyképes *adj* competitive
versenypálya *n* racetrack
versenytárs *n* rival
versenyző *n* competitor, contestant
vérszomjas *adj* bloodthirsty
vérzik *v* bleed
verzió *n* version
vés *v* carve, engrave
vese *n* kidney
véső *n* chisel
vessző *n* comma
vesz *v* buy
veszedelem *n* peril
veszedelmes *adj* perilous
veszekedés *n* altercation, quarrel
veszekedik *v* quarrel
veszekedős *adj* quarrelsome
veszély *n* danger, hazard
veszélyes *adj* dangerous, hazardous, unsafe, insecure
veszélyeztet *v* endanger, jeopardize
veszélyeztetett *adj* endangered
veszettség *n* rabies
vészhelyzet *n* emergency
vesztegetés *n* bribery, corruption
vesztes *n* loser
veszteség *n* loss
vet *v* cast; sow
vétel *n* reception
vetemedik *v* warp
veterán *n* veteran
vetítővászon *n* projector screen
vétkesség *n* culpability
vétkezik *v* sin
vétlen *adj* blameless
vétó *v* veto
vezényel *v* conduct
vezér *n* leader
vezércikk *n* editorial
vezérlő *n* controller
vezet *v* lead, conduct, guide; drive; manage
vezeték *n* wire
vezeték nélküli *adj* cordless, wireless
vezetéknév *n* last name, surname
vezetés *n* leadership
vezető *n* chief, executive, manager; conductor, guide, lead

vezetői engedély *n* driver's license
vezetőség *n* management
vézna *adj* meager
viasz *n* wax
vicc *n* joke
viccel *v* joke
vicces *adj* funny
vidám *adj* cheerful, hilarious
vidáman *adv* joyfully
vidámpark *n* amusement park, theme park
vidék *n* countryside
vidéki *adj* rural
videó *n* video
videójáték *n* video game
víg *adj* merry
vigasz *n* consolation, solace
vigasztal *v* console
vigasztaló *n* comforter
vígjáték *n* comedy
vigyor *n* grin
vigyorog *v* grin
vihar *n* tempest, storm, thunderstorm
viharos *adj* stormy
világ *n* world
világi *adj* worldly
világítás *n* lighting
világító *adj* luminous
világítótorony *n* lighthouse
világos *adj* distinct, fair, light; simple
világosan *adv* plainly
világosság *n* brightness
világszerte elterjedt *adj* worldwide
villa *n* fork
villám *n* bolt, lightning
villámcsapás *n* thunderbolt
villamos *n* streetcar, tram, trolley
villamosszékkel kivégez *v* electrocute
villan *v* blink
villanykörte *n* bulb, light bulb
villanyszerelő *n* electrician
villásreggeli *n* brunch
villog *v* flicker
vinnyog *v* squeak
virág *n* flower
virágárus *n* florist
virágcserép *n* flowerpot
virágkor *n* heyday
virágzik *v* blossom; prosper
virágzó *adj* prosperous
virrasztás *n* vigil
vírus *n* virus
visel *v* bear
viselkedés *n* behavior
viselkedik *v* behave, demean
viselő *n* bearer
visszaad *v* give back
visszaállít *v* restore

visszacsatolás *n* feedback
visszacsinál *v* undo
visszaél *v* abuse
visszaélés *n* abuse, misuse
visszaér *v* get back
visszaesés *n* downturn
visszaesik *v* fall back
visszafizet *v* pay back
visszafizetés *n* reimbursement
visszafogott *adj* bland
visszafordítás *n* reversal
visszafordíthatatlan *adj* irreversible
visszafordul *v* turn back
visszaható *adj* retroactive
visszahív *v* recall
visszahoz *v* bring back
visszahúz *v* retract
visszahúzódik *v* recede
visszajáró *n* change
visszajátszás *n* replay
visszajön *v* come back
visszakozik *v* back up
visszamegy *v* go back
visszanyer *v* win back
visszapattan *v* rebound
visszasül *v* backfire
visszaszámlálás *n* countdown
visszaszerez *v* recover, retrieve
visszatart *v* detain; retain; withhold, hold back
visszatartás *n* retention

visszataszít *v* repel
visszataszító *adj* obnoxious; repugnant
visszateker *v* rewind
visszatér *n* return
visszatér *v* return, revert
visszatérés *n* reentry; comeback
visszatérítés *n* refund
visszatetsző *adj* displeasing
visszautasít *v* decline, refuse
visszautasítás *n* refusal
visszautasíthatatlan *adj* irrefutable
visszavág *v* cut back
visszaver *v* reflect; repulse
visszaverődés *n* reflection
visszavisz *v* take back
visszavon *v* repeal, revoke
visszavonja állítását *v* recant
visszavonul *v* retire; retreat, withdraw
visszhang *n* echo
visz *v* convey
viszály *n* feud, strife
viszket *v* itch
viszketős *adj* itchy
viszonoz *v* repay
viszontagság *n* adversity
Viszontlátásra! *e* bye, goodbye
viszonyít *v* correlate
viszonyul *v* relate
viszonzás *n* repayment

viszonzott *adj* reciprocal
vita *n* argument, dispute, debate, controversy
vitamin *n* vitamin
vitás *adj* contentious
vitát elsimít *v* make up
vitathatatlan *adj* indisputable, undisputed
vitatható *adj* debatable
vitatkozik *v* argue, debate, hassle
vitatott *adj* controversial
viteldíj *n* fare
vitorla *n* sail
vitorláshajó *n* sailboat
vitorlázik *v* sail
vívás *n* fencing
víz *n* water
víz alatt *adv* underwater
vízalatti *adj* underwater
vízálló *adj* watertight
vizel *v* urinate
vizelet *n* urine
vizenyős *adj* watery
vízesés *n* cascade, waterfall
vízforraló *n* kettle
vízhatlan *adj* waterproof
vízi *adj* aquatic
vízi vidámpark *n* water park
vízmelegítő *n* water heater
vizsga *n* exam
vizsgál *v* audit, examine

vizsgálat *n* examination, inspection
vizsgán átmegy *n* pass
víztároló *n* cistern, reservoir
víztömlő *n* hose
vizuális *adj* visual
vízvezeték *n* aqueduct
vízvezetékszerelő *n* plumber
vmi mellett *prep* beside; on
vmin kívül *prep* besides; outside
vmin túl *prep* beyond
vminek a fele *n* half
vmit üldözve *prep* after
vmivel szemben *prep* opposite
vő *n* son-in-law
vödör *n* bucket, pail
vőlegény *n* bridegroom
völgy *n* valley
volna *modal v* would
vonakodó *adj* reluctant
vonakodva *adv* reluctantly, unwillingly
vonal *n* line
vonalkód *n* barcode
vonalzó *n* ruler
vonás *n* stroke
vonat *n* train
vonatkozás *n* concern
vonatkozik *v* concern
vonatkozó *adj* pertinent
vontat *v* tow, trail
vonz *v* attract

vonzalom *n* affection
vonzás *n* attraction
vonzerő *n* appeal, charm
vonzó *adj* appealing, attractive
vonzódás *n* liking
vonzódik *v* gravitate
vulkán *n* volcano

W

wc-ülőke *n* stall
weboldal *n* site, website

Y

yard *n* yard

Z

zabál *v* gobble
zabpehely *n* oatmeal
zafír *n* sapphire
zaj *n* fuss, noise
zajong *v* clamor
zajongás *n* uproar
zajongva *adv* noisily
zajos *adj* noisy
zajos rágcsálás *n* champ
zaklat *v* fuss, harass, persecute
zaklatott *adj* troubled
zaklatottság *n* distraction
zakó *n* jacket
zamatos *adj* succulent
zápor *n* downpour, shower
zár *n* lock
zarándok *n* pilgrim
zarándoklat *n* pilgrimage
zárkózott *adj* aloof, withdrawn
zárójel *n* bracket, parenthesis
záróvizsga *n* final
zárt *adj* closed
zászló *n* flag
zászlóalj *n* battalion
zászlórúd *n* flagpole
zátony *n* reef
zátonyra fut *v* wreck
zavar *v* interfere, trouble
zavar *n* quandary
zavarba ejtő *adj* confusing
zavarba hoz *v* embarrass
zavargó *adj* tumultuous
zavaró *adj* disturbing, troublesome
zavarodott *adj* distraught
zavaros *adj* unclear
zavart *adj* confused
zebra *n* zebra
zeller *n* celery

zendül v riot
zendülés n riot
zene n music
zenei adj musical
zenekar n orchestra
zenész n musician
zeneszerző n composer
zengő adj resounding
zihál v gasp
zipzár n zipper
zokni n sock
zokog v sob
zokon vesz v resent
zöld adj green
zöld szín n green
zöldbab n green bean
zöldfülű adj green
zöldség n vegetable
zóna n zone
zongora n piano
zongorista n pianist
zord adj grim, stern
zörög v rattle

Zs

zsák n sack
zsákmány n loot, spoils; prey
zsákutca n dead end
zsanér n hinge
zsarnok n bully, despot, tyrant
zsarnoki adj despotic
zsarnokság n tyranny
zsarol v extort
zsarolás n blackmail, extortion
zsaru n cop
zseb n pocket
zsebkendő n handkerchief, tissue
zsebtolvaj n pickpocket
zselé n jelly
zsemle n bun, roll
zseniális adj brilliant
zsenialitás n ingenuity
zsibbadt adj numb
zsibbadtság n numbness
zsidó n Jew
zsidó adj Jewish
zsidó vallás n Judaism
zsinagóga n synagogue
zsinór n cord
zsír n fat
zsíradék n grease
zsiráf n giraffe
zsíros adj fatty, greasy
zsíroz v grease
zsonglőr n juggler
zsonglőrködik v juggle
zsörtölődő adj nagging
zsúfolt adj crowded
zsugori adj thrifty
zsugorodik v shrink

zsűri *n* jury
zúg *v* buzz
zúgás *n* buzz
zuhany *n* shower
zuhanykabin *n* stall
zuhatag *n* cataract

züllött *adj* lewd
zümmög *v* hum, zoom
zűrzavar *n* clutter, mess
zűrzavaros *n* turmoil
zúzó *adj* shattering
zúzódás *n* bruise

Order & Contact Information

Word to Word® Series

Item	Language	ISBN13
Word to Word®		
500X	Albanian	9780933146495
820X	Amharic	9780933146594
650X	Arabic	9780933146419
700X	Bengali	9780933146303
705X	Burmese	9780933146501
710X	Cambodian	9780933146402
715X	Chinese	9780933146228
520X	Czech	9780933146624
857X	Dari	9781946986603
660X	Farsi	9780933146334
530X	French	9780933146365
535X	German	9780933146938
664X	Georgian	9781946986627
540X	Greek	9780933146600
720X	Gujarati	9780933146983
545X	Haitian Creole	9780933146235
665X	Hebrew	9780933146587
725X	Hindi	9780933146310
728X	Hmong	9780933146532
551X	Hungarian	9780933146679
555X	Italian	9780933146518
730X	Japanese	9780933146426
735X	Korean	9780933146976
740X	Laotian	9780933146549
753X	Malayalam	9781946986610
755X	Nepali	9780933146617
760X	Pashto	9780933146341
575X	Polish	9780933146648
580X	Portuguese	9780933146945
765X	Punjabi	9780933146327
585X	Romanian	9780933146914
590X	Russian	9780933146921
830X	Somali	9780933146525
600X	Spanish	9780933146990
835X	Swahili	9780933146556
770X	Tagalog	9780933146372
780X	Thai	9780933146358
615X	Turkish	9780933146952
620X	Ukrainian	9780933146259
790X	Urdu	9780933146396
5-895X	Word to Word® (All Languages)	

State Approved • Testing Dictionaries

All printed editions are two-way:
English-Language / Language-English.
More languages in planning and production.

Word to Word® Series

Item	Language	ISBN13
Word to Word® with Subject Vocab		
653X	Arabic	9780933146563
703X	Bengali	9781946986061
718X	Chinese	9780933146570
533X	French	9780933146693
548X	Haitian Creole	9780933146709
583X	Portuguese	9781946986092
593X	Russian	9781946986078
603X	Spanish	9780933146723
793X	Urdu	9781946986085
798X	Vietnamese	9780933146686
5-105X	Subject Vocab (All Languages)	

Item	Language	ISBN13
Word to Word® eBooks		
650Xe	Arabic	9781946986306
715Xe	Chinese	9781946986283
545Xe	Haitian Creole	9781946986221
551Xe	Hungarian	9781946986290
730Xe	Japanese	9781946986313
852Xe	Kirundi	9781946986214
735Xe	Korean	9781946986238
600Xe	Spanish	9781946986276
770Xe	Tagalog	9781946986344
843Xe	Tigrinya	9781946986191
790Xe	Urdu	9781946986184
795Xe	Vietnamese	9781946986207

Subject vocabulary dictionaries include additional math science and social studies vocabulary. Approximately 2400 math terms, 4400 science terms, and 1700 social studies terms.

eBook dictionaries are available via web app or mobile app on Android or IOS. Android and IOS ebooks can be downloaded for offline use.

WordtoWord.com - Discounts + eBooks

Special Online Pricing: Special tiered discount pricing based on quantity for online orders. Simple and fast.

eBook: After your eBook purchase, we will send you a separate activation email to access your eBook. If you do not receive an email within 24 hours of your purchase, please contact us right away by phone or email.

eBook bulk order option for school districts is available. Email us for a sample eBook.

Order & Contact Us

Bilingual Dictionaries, Inc. is committed to providing quality bilingual materials and great service. All of our Word to Word® Bilingual Dictionaries are approved for testing in many states.

Please email us your items and quantities for a custom quote. Expedited shipping available via quote.

- Phone: 951-296-2445
- Fax: 951-296-9911
- Mail: PO Box 1154, Murrieta, CA 92562
- Email: support@bilingualdictionaries.com

Visit our website to download our current catalog/order form, view our products, and find information regarding Bilingual Dictionaries, Inc.

 **Bilingual Dictionaries, Inc.**

BilingualDictionaries.com • WordtoWord.com • BasicESL.com

youtube.com/BilingualBear • youtube.com/BasicESL

amazon.com/WordtoWord

Special Dedication & Thanks

Bilingual Dictionaries, Inc. would like to thank all the teachers from various districts across the country for their useful input and great suggestions in creating a Word to Word® standard. We encourage all students and teachers using our bilingual learning materials to give us feedback. Please send your questions or comments via email.
support@bilingualdictionaries.com